Studies in American Civilization

美国文明研究论丛

美国基因
——新英格兰清教社会的世俗化

钱满素 主编
张 媛 著

中央编译出版社
Central Compilation & Translation Press

图书在版编目(CIP)数据

美国基因：新英格兰清教社会的世俗化 / 张媛著.
—北京：中央编译出版社，2016.1
（美国文明研究丛书 / 钱满素主编）
ISBN 978-7-5117-2814-2

Ⅰ.①美… Ⅱ.①张… Ⅲ.①基督教-研究-美国 Ⅳ.①B979.712

中国版本图书馆CIP数据核字(2015)第257081号

美国基因：新英格兰清教社会的世俗化

出 版 人：	刘明清
出版统筹：	董　巍
责任编辑：	韩慧强　王媛媛
责任印制：	尹　珺
出版发行：	中央编译出版社
地　　址：	北京西城区车公庄大街乙5号鸿儒大厦B座(100044)
电　　话：	(010)52612345（总编室）　(010)52612363（编辑室）
	(010)52612316（发行部）　(010)52612317（网络销售）
	(010)52612346（馆配部）　(010)66509618（读者服务部）
传　　真：	(010)66515838
经　　销：	全国新华书店
印　　刷：	北京时捷印刷有限公司
开　　本：	880毫米×1230毫米　1/32
字　　数：	229千字
印　　张：	8.5
版　　次：	2016年7月第1版第2次印刷
定　　价：	36.00元
网　　址：	www.cctphome.com　　邮　箱：cctp@cctphome.com
新浪微博：	@中央编译出版社　　微　信：中央编译出版社（ID：cctphome）
淘宝店铺：	中央编译出版社直销店(http://shop108367160.taobao.com) (010)52612349

本社常年法律顾问：北京嘉润律师事务所律师　李敬伟　问小牛
凡有印装质量问题，本社负责调换，电话：010-55626985

本套丛书由江苏高校优势学科建设工程资助

(项目代码 20110101)

总序：探究文明的活力

悠悠三十八亿年，地球上的生命形态从无到有、由低向高，终于进化出人类这一近乎奇迹的结果，对之我们不能不怀有敬畏之心。科学家估计，仅从早期智人进化到现代人就历经漫长的二三十万年，而现代人是唯一幸存的人属。当然，这些数字不可能那么确切，也不是生不满百岁的我们所能体验的。比较确定的是：可以称为文明的人类历史不过五千年，人类作为一个物种还很年轻。

在饥饿的驱使下，这个头脑发达、直立行走的裸猿不止一次地走出东非大裂谷，勇气非凡地散向全球各地。一切生物存在的不二法则就是适应环境，人类各群体在适应其所在自然环境的过程中，逐渐发展出了各自不同的生活方式——物质的、精神的，还有社会组织形式，这就是文明的孕育过程。所有的文明都是人类整体文明的一部分，具有某些共同的性质，否则就不能称其为人类了。人类是高智商的，但不是完美的，他智慧而狂妄，富于攻击性，动辄诉诸武力。各文明内部充满争斗，乃至残忍的杀戮；不同文明遭遇时也一样，虽有和平融合，更有暴力冲突、征服消灭，这是人类所继承的动物基因所决定的。好在越来越多有理性的人类正在试图摆脱这一宿命，以和平的方式来解决各种问题。

文明的分类颇为复杂，有的已经消亡，有的正在兴旺；有独立发展形成的，也有其他文明派生出来的"卫星文明"。美国文明一般被置于现代西方文明的大框架内,但还是有其鲜明的特点:它创建于启蒙时代,最具理性的构思设计;它没有需要甩掉的历史重负,而是充满好奇和活力地面向未来。这一人类最为年轻的文明自形成后一路高歌,发挥着日益扩大的全球影响。

对任何一种文明来说,最关键的是其初始阶段,即基因产生之际,这一点在欧洲人殖民南北美洲的历史中尤为明显。一旦胚胎形成,以后的发展便往往遵循最初刻下的轨道,除非外族入侵、自然灾害等猝然降临,才会诱发基因突变。文明基因的产生既有其必然,也有其偶然,美国文明是英国的基因在北美新大陆自由空间中的变异,而它形成的机遇则是15世纪末美洲新大陆的发现。

没有哥伦布发现新大陆,就不可能有美国,这是从时间上定义美国——它是一个产生于现代的国家,跳过了史前、古代、中世纪等历史阶段,直奔现当代而来。当然,哥伦布并非第一个进入美洲的人类,早在最后一次冰期,人类就从西伯利亚经白令海峡陆桥进入美洲,而且可能还不止这一个途径,基因研究表明,早期人类也有可能从欧洲和爪哇等地进入美洲,只是由于大陆板块的漂移,美洲与欧亚大陆彼此隔绝长达万年,相互不知对方的存在。这里重要的不是谁最早发现了美洲,而是谁的发现导致了最大的影响。毫无疑问,哥伦布在1492年踏上美洲大陆的意义绝非早期进入的人类可比,这次发现不仅打通了欧美两大洲,还将地球上各自为阵的人类整合成一个世界,从此改变了人类的视野和生活。究其原因,离不开文明发展的落差,地理大发现时的西欧文明已经强大到足以改变美洲,他们的知识结构和科技水平都远高于原住民。假设反过来,15世纪的美洲文明水平高于西欧,那么登陆后的哥伦布船队又会遭遇何种结果呢?也许就是美洲人来叩开欧洲的大门了。

英国并不是第一个殖民美洲的西欧国家。当时的海上霸主是西班牙,哥伦布是受了西班牙女王伊莎贝拉的赞助才发现了美洲,虽然他本人以为到达了目的地印度,于是便有了奇怪的"东印度、西印度"

之称，原住民也莫名其妙地成了印第安人。西班牙、葡萄牙，还有荷兰、法国，都争先恐后来到美洲开疆辟土，掠夺财富，横扫了中南美洲的印第安文明。西班牙和葡萄牙签订协议，狂妄地瓜分美洲，他们将本国的人口、君主制和天主教移植到此，开始直接的殖民统治。

直到1588年战胜西班牙无敌舰队，英国才有了更多插手美洲的机会，这时距离新大陆的发现已近一个世纪。有人问起：英国派了哪个将军、多少部队前往北美为殖民开道？学历史需要想象，而想象往往基于头脑中已经储存的信息，这一联想大概来于鸦片战争。答案是否定的：没有军队，因为没有这个必要。当时的北美大陆上不存在国家，不存在政府，当然也没有军队。原住民尚处于部落和部落联盟的组织形式，他们人数不详，估计不足千万，也就是不到今天北京人口的一半，想来是山南海北，踪迹难觅。他们散落在整个北美大陆上，主要以狩猎为生，逐水草而居。他们有语言而无文字，有陶器而无铁犁，也没有土地私有的概念。殖民者初到时和原住民一样，都只是随时准备自卫的平民小群体。

英国在北美的殖民与在印度不同，不是去统治原住民，那里也没有南美的财富，英国是放手让移民去荒原上开辟自己的居住区，从而扩大英国的海外领地。作为新教国家，英国的殖民也从一开始就与南美不同，新教具有权力分散的特点，陆续建立的十三个殖民地虽然成立时方式各不相同，有皇家特派的，有以公司名义建立的，还有作为领地的，但具体的治理方式都是地方自治。弗吉尼亚的第一拨殖民者创建了北美大陆上第一个议会，英国议会政治在此扎根。史称"朝圣者"的第二拨移民在到达普利茅斯前，就在五月花号船上签订公约，宣布了立约自治和依法治理的政治原则。第三拨移民是一批有组织有理想有纲领的清教徒，他们创制的"新英格兰方式"更是奠定了美国文明的基础。不同的文明基因就此在北美和南美分别播种、成长、发展，形成了如今南北美洲的不同景象。

但是，既然人类文明是适应环境的产物，英国文明就不可能在新环境下保持原样不变。适合人口密集区域的领主与佃农的土地契约关系，到了广袤的自由土地上便很难维持，谁能阻挡人们去一望无边的"无主土地"上开垦自己的家园呢？人口的分散使自上而下的教会管束变得不那么容易，牧师们对几十英里外的教徒鞭长莫及，而教会自治本来就是新教的信念。在这个自耕农占大多数的社会里，个人摆脱人身依附，自由自主被认为理所当然。随着社会等级的藩篱被打破，人们对自由平等的向往水涨船高。然而，在种种新关系的形成中，劳动力的匮乏导致了黑奴的输入，给这个原本比较健康的文明带来了严重的出生缺陷。

在长达一个半世纪的殖民时期里，大部分北美人享受了自治的权利，习惯了自治的方式，任何来自大洋彼岸的国王和国会的干预都变得越来越无法忍受。他们的政治思想日臻成熟，超越了王权专制，他们对共和的信念精炼地表达在1776年的《独立宣言》中。独立战争使他们最终挣脱了英国的统治和王权的束缚，赢得彻底的自治权。接着，他们将自己的理想付诸实现，成立了现代世界第一个超大型共和体制——美利坚合众国。

为了一个更完美的联邦，他们反复斟酌，精心制定宪法，作为新国家的根本大法。在限制政府权力和保障公民权利上，宪法设置了一系列巧妙的关卡来分权制衡，既要保证国家的稳定，又要保护公民的创造力。在19世纪结束前，新世界的美国人一直以代表未来的姿态反观旧世界，保持着警戒之心。

239年过去了，美国经历了无数次考验：西部开发既有拓荒者的艰辛，也包含对原住民的无情驱赶，还有耀武扬威的侵略战争；一场无比惨烈的内战结束了奴隶制，而南方的重建又伴随着尖锐的种族冲突；多次规模空前的移民潮冲击，大量身无分文的贫民从世界各地涌向这"穷人的乐园"，带来了不同性质的文化和生活方式，有待磨合相融；还有工业化、城市化、大萧条、世界大战等等。如今，它的疆土扩大了不止三倍，人口从三百万增加到三个亿，经济繁荣，科技发达,稳居世界榜首。美国人以四年重复一次的总统选举替代了王朝兴衰的重复,有效地避免了破坏性的社会震荡,这办法看似简单,却蕴含着巨大的智慧,体现了全社会高度的政治共识。于是我们看到一个似是而非的美国:表面上常现混乱,却并不妨碍它根基的稳定;内部的反对者层出不穷,却从无将其推倒重来的企图,因为天下已经为公。每每面对问题与挑战,美国人以实用主义的心态,寻找解决之法,也每每能有惊无险,继续前行。这一切的奥秘在于,自我更新所需的竞争与变革机制就设置在合众国宪法之内——人民的自决权、官员的竞选产生、宪法的修正案等。若无宪法对自由、开放、多元的保障,美国就不可能保持活力,也就不可能如此稳定,哪一个专制王朝能够在开国239年后不陷入内乱外患的颓势呢?事实上,美国建国后的体制与殖民时期一以贯之,如果加在一起,已经超过四百年。

汤因比在《历史研究》序言中剖露了自己作为一个史学家的良知:"在1915和1916年,我学校中的朋友、同事约有一半死于战争。在其他交战国当中,我的同代人死亡的比例也不亚于此数。我在世上活得越久,我对恶毒地夺走这些人生命的行为便越发悲痛和愤慨。我不愿我的子孙后代再遭受同样的命运。这种对人类犯下的疯狂罪行对我提出了挑战,我写这部书便是对这种挑战的反应之一。"汤因比活到了1975年,目睹第二次世界大战的浩劫后,想必他更加发奋著书。当我们将人类不同部分纳入一个整体来观察研究时,我们更容易超越国界,突破自身局限,摆脱自我中心,在平等的基础上客观对待其他文明,而不是那种妄自尊大,居高临下,以各种借口挑动文明斗文明,给人类造成灾难。历史上的教训已经太多了。

在研究各种文明的兴衰后,汤因比发现:"自决能力的丧失是判断文明衰落的最终标准。"任何文明在走向解体之前,必先经历停滞,而停滞的先兆就是封闭。当个体的自决权被取消,当一个社会统一到毫无异议,便意味着这个社会不再有创造力,也就失去活力。无论处于何种发展阶段,一种长期停滞的文明在具有活力的外来文明冲击下都是不堪一击的。美国文明还能走多久，完全在于它是否能保持其活力，继续容纳多样性，拒绝封闭。

文明研究，包括美国文明研究，在国内还是一个比较新的学术领域，有待大家的探索。本丛书是南京师范大学美国文明研究所的最新成果，它们跨越了美国四百年历史，涵盖多个重要题材：从美国的精神源头清教开始，延伸到社会的世俗化进程、自治传统的保持、政党政治的形成、对教育的高度重视，以及现代社会保障及福利制度的形成演变，试图对认识这一文明本身作一些深入的努力，希望能引起读者的兴趣和批评。

目录
Contents

总序：探究文明的活力　　　　　　　　　　　　1

导论　　　　　　　　　　　　　　　　　　　001

引子——17世纪：上帝将做出最终决定　　　010

第一章　山巅之城　　　　　　　　　　　　020
　　第一节　上帝之城：宗教改革的终极理想　　020
　　第二节　圣城的危机：罗杰·威廉斯和安·哈钦森案　048

第二章　新英格兰方式的探索与正统观念的演化　073
　　第一节　清教主义的本土化　　　　　　　073
　　第二节　准备论与"半约"　　　　　　　113

第三章　上帝与新英格兰有了过节　　　　　139
　　第一节　圣城哀歌："哀诉"布道和美洲身份　139
　　第二节　圣城阴影：塞勒姆的女巫和天花的启示　159

第四章　更多的尘世，更少的天堂　　173
　　第一节　启蒙时期的清教徒　　173
　　第二节　走向共和与清教主义的遗产　　193

结语　　210
参考书目　　216
后记　　228
主要人名译名对照表　　230
索引　　236

导　论

　　人类文明是一个大花园，放眼一望，姹紫嫣红。花园里，不少植物都有年头了，它们枝枝蔓蔓，相互纠缠在一起，很难分清哪一株的根生在哪一株的旁边，哪一株的枝叶又覆盖了哪一株的花朵。时光似乎对这个花园影响甚少，晨昏交替、新陈代谢，新的生命悄悄诞生，旧的生命无声逝去。但是某一天，这种混沌自然的秩序被打乱了，平静无波的花园掀起了阵阵骚动：有一棵植株被移植了。天知道，这棵植株甚至不是天然形成的，它是原本生长在英国的某种新型植株，是一些老品种优化、淘汰之后的产物，但是谁也不知道它会长成什么样子，因为它还在试验当中。可是就在这个时候，有一些心怀不甘的人偷偷把它带出了实验室，把它移植到北美荒野。这个环境出人意料地适合它生长，于是它蓬蓬勃勃地蔓延开来，如野火燎原，如今大有席卷全球的态势。究竟当年的实验室里发生了什么？这棵植株究竟包含了哪些基因？北美荒野又有什么特别之处？这是本书探讨的几个基本问题。

　　美国文化是移民文化。这句话的意思很多，首先，最早的美国人都是移民。当然，作为原住民的印第安人曾经也是移民，但是他们融入后来被称为美国文化的方式不是本书讨论的范畴。本书讨论的是一个特殊的移民群体，是最早从英国移民到北美殖民地的清教徒团体在美利坚合众国建立之前的一段历史。第二，既然是移民，就意味着他们在踏上美洲这块土地的时候已经是某种文化传统的产物，也就是说，他们所携带的文化行李是他们在新大陆建立新文化的基本材料。第三，他们是成年人，他们是有意识选择了这块土地来开始新的生活。所以他们所创建的新社会必然体现了他们的价值取向，体现他们对理想社会的理解和规划，同时也体现出他们对旧文化和传统社会建构方式的取舍。总之，移民社会往往意味着一群"旧人"想要建立一种新文化，而这一点一直是美国文化的基本特征。

为什么这个移民群体和这一段历史特别重要呢？胡适先生曾说："我们古代也曾有'天视自我民视，天听自我民听'，'民为邦本''民为贵，社稷次之，君为轻'的民主思想。我们曾在二千年前就废除了封建制度，做到了大一统国家，在这个大一统的国家里，我们曾建立了一种全世界最久的文官考试制度，使全国才智之士有参加政府的平等制度。但，我们始终没有法可以解决君主专制的问题，始终没有建立一个制度来限制君主的专制大权，世界只有盎格鲁撒克逊民族在七百年中逐渐发展出好几种民主政治的方式与制度，"[1] 而这些制度正是现代社会的标志和定义。因此，如果要研究全世界最久的文官考试制度，我们可以研究中国，但是如果要想弄清楚人类社会如何进入现代，如何建构民主与法制的社会，起源于英国的民主制度如何在北美进一步发展健全，我想恐怕还是得研究美国。美国文化对于人类文明的贡献并不在于她完美无缺，实际上，只要人性还做不到完美，就不可能产生完美的社会，她的主要贡献还是在于其制度探索。

北美殖民地一开始就拥有后发优势，来自英国的移民已经体验了当时号称"享有最多权利"的英国人的自由权，他们从旧世界带来的文化行李不仅包括文艺复兴的余韵、宗教改革的精神，尤其是对英国教会的腐败、国王和议会的斗争记忆犹新。他们是稳健的中产阶级，移民的目的不是为了一夜暴富，他们经过深思熟虑，想要建立一个新型社会，而这个新型社会的框架正是建立在对传统英国社会的批判之上的。在17世纪初期，当它尚处于草创阶段之时，它就已经处于世界政治领先的位

---

[1] 胡适，"自由主义"，转引自刘军宁主编：《北大传统与近代中国自由主义的先声》，中国人事出版社1998年版，第66页。

置。幸运的是，美洲荒野天然缺乏国王和贵族，印第安文明虽然在许多方面是远为优越的文明，但是却因为白人移民的到来遭遇灭顶之灾，对于新型美洲文化并未产生过多的影响，清教徒的实验得以在相对封闭和稳定的环境下进行。

  实验初期，清教徒们所依赖的材料是有限的，其中最主要的成分是宗教改革的理想和英国的政治传统。如果仅有这两个成分，那么美洲的文明估计和英国本土文明不会有太大区别，但是美洲荒野提供了第三个成分，正因为这一特殊的成分，后来成为美国文明的植株才开始有了自己的特性。美洲荒野的特殊之处在于没有政治传统、政治特权，甚至没有合法的行政权。这是非常关键的一点，行政权的合法性在旧世界是政治讨论的禁区，"君权神授"的观念和传统不容挑战，"天赋人权"的理论要晚至半个世纪之后的英国光荣革命才开始为人们接受，法国启蒙主义思想家的理论，包括卢梭（Rousseau）和伏尔泰（Voltaire）等人的思想就更是一个多世纪之后的事情了。而美洲荒野简单直接地解决了这个问题：美洲没有国王和贵族。要在边疆性质的新创社会存活需要社区中的每一个人全身心的投入，而按照马萨诸塞海湾公司的特许状，只有12个公司的持股人拥有公民权，这种权利和义务的极大反差不可能长时间地持续下去。自由民资格的迅速放开、民选官员、对官员权力的监督和限制、地方教会自治、乡镇自治等一系列为了适应美洲环境而首创的制度开始在北美殖民地实行。而在创建新型政治制度的过程中，新的文化和新型社会也逐渐成形。清教主义这棵小小的植株本身带有的文化基因在新制度和新环境的催生下，蓬勃生长，与后来被称为美国文化的参天大树产生了盘根错节的共生关系。

  清教产生于16世纪后半期，是欧洲宗教改革后产生的新教中的一个分支，从教义上讲，清教徒信奉的是加尔文宗。英王亨利八世（Henry VIII）与罗马天主教会决裂后，英国国教成了以国王为首的国家教会。16世纪后期，教会内部一些信徒提出要清除国教中天主教的残存因素，他们的主张被称为"清教"（Puritanism），他们则被称为清教

徒 (Puritan)。清教徒不仅在宗教会议和教会活动中批判主教制，还在议会内外积极进行反对专制王权的宣传鼓动工作，英国资产阶级革命的领袖均为清教徒。因反对王室的宗教专制和经济压榨，清教徒屡遭镇压迫害，于是一部分逃往北美避难。17世纪后半期，清教已分裂成许多宗派，作为一个政治团体的清教在英国基本上已不存在。1688年光荣革命后，英议会通过《宽容法》，允许不信奉国教的新教徒建立自己的教会，但对清教徒担任公职仍有所限制，到1828年政权才对清教徒完全开放。

本书所探讨的时间区段是从1620年第一批清教徒踏上北美土地开始，稍稍上溯至其英国背景，到北美殖民地独立，美利坚合众国成立为止。所讨论的范围是新英格兰清教社会的初建、发展和世俗化过程。150年的新英格兰历史可以简单地用三个字概况，那就是"世俗化"，是最早的"美国人"从清教徒变为扬基，而其社会意识形态从宗教改革转变为理性主义与启蒙运动的时代。新英格兰世俗化的过程是一个宗教乌托邦宣告破产，而人文精神、人本思想得到发展的过程，是从神到人、从虚到实、从天堂到人间的过程。在此次远征中表现出的人性中的方方面面说明了其宗教乌托邦本质的虚妄，但同时人们以自己高度的自治能力、改造自然以及社会的能力证明了自我的可完善性，世俗社会结构逐步进化的可能性，把解决问题的关键放在"个人"身上，而不是乞灵于上帝或任何超人、伟人、或非人的东西。这个过程是复杂的，其内容的丰富正与人性的复杂成正比，而日后所建立的美利坚合众国的个性的方方面面均体现于该过程之中，新英格兰清教社会之于美国正如胚胎中的基因之于成熟个体，见微知著，研究该时期对于理解美国性格多有助益。

从地理构成上讲，一般认为新英格兰包括缅因 (Maine)、新罕布什尔 (New Hampshire)、佛蒙特 (Vermont)、马萨诸塞 (Massachusetts)、罗得岛 (Rhode Island) 和康涅狄格 (Connecticut) 六个殖民地。但从历史上看，1643年5月在波士顿 (Boston) 成立的新英格兰联合殖民地 (United Colonies of New England)，又名新英格兰联盟 (New England

Confederation)却只包括马萨诸塞、普利茅斯(Plymouth)、康涅狄格和纽黑文(New Haven)四个殖民地,罗得岛和缅因由于政治和宗教上的不一致而被排除在外,这个联盟一直存在到1684年马萨诸塞特许状失效为止。1686年,为了加强对北美殖民地的控制,英国政府又设立了新英格兰领地(Dominion of New England),是一个英王直辖的殖民地,甚至把纽约和新泽西(New Jersey)也包括进来。但是习惯了自治的殖民地人对国王任命的总督埃蒙德·安德罗斯(Sir Edmund Andros)的专横统治十分不满,1689年乘着"光荣革命"的机会推翻了安德罗斯,各殖民地又恢复了以前的状态。

一般来说,新英格兰在美国历史上更多的是一个文化地理概念,它指的是在17世纪上半期由英国清教徒移民在美洲东北部建立的几个殖民地。其中乘坐"五月花"号于1620年抵达普利茅斯的清教徒被称为"朝圣者"(pilgrim),他们的故事广为流传,普利茅斯也是最早建立的清教殖民地。但是随着1630年代大移民的到来,马萨诸塞迅速成为最重要的清教殖民地,而波士顿成为政治中心,马萨诸塞和普利茅斯于1691年合并。康涅狄格是从马萨诸塞移民中分流出去建立的殖民地,1662年与纽黑文合并,而新罕布什尔是于1680年才从马萨诸塞独立出去的。这几个殖民地都主要由清教徒移民构成,以公理宗为法定的官方教会,实行的是政府与教会紧密协作的神权政体。其中比较独特的是罗得岛,它从一开始就拒绝成立官方教会,实行政教分离,但传统上还是认为它是新英格兰的一部分。在这几个殖民地中,普利茅斯建立最早,虽然它的创立者后来被称为"朝圣者",是持脱离派公理宗主义的清教徒,但是在创立之初,它并不具有清晰的宗教、政治思想,大部分移民还是出于经济动机来到美洲的。而马萨诸塞的情况则很不一样,它的移民大部分来自英国几个相对集中地区的中产阶级家庭,有不少是整个教会追随他们的牧师前往美洲,这些清教徒移民在1630年至1640年间陆续抵达美洲,之后由于他们建立了一种排他的政治体系,加上英国国内形势的变化,在200年中几乎没有大规模的移民再来新英格兰拓殖。康涅狄格和罗得岛的建立都是出于清教领导集团内部的分歧,而缅因和新罕布什尔都曾经是马萨诸塞的一部分,只是后来才分离出去的。所以本书主要讨论马萨诸塞、康涅狄格和罗得岛三个殖民地的情况,而以马萨诸塞为中心。在泛称新英格兰的时候,往往排除罗得岛的特殊情况,而以其他几个殖民地的情况为论。尽管各地区存在着差异,但是在长期的几乎是孤立的发展过程中,新英格兰的确形成了一些独特的制度和思想,而这些制度和思想对日后美国的发展产生了深刻的影响。

英国历史悠久而复杂,清教在英国历史上的影响不是本书讨论的范围。但是清教的起源及其性格的确是在英国形成,清教伦理与资本主义的关系、清教在英议会与王权斗争中所采取的立场、清教徒组织教会的方式等等都将深刻影响他们日后在北美殖民地的选择。关于清教对美国的深远影响,历史学家佩里·米勒 (Perry Miller) 曾说过:"清教主义也许最好被描述为一种观点、一种生活哲学、价值观念,由最早定居在新英格兰的移民于 17 世纪早期带来。从那以后,它就成为持续影响美国生活和美国思想的基本因素,任何形成所谓'美国思想'的成分都肇始于清教主义……完全可以说,不理解清教主义就不能理解美国"。[1]

法国贵族夏尔·阿列克西·德·托克维尔 (Alexis de Tocqueville) 在系统地研究了美国的民主之后不禁感叹:"美国的整个命运包含在第一个踏上这片海岸的清教徒身上,就仿佛整个人类的命运都包含在第一个人身上一样"。[2] "正是在北方的几个英国殖民地,即在人们通称为新英格兰的诸州,产生了成为今天的美国社会学说的基础的几个主要思想。新英格兰的这些主要思想,首先传到相邻的各州,接着又扩散到比较远的各州,最后可以说席卷了整个联邦。现在,他们的影响已经超出国界,……新英格兰的文明,像高地燃起的大火,除烤暖了周围地

---

[1] Perry Miller, ed., *The American Puritans: Their Prose and Poetry*, (Garden City, N.Y.: Doubleday, 1956), P1.
[2] Alexis de Tocqueville, *Democracy in America*, ed. J. P. Mayer, trans. G. Lawrence, (Garden City, N. Y., 1969), P279.

区之外，还用它的光辉照亮了遥远的天边"。¹ 萨克凡·伯克维奇 (Sacvan Bercovitch) 也认为"美国历史……始于新英格兰清教的一系列象征性的自我界定……新英格兰清教徒们在为未来的民族提供一个世俗身份的同时，也提供了一个特殊的精神身份"。² 可以说，清教新英格兰是美国历史的起点，是美国制度的摇篮，是美国身份的源头。

　　清教是宗教改革的产物，清教的宗教理想——希望把北美的清教共同体建成"山巅之城"，重建乐园的理想成为后来美国神话、美国象征的核心；16 世纪的末世论、千禧年神学为清教共同体提供了节奏紧迫的基本文化语境；清教的工作伦理为资本主义精神提供了物质和道德土壤；公理会的教会构成方式为民选政府提供了制度蓝本；清教的自省习惯为个人主义的产生和发展提供了思想准备；清教徒对教育的重视使得新英格兰方式和标准得以传承和发展并将最终成为美国经典标准；清教徒脚踏实地、注重效用而轻教义的传统将促进美国本土哲学实用主义的产生、推广和发展；清教神学中关于契约神学的部分在北美殖民地得到刻意强调，最终促进社会契约思想和法制社会的建成；清教重布道的传统，其"哀诉"布道的文体和修辞方式不仅深刻影响了美国文学传统，还促进了美利坚民族的成形，确立了美国的文化身份；新英格兰乡镇自治的方式随着移民不断向西、向南迁徙，不断被复制，新英格兰方式成为美国方式的前驱。所有这些，都在 150 年的新英格兰历史中逐渐浸淫、渗透、生根发芽，最终长成参天大树。

　　在全书的组织上，每个章节都涉及理论和现实两方面的发展，大部分章节都是这样构成的：第一节介绍当时的理论状况和思想动态，在第二节给出一些具体的案例，这些案例可以使上一节的理论得到证明或是修正和补充。我在阅读中往往觉得有两个新英格兰，一个是理论的新英格兰，它相对比较单一，稳定；同时还有一个现实的新英格兰，清教徒

---

1 〔法〕托克维尔著，董果良译：《论美国的民主》，北京，商务印书馆 1997 年版，第 35 页。
2 〔美〕萨克凡·伯克维奇著，钱满素等译编：《惯于赞同：美国象征建构的转化》，上海译文出版社 2005 年版，第 1 页。

们都是性格鲜明，生机勃勃的人，他们随时都在变化，而且他们也勇于发言。所以我把理论的一节放在前面，而把案例放在后面，希望读起来有趣，另一方面也显得丰满一些，避免把历史写成单维度、一成不变的样子。在第一章里，第一节介绍的是清教理论和清教理论的实践，也就是波士顿这个清教神权的样本，以及它的运作方式。但是哪怕在新英格兰，要建一个清教神权也是不容易的，在第二节就介绍了两个当时对清教神权威胁最大的事件，罗杰·威廉斯 (Roger Williams) 和安·哈钦森 (Anne Hutchinson) 案。在第二章里没有放入具体案例，因为这是清教主义移入美洲以后的关键时期，在理论上做了很多努力来适应新环境。出生在美洲的第一代已经长大，他们给清教神权带来了全新的问题，是殖民地迈向世俗化的关键一步，从此以后世俗化的趋势就一发不可收拾。这个时期理论上的变化最能说明问题，这是创造性的贡献，是"活"人对"死"理论的胜利。尽管如此，我还是在"新英格兰方式的探索"，也就是第一节的第一部分介绍了当时的社会状况。因为它的重要程度不亚于清教理论的改变，它是清教徒对美国最大的贡献之一，是清教徒适应美洲环境的产物，是有血有肉的人实实在在的生活方式。第三章除了介绍清教时期最重要的代表性文体——"哀诉"布道 (Jeremiad) 之外，还讨论了两件显示教会影响力下降的事件：塞勒姆驱巫案和天花事件。哀诉布道是一种美洲特产，它深深地影响了美洲知识分子的话语方式，但是哀诉布道最重要的作用还是维护清教道统，是一种权力话语。驱巫案恶名在外，主要是因为拉撒尼尔·霍桑 (Nathaniel Hawthorne) 在《红字》(*The Scarlet Letter*) 的前言中提了一笔，它和天花事件一起表现出教会在社会政治事件中影响力持续下降。它是铁板一块的清教神权的一个大伤口，从此以后这个裂痕越变越大，最终会导致政教的完全分离。通过这样具体的事件就能发现当时新英格兰社会的世俗化程度已经很高了，在天花事件中，公众对某些牧师非常不满，教会的势力大大地衰落了。第四章第一节谈到的是在同一个时代向不同方向探索的两个人：乔纳森·爱德华兹 (Jonathan Edwards) 和本杰明·富兰克林(Benjamin Franklin)。虽然方向不同，但他们都热心公共事务，从这两个人身上我们可以看到一个时代。如果说爱德华兹还是一个真正的清教徒的话，富兰克林毫无疑问已经是一个务实的扬基。这和当时新英格兰的社会情况是一致的，"大觉醒"时期激情洋溢的清教徒到独立战争时期已经完全变成了爱国的扬基。最后，新英格兰发展为民主共和国的一部分，这时候，清教主义在新英格兰社会早已不是国教身份，但它的种种影响还会长期存在。这也是清教"荒野使命"的落脚所在，轰轰烈烈的伟大梦想和几代人兢兢业业的实践并不是只留下了苦涩的记忆，相反，在美洲大地崛起的是一个伟大的民族和强大的共和国，清教徒们是这一伟大历史事件的重要参与者，"山巅之城"在这一点上胜出了所有其他的乌托邦。

书中涉及不少神学方面的术语和知识，在其他有关美国早期历史和文化的书籍中往往也有提及，但是由于翻译的原因，同一个术语在不同书籍中往往有不同的中文译法，而在神学书籍中的翻译则相对统一，所以我尽量采用神学书籍的译法，而把英语原文附在文后。

奥斯卡·汉德林(Oscar Handlin)认为新英格兰试验影响深远："其结果是对权力的要求和对自由的允许之间长期的斗争，而在很大程度上，美国式宪政的、负责任的公民自由正是起源于三百多年的这种斗争。"[1]从个人的角度而言，埃德蒙德·S.摩根(Edmund·S. Morgan)在温斯罗普传记前言中的话对现代读者也许并非毫无启示："实际上，清教社会的核心问题不仅影响到约翰·温斯罗普(John Winthrop)和新英格兰，同样也关涉到任何时代任何有原则的人，对我们而言，仍然如是。那就是：一个正直的人对社会究竟应该承担何种责任？"[2]

---

1 Edmund·S·Morgan, *The Puritan Dilemma: the Story of John Winthrop*, (Scott, Foresman and Company, Glenview, Illinois London, England, 1958), PIX.
2 Edmund·S·Morgan, *The Puritan Dilemma: the Story of John Winthrop*, PXII.

引 子
——17 世纪：上帝将做出最终决定

一 "千禧年"和"预表法"

每个时代都有各自的关键词，20 世纪初的"大战"；1930 年代的"大萧条"；1940 年代的"反法西斯"……如今是"网络"。每个时代的关键词都代表了当时全民关注的中心和国民生活的心理基调，对于 16 世纪的欧洲，关键词是"宗教改革"，而具体到每一个人群和年代，也有相应的关键词。对于日后移民到北美殖民地的清教徒，除了"宗教改革"，对他们的行为具有深刻心理依据的关键词还有"千禧年"和"预表法"。

"千禧年"（Millennialism）是一种末世论。如果不能理解"千禧年"理论所包含的心理紧迫感就不能理解新英格兰社会的心理基础。新英格兰清教社会是由中产阶级家庭和社区移民构成的。中产阶级家庭是每个社会的支柱和中坚力量，之所以如此，是因为他们在心理、家世、经济和社会关系方面都相对稳定，因此也是最不可能突然做出移民决定的一个团体。虽然作为清教徒，他们在英国受到种种迫害，但是作为"中产阶级"，也意味着他们在英国还是受人尊敬，有家有业，并不是日子过不下去的。移民到美洲在 17 世纪是非常艰难的过程，没有维生素，仅靠有限的淡水和食物为生，要在大海上航行近三个月的时间。而到了美洲之后，面对的是原始森林和成群的野兽，印第安人对他们来说是威胁生命安全的野人。数据显示，最早建立的英属殖民地弗吉尼亚，人口存活率还不到 10%，那么，这些稳健的英国中产阶级家庭，如何能下定决心抛家别业，毅然前往美洲荒野？

"千禧年"的说法来自于圣经新约中的启示录（the Book of Revelation），根据启示录，基督将重临（the Second Coming）并在地上建立上帝之国（a Kingdom of God on Earth），其时将历近千年。启示录是本奇书，其风格与圣经新约其他部分迥异，想象奇幻，用词诡谲，对末世场景刻画入微。也许正因为其文学风格特出，在基督教历史上，启示录从来是备受争议，但在宗教改革之前，基本上是比较边缘的一个文本。到了宗教改革时期，为了革命的需求，许多神学家试图重新阐释圣经，而启示录在 16 世纪后半期成为一个热点。各个神学家对启示录的理解和阐释各有不同，但有一点是相同的，那就是"紧迫性"。"看哪、我必快来。凡遵守这书上预言的有福了。""他又对我说，不可封了这书上的预言。因为日期近了。""证明这事的说、是了。我必快来。阿门。主耶稣阿、我愿你来。"[1] 这样的句子在启示录中比比皆是，凸显出对千禧年的企盼和对末世的恐惧，这二者的混合奇异地产生了一种净化的力量，而这种力量正是清教徒特别感觉亲切和急需的。

17 世纪，随着宗教改革的深入，人们逐渐达成共识，认为人类命运已经到了决定性的关键时刻。这种思想传播广泛，以约翰·福克斯（John Foxe）的《殉道者书》为例，他把基督教史分为五个阶段：初创的纯洁、但是受异教迫害的阶段；由罗马帝国确立为国教的阶段；从公元 600 年到诺曼征服，这是基督教受罗马的主教们影响，所以发展迟滞的阶段；第四阶段是黑暗的敌基督时代，其标志是希尔德布兰教皇即位；宗教改革标志着最后阶段的到来，在此阶段，基督和敌基督正面交锋，最后的胜利必然属于改革后的真正的教会。[2] 在英国之前，马丁·路德（Martin Luther）的德国和约翰·加尔文（John Calvin）的日内瓦都曾

---

1 和合本圣经，启示录 22:7；22:10；22:20。
2 Francis J. Bremer, *The Puritan Experiment: New England Society from Bradford to Edwards* (Hanover: University Press of New England, 1995), P34.

经是宗教改革的希望，但是历史无情地证明，他们并不是神选民族。而在1620年代的英国，教会改革已经停滞，查理一世(Charles I)甚至和天主教的西班牙联盟反对瑞典和尼德兰，新教的国际阵线全面下滑。在国内，威廉·劳德(William Laud)出任坎特伯雷大主教，他不仅恢复了许多天主教式的繁复礼仪，批准阅读宣扬天主教教义的书籍，最糟糕的是他在1633年清除了教会财产的清教徒持有人。清教徒们本来希望购买一些教会的地产，这样在正式牧师敌视清教、或不愿讲道、或没有讲道能力的堂区，可以由清教徒出钱聘请强烈倾向清教的布道师在下午讲道，并进而选举清教徒出任教职。但是劳德看穿了他们的企图，把他们购置教产的行为称作"奸诈的方法，披着神圣的外衣，实质是要推翻教会的统治"。[1] 许多清教徒对英格兰的罪深感不安，他们对日益迫近的上帝的怒火感到深深的恐惧，在布道中，牧师常常把伦敦和所多玛、俄摩拉这样的罪恶之都相提并论："虽然英格兰是愉悦的天堂、财富的仓库、富足和欢快的宝库；虽然伦敦是国王的寝宫、贵族们的宝座、富商们的市场，它是全世界的明珠。但是如果上帝降临到这块土地、这个城市，因着它的居民的罪，则不论是其土地的辽阔、物产的丰盛、人民的数量都不足以释其罪，他将降罪于此，正如其降罪于所多玛，如其将罪与俄摩拉。"[2]

在这种形势下，许多清教徒希望到一个新的地方，不受干扰地开始全新的实验。而美洲殖民地显然是一个理想的选择，那里不会有根深蒂固的封建传统，没有君主和贵族的世俗权力来干扰，也没有天主教的影响。约翰·诺顿(John Norton)后来说："上帝在英格兰关闭了服务之门，同时在新英格兰开启了它"。[3] 对于虔诚的清教徒来说，英伦岛国的沉沦

---

[1] Allen French, *Charles I and the Puritan Upheaval: A Study of the Causes of the Great Migration*, (Boston, Houghton Mifflin, 1955), P134.

[2] Wallace Notestein, *The English People on the Eve of Colonization*, (New York, 1954), P54.

[3] Carl Bridenbaugh, *Vexed and Troubled Englishmen:* 1590-1642, (Oxford University Press, New York, 1968), P38.

不仅是实实在在的，并非文学修辞，而且还是迫在眉睫，随时可能发生的。带领自己的孩子赶快离开这个上帝显然已经抛弃的地方不仅是一种个人生活的选择，更是紧急避难的需要。约翰·温斯洛普就明确地说："我们要为我们的孩子着想"。末日即将降临，子孙后代却可能暴露在上帝的怒火之下，这样的恐惧是促使新英格兰中产阶级移民的主要心理动力。

1670年，塞缪尔·丹弗斯 (Samuel Danforth) 发表题为"简论新英格兰向荒野进发的使命"的选举日布道，在大移民40年后希望"为此事件找出其深层意义"。[1] 对丹弗斯以及所有1630年代的移民来说，大移民是"基督教世界决定命运的大进军"，上帝的事业和人类的未来都维系于此。[2] 许多清教研究专家对这篇布道文多有关注，正是因为它道出了新英格兰移民社会的宗教、伦理和心理基础。避祸虽然是最直接的动因，但是消极的避祸尚不足以支撑一个新社会的建构，基督教本身是进攻型的宗教，向美洲荒野的移民最后被定义为"进军"而不是"逃亡"是非常关键的。

正如"千禧年"神学虽然是末世论，但它强调的却是基督重临之后的千年统治，移民美洲也不是仓皇出逃，而是为基督重临创造新的契机。新英格兰人总的来说是务实的中产阶级英国人，但是他们中的精神领袖和思想精英却在一个多世纪中孜孜不倦、锲而不舍地构建和反复强调着同一个核心理念——北美大陆是上帝为他的选民预留的处女地，清教徒移民在这块土地上创建的社会是基督选择重临的新迦南，这里是人类的希望，是未来之地。

要说服基督教世界甚至说服自己美洲荒野是新以色列并不容易，他们甚至没有德国的马丁·路德或是日内瓦的约翰·加尔文，清教徒们所依仗的世俗保障是马萨诸塞海湾公司的特许状，而他们在神学方面所依

---

[1] Perry Miller, *Errand into the Wilderness* (Cambridge, Mass.: Belknap Press of Harvard University Press, 1956), P2.
[2] Perry Miller, *Errand into the Wilderness*, P11.

赖的，是"预表法"（typology）。

如果从修辞的角度来讲，也许对美国早期历史影响最深刻的词莫过于"预表法"了，这个宗教术语充分地折射出17世纪美洲移民普遍的心理状态。"预表法"原本是基督教释经学中的一种解经方式。奥古斯丁（Augustine）曾经说过："《旧约》乃《新约》之伏笔；《新约》为《旧约》之应验。"这就是预表法最基本的定义。最早使用预表法的是《新约》的作者，他把《旧约》全书作为一个原型（type），而《新约》全书则是其应验（anti-type）。比如在《旧约》中，约拿（Jonah）被困在鱼腹中三天三夜，后重见天日，传神意于朽邦；而在《新约》中，耶稣（Jesus）被钉十字架，死后肉身也被安放在洞穴内三天三夜，后复活，显神迹于人间。预表法的目的在于证明耶稣是弥赛亚、救世主，他所经历、成就的一切均在《旧约》中有所记述和预言。

到了宗教改革时期，改革者强调每个信徒应该自己阅读《圣经》，理解《圣经》，自己对圣经中的内容进行历史和修辞解读，预表法开始成为更普及和更重要的圣经阐释方式，学法律出身的加尔文更是偏好这种解经方式。"如果没有预表法，加尔文就不成其为加尔文了，因为预表法在他的神学体系中占据了举足轻重、至关重要的地位"。清教徒从神学上来讲属加尔文宗，对于加尔文神学中对预表法的偏好也很好地继承下来。他们不仅把预表法用作一种解经方式，还把它扩展为对个人和社群的世俗经历以及心路历程的解读方式。"清教徒对《圣经》预表式的阅读也是一种对自身道德及精神状态的阅读"。[1] 当他们需要为美洲之行寻找一个神学依托的时候，预表法的使用可以说是水到渠成。

清教徒对预表法的创造性使用首先在于他们突破了预表仅限于《旧约》预表《新约》，而把整本圣经作为一个原型，把清教徒的新英格兰实验作为其应验。这样一来，新英格兰的美洲实验就从一小股受迫害的

---

[1] Lynne Walhout Hinojosa, "Religion and Puritan Typology in E.M.Forster's *A Room with a View*", *Journal of Modern Literature*, 2010.

英国清教徒赴殖民地避难转变成了整个基督教世界举足轻重的大事件，他们不再是受害者，而是朝圣者和先遣队；他们的身份正如《新约》中的耶稣，是弥赛亚，是上帝的选民，是人类的希望所在；而他们的美洲经历也正可以印证犹太人出埃及，是人类摆脱奴役，奔向自由的道路；因此，美洲荒野毫无困难地被证明为新迦南，新的应许之地。

一旦这神圣的基调定下来，所有的一切都名正言顺了。清教徒们在美洲建立的将是一个"基督教神圣共同体"，整个社区与上帝立约，没有人可以置身事外，政府不仅要管理世俗事务，还要监督所有人的思想，每个人不仅必须行为符合模范基督徒的规范，而且在思想上也必须紧跟教会，务必使整个社会成为一个无可挑剔的完美示范，因为一旦有一人犯错，则整个社区得咎，而一旦这个人类最后的得救机会丧失，则基督复临带来的不是神恩，而是雷霆；这是人类最后的机会，也是人类历史上最伟大的远征，在北美荒野将建立的是一个神权社会，一个"山巅之城"。

二　朝圣者与"五月花公约"

美国历史上最著名的清教徒并不是1630年代大规模移民到马萨诸塞海湾殖民地的清教徒，而是被称为"朝圣者"的创立了普利茅斯殖民地的清教徒们。1630年代移民马萨诸塞殖民地的清教徒是相对比较温和和稳健的清教徒，他们被称为非脱离派清教徒，他们虽然也对英国国教不满，但是他们并不主张脱离英国国教而独立，是教内的改革派。而1620年搭乘著名的五月花号来到北美的第一批清教徒却是很激进的分离派，也称独立派清教徒。他们认为英国国教已经腐败透顶，不可改良，只有完全地脱离，才可能真正净化教会，才是真正的清教徒。

他们先是在1608年从英国逃到荷兰的阿姆斯特丹，成立了"圣徒共同体"。然而他们对阿姆斯特丹也不满意，觉得它仍然太过腐败，于是他们又移民去了莱顿。莱顿的生活很艰辛，就连孩子们也不得不到工厂里面干活，清教徒们既不愿意他们的孩子变成荷兰人，也不愿意看到孩子的健康受损，于是当他们从伦敦的弗吉尼亚公司得到许可，在该公司拥有的北美殖民地挑选一块土地开始自己的生活时，清教徒们再次打起行囊上路了。因为他们左右求索，四处追寻理想之地，因此他们在美国历史上获得了"朝圣者"的美名。

"五月花"是一艘三桅帆船，如今在普利茅斯海岸还能看到它的复制品，来自世界各地的游人可以到船上体验当年清教徒的艰苦航程。朝圣者们乘坐"一帆风顺"号帆船到达英国，从英国换乘"五月花"于1620年9月从英国出发，驶向美洲荒野。船上一共102人，其中只有35名清教徒，其他乘客是为了发财去北美殖民地冒险的人。

"五月花"的目的地是于1607年开始在弗吉尼亚建立起来的英属殖民地，但是连日的北风把帆船刮到了马萨诸塞海湾科德角半岛附近。所以当清教徒们于1620年11月10日在北美大陆上岸时，他们随身带来的弗吉尼亚公司的许可证已经失去了意义，他们落脚在一片陌生的土地上。这一情况使得五月花号帆船的乘客们落入了一个政治困境：他们必须得自行决定其政府的组成方式。远离英王和英国政府，谁来保障他们的安全？又如何才能保证新建立的社区的稳定和发展呢？谁才有资格管理其他人？谁又能保证这些获得权力的人不会腐败？

虽然人数并不占优，但是五月花号上的清教徒乘客毕竟是有组织的一个团体，他们在荷兰自治的经历给了他们很好的启示。为了新社区的安宁，尤其是为了保证那些非清教徒不会威胁到即将建立的新社会，船上的清教领袖威廉·布鲁斯特（William Brewster）和威廉·布拉德福德（William Bradfod）等人起草并安排了五月花公约的签署。五月花公约非常简单，主要的内容是"为维护秩序，谋求生存……立约结为民众自治政体；据此随时制定并颁布最适宜殖民地公益之公正平等的法律、法规、法令、宪章及权职；吾等保证遵守服从"。[1]

但是五月花公约的意义却不简单。1620年，在中国是明朝进入风雨飘摇的日子，但是距中国人知道自治、民主、宪政或是任何五月花公约中的原则或实际做法起码还有近300年的时间。距英国的光荣革命，约翰·洛克(John Locke)的《政府论》70年；距卢梭的《社会契约论》140年；距法国大革命170年……这些长长的时间，都是世界各地不同社会进入现代所需要花费的代价，更不用说还有多少反反复复，距离人们真正享有自由权利的时间只有更久。

为什么清教徒没有像当时世界各地的人一样，选择传统方式来组织政府？虽然没有国王和大贵族，要在人群中找出一个德高望重的人、一个和贵族沾亲带故的人，或是一个对权力充满欲望野心勃勃的人必定不是难事。把权力交到这样的人手中，然后按部就班地组织政府，最后过上既安全又卑微的传统生活，直到这样产生的领袖过分愚蠢，或是过分残暴使得这种卑微的生活变得不再安全，那么就轮到对社会秩序破坏极大的动乱时代登场，生灵涂炭，民不聊生，最后再次把权力交到一个铁腕人物的手中，祈祷下次动乱晚一点发生。在五月花公约之前的大部分人类历史就是这样简单而痛苦的重复，这种政权组织方式不改变，则人类社会有序—动乱—集权（有序）的循环就无法被打破，无论其中有序的时间看上去可以维持多久，它的代价极高，而且最终还是不能避免动乱的发生。

清教徒们选择自治而不是集权有多方面的原因，其中最重要的有两点：第一是英国的政治传统。英国虽然一直都是帝制，但是议会的传统使得权力制衡的观念在英国国民中并不陌生，而清教徒们在国王和议会的斗争中从来都是站在议会一边，其理由是显而易见的。第二则是来自基督教中"立约"的传统。

---

[1] 钱满素主编：《美国文明读本：缔造美利坚的40篇经典文献》，中央编译出版社2014年版，第8页。

约,又称圣约(covenant),是基督教一个重要概念。在圣经中,上帝与人类多次立约,第一个圣约是上帝造人之后,把亚当(Adam)和夏娃(Eve)放在伊甸园时所立的约,即人类可以无忧无虑地生活在乐园,条件是不得食用智慧果,人类未能遵守这条圣约,受到的惩罚是被赶出伊甸园等等。上帝第二次与人类立约,是在圣经旧约中上帝与诺亚(Noah)所立的约,其内容是赐予新的人类以生命,其记号是洗礼。上帝与人类的第三次立约,是与亚伯拉罕(Abraham)所立的约,其内容是立以色列人为神选民族,其记号是割礼。圣经旧约中上帝还多次与人类就信仰立约,但最重要的是这三次,而圣经新约中提出一个更宏大的圣约,那就是上帝允诺以其子耶稣基督的血赎人类之罪,其条件是信仰,而上帝则赐予救恩。

围绕着约的概念,逐渐建立起一整套的神学理论和实践。"第一个是天恩之约,即信徒个人与上帝之约。第二个是教会之约,即彼此立约共同崇拜上帝,建立教会。第三个是政府之约,即将教会之约扩展到世俗社会,成立政府。"[1]在朝圣者们离开英国远赴荷兰的过程中,他们就是按照这样的方式来组成他们理想中的教会,也是以这种立约的方式来组成相对独立的政治团体。当然,因为在旧世界他们总是生活在人群当中,不可能真正做到自治,不可能无视既有的政治组织和结构,但是他们已经确立了立约组成政府的原则,而美洲之行正好给他们提供了一个机会把这些原则真正投入实践。

五月花公约共有41人签字,在1620年,当然全部是成年男性,包括了船上每个家庭的户主和成年的单身男子。这份公约的签署意味着普利茅斯殖民地作为一个自治政体正式成立,公约的签署人成为殖民地自由民,他们选举了约翰·卡弗(John Carver)为总督。第二年卡弗去世,布拉德福德当选。1630年,更多的清教徒乘坐"阿贝拉"号到达新英

---

[1] 钱满素主编:《美国文明读本:缔造美利坚的40篇经典文献》,中央编译出版社2014年版,第11页。

格兰,新成立的新英格兰政务会决定由布拉德福德个人全权掌管普利茅斯,但是布拉德福德并没有乘机成为普利茅斯的土皇帝,而是延续了民选的传统,将殖民地的权利交给全体自由民。

"殖民地每年举行一次选举,选出当年的行政长官、秘书和几个理事。所有的教会成员都是选举人,也是立法会的成员。立法会每年至少召开一次会议,并起到法庭的作用。1636年,立法会通过了基本法,其中包括一个权利法案。每次开会前,他们都要高声宣读五月花公约。当殖民地扩大后,他们采用了代议制。总之,五月花公约起到了普利茅斯宪法的作用,直到1691年殖民地被纳入马萨诸塞海湾殖民地的版图。"[1]

朝圣者是一个很小的团体,一份41人签署的文件留名青史,不仅因为它的首创性,而且因为它的不间断实践。清教徒们没有说一套,做一套,把公约作为一个好看的幌子签署之后挂起来,然后还是实行老一套。相反,他们认真地把他们的信念付诸实践,年复一年,他们不仅开创了自治和民主的传统,而且保持和发展了这一传统。"在美国历史上,从殖民地伊始到后来边疆西扩,留下了几百份这样立约创立政体的文件,五月花公约是开先河的第一份,成为美国人创建新政府的先例。美国人对五月花公约所蕴含的政治原则具有普遍共识,那就是政府由人民立约组成,主权在民和人民自治;政府的合法性来自被治者的同意;法治而非人治;成文宪法;定期选举治理者;政治自由乃一切自由之根本等一系列概念,而这些概念又正是现代政治文明的根本。"[2]

---

[1] 钱满素主编:《美国文明读本:缔造美利坚的40篇经典文献》,第11页。
[2] 钱满素主编:《美国文明读本:缔造美利坚的40篇经典文献》,第12页。

第一章
山巅之城

第一节　上帝之城：宗教改革的终极理想

一　契约神学：山巅之城的理论基础

"山巅之城"取自约翰·温思罗普在去往新英格兰的"阿贝拉"号船上的讲话，在这次演讲中，温思罗普定下了1630年大移民的基调："我们必须建成一座山巅之城，全世界人民的眼睛注视着我们"。[1] 在前往美洲的早期移民中，1630年大移民是一群文化素质较高而宗教信仰甚笃的清教徒。他们离开英格兰，前往不可知的美洲荒野，经济方面的考虑是次要的，他们首先是为了实现宗教梦想，正如他们的称谓"清教徒"所表明的，他们梦想着建成一个"清而又清，纯而又纯"的教会国家，他们称作"圣徒之治"。根据他们的理解，在《圣经》中上帝对如何建立教会确有明示：只有那些上帝选中的人，有过明确皈依经历的人，亦

---

[1] John Winthrop, A Modell of Christian Charity, from *The American Puritans: Their Prose and Poetry*, ed. by Miller Perry, (Garden City, And N.Y.: Doubleday, 1956), P196.

即有形圣徒（visible saints）[1] 组成的教会才是纯洁的教会，而只有教会成员才能担任公职，这样建立的社会才是一个神圣的社会。当然，"无形的圣徒"(invisible saints)[2] 在死后进入天堂，那毕竟是上帝才知道的"无形的教会"，真正的教会，但这是世人无从得知的。清教徒相信，每一个民族都是通过"圣约"（covenant）和上帝联系在一起的，这也是他们存在的基础。"圣约"的基本内容是人类必须遵从上帝的律法，而作为回报，上帝会善待人类。正是为了履行此一圣约，人类组建政府，因而政府的首要职责即是惩罚任何对上帝律法的破坏。因此，世俗政府在行驶它的职能的时候是得到神圣授权的，人们必须完全听命于行使这一神圣职责的政府。但是，如果政府不能保持其神圣性质，不能压制邪恶，甚至向邪恶低头，那么，人们就应该造反并用更好更神圣的政府来替换它。如其不然，则上帝会降罪于整个民族，"降下火和硫磺来惩罚整个民族。"[3] 然而在封建主义的欧洲，一个地区或国家的宗教一般是由其领主或国王的宗教信仰来决定的，教会和世俗权力之间有千丝万缕的联系，只有"有形圣徒"才能成为教会成员的这种做法在旧世界根本行不通，而世俗政府的神圣性更是无从谈起。所以当"阿贝拉"号的乘客在美洲荒野站稳脚跟之后的第一件事，就是按照自己对《圣经》的理

---

1 "有形圣徒"，又称"经证实的圣者"，意为"蒙拣选者"，指那些有皈依经验，又称重生经验的信仰基督的人。这一概念虽然与加尔文神学中"有形的教会"的概念有相当的关联，但主要由持公理宗教义的清教徒阐发，比加尔文神学中对"有形的教会"的成员要求更加严格，除了加尔文所要求的洗礼、圣餐等条件，尤其强调要有突出的皈依经验，并能当众陈述，得到其他教会成员的认可，方能成为"有形圣徒"。

2 加尔文在《基督教要义》第四卷第一章第七节中把教会分为"有形的教会"和"无形的教会"，也就是"看得见的教会"和"看不见的教会"。"有形的教会"指的是"那散布在普世的一群人，这群人自认为崇拜神和耶稣基督，由洗礼被纳入他的道理中，从领受圣餐承认他们在真道和爱心上的一致，共同持守主的道，并保存基督为传道所设立的牧职"。而"无形的教会"指的是"神眼中的真教会，而被纳入其中的，只是那些蒙了神的拣选和恩典作为他儿女，并籍圣灵成圣作基督真肢体的人。这教会所包括的不只是某一个世代住在地上的圣徒，而且是一切从太初以来曾在世上活过的选民"。"无形的圣徒"指的是"无形的教会"的成员。参见 J. Calvin, *Institutes of the Christian Religion* (John T. McNeil ed. And Ford Lewis Battles tr. Philadelphia: Westminster, 1960), P124.

3 Edmund·S·Morgan, *The Puritan Dilemma: the Story of John Winthrop*, (Scott, Foresman and Company, Glenview, Illinois London, England, 1958), P19.

解，建立了这样一个政教合一的清教神权。

1630年的移民和普利茅斯的"朝圣者"有所不同，他们不主张脱离国教，他们追求的并不是抽象的宗教自由，而是按自己的愿望自由讲道，自由组织教会。1628年向马萨诸塞的移民已经开始，1629年，他们向国王申请在该地建立殖民地的特许状，并在塞勒姆（Salem）建立了一个教会。同年，他们完成了改选，由那些亲赴美洲的人执掌政权，温思罗普在英国本土就上任了马萨诸塞的总督，负责组织了1630年的移民。1630年"阿贝拉"号抵达美洲之后，十年间陆续有21,000多英国人移民到美洲的各个清教殖民地。刚开始的时候，移民们认为他们的美洲使命并非是以美洲本身为终极目标的，他们到美洲来只是为了给败坏了的欧洲侧面一击，在新大陆实现宗教改革的目标。一旦改革完成，实验成功，上帝不仅会保佑新世界，而且会让新世界领导旧世界，让新英格兰统治旧英格兰。奥古斯丁是他们崇敬的神学家，他们重新解读奥古斯丁的神学，否认天主教神学对奥古斯丁"上帝之城"的理解，认为"上帝之城"并非是指尘世的教会，而是"指末日审判后善天使和圣徒的'属灵的爱的共同体'"；他们否认"地上之城"指的现实国家是中性的，而认为它是否定性的，"是由只爱世物不爱上帝的自私的个人组成的自私的集体"；[1]他们要建立的是一个"上帝之城"在地上的对应物，他们要改变现世国家的腐败性质。实际上，他们身上充盈着"天将降大任于斯人"的使命感，觉得人类的命运是上天堂，还是下地狱，成败在此一举。所以抛家别业对他们来说并不算什么，甚至美洲荒野越是险峻才显得他们的使命越发光荣。但同时必须指出的是，英国清教徒是一个务实的群体，而且1630年代的移民大部分都是经过深思熟虑的中产阶级家庭，他们虽然抱着圣战的心情踏上征程，但同时也以商人的精明计算着此行成功的概率。从一开始，新英格兰就是一个"神圣的"经济共同体，而契约神学（Covenant theology）可以说是这个共同体的基本

---

[1] 周伟驰：《奥古斯丁的基督教思想》，中国社会科学出版社2005年版，第275页。

律法。

所谓"清教主义"（Puritanism）并不是一个范围清晰的理论体系，它指的是16世纪中晚期在宗教改革内部兴起的一个派别。清教徒主张采用较简单的崇拜仪式，着较简朴的礼服，主张把改革进行到底，彻底净化教会，使其恢复到基督教初创时期最纯粹的境界。他们的神学主张可以说因人而异，虽然他们也接受一些天主教圣徒，尤其是奥古斯丁和阿奎纳（Thomas Aquinas）的影响，当然他们也学习马丁·路德的神学，但是总的来说，清教主义受加尔文主义的影响最大。如果说有什么所有清教徒都认可的绝对权威，那就是《圣经》，清教主义的基本理论是原罪论（original sin）和预定论（predestination）。清教威斯特敏斯特信纲（Puritan Westminster Confession）上说："上帝赐予亚当及其子孙生命，条件是个人的绝对服从"，但是人类最早的父母打破了这一契约，因此"从他们原本完全的正义和与上帝的关系中堕落了，堕入完全的罪孽，这一行为彻底玷污了他所有的自然能力，玷污了他的身体和灵魂"。[1] 而所有的人从此以后天生就是有罪的，因为他们对公正的上帝所犯之罪，应受永远的惩罚——这是清教主义的核心教义。至于人类能获救，完全是出于上帝的仁慈，而且人性如此堕落，人的获救也必须仰仗上帝的神恩。上帝按照自己的心愿选中一些人，给他们特殊的恩典（grace），这些人因此可以脱胎换骨，死后荣升天堂。总之，人的完全堕落和上帝的绝对权威是加尔文主义的精髓但是加尔文的日内瓦和新英格兰的建立中间相隔近百年的时间，在这段时间，新教和天主教的论战一直没有中断，清教神学家们急于完善加尔文当年基于狂热的信仰创建的一个大的理论框架，使它的逻辑更加严谨，更符合时代和论战的需要。契约神学就是这几十年修正的结果，和其他的神学理论一样，契约神学在英国有各式各样的版本，根本无法形成一致意见。但是在新英格

---

[1] Francis J. Bremer, *The Puritan Experiment: New England Society from Bradford to Edwards* (Hanover: University Press of New England, 1995), P20.

兰则不同，由于人数有限，早期移民又都是自愿选择前往的，他们很快就和神学家们以及政治领袖达成了共识，所以在新英格兰，的确存在一种正统神学。它的核心思想是由英国剑桥的神学家威廉·珀金斯 (William Perkins)，他的学生威廉·埃姆斯 (William Ames)、约翰·普莱斯顿 (John Preston)，和他的朋友理查德·塞博斯 (Richard Sibbes) 共同阐发的。他们和约翰·科顿 (John Cotton)、托马斯·胡克 (Thomas Hooker)、托马斯·谢帕尔德 (Thomas Shepard) 等殖民地重要的政治领袖和神学家一起形成了新英格兰的正统神学，其核心是契约神学。

根据契约神学，上帝与亚当曾签订行为之约（Covenant of Works），在这一契约中，上帝允诺亚当及其子孙永生和幸福，条件是人类对上帝绝对服从。但是亚当未能守约，于是被逐出伊甸园，人类也从此堕落。但是上帝并未就此抛弃人类，《圣经·创世记》第 17 章记录了他和亚伯拉罕再次订立契约。由于人类此时已经是堕落的人，他无法理解并按照上帝的律法来约束自己的行为，所以新的契约是救恩之约（Covenant of Grace）。也就是说，只有得到上帝恩典的人才有资格与上帝签约，上帝不仅允诺他的选民永生和幸福，并且要先赐给他恩典，使他有力量保持信仰，而人类一方的责任只有一点，就是信仰。这也是宗教改革强调的关键论点——"因信称义"，也就是说，因为信仰而获拯救。它针对的是天主教的所谓"事工得救"，认为人不可能仅凭自己的行为而获拯救，在获救的问题上，最终决定权在上帝的手里，得不到恩典就不能获救。

虽然上帝和亚当以及亚伯拉罕订有契约之事一直记录于《圣经》上，但是"契约"一词在《圣经》中有多种含义，鉴于这些含义容易变得含混，路德和加尔文都避免过多地谈论它。在 17 世纪发展起来的清教主义重新追溯了契约在圣经中的历史，明确了契约的定义，并在此基础上建立了系统的神学理论。契约神学在神学上继承了加尔文神学的核心理论以及宗教改革的其他成果；在文化上继承了文艺复兴的遗产；在政治上，因为清教徒站在国会一边反对专制的国王，他们在神学理论中借鉴了社会契约（social compact）的观点。米勒认为："到16世纪末的时候，深受社会契约思想影响的英国新教徒已经逐渐认识到英国国教会（the Church of England）教义的不足了"，"正是为了弥补教义上的不完善，一些清教徒发展了契约神学"。[1] 而契约神学的发展反过来又促进了社会契约观点的推广，总之，"毫无疑问，在建立新英格兰的时候，在清教领袖的思想上，宗教契约和社会契约已经完全结为一体了"。[2]

　　契约神学的革命性在于它借用一个法律术语使全能的上帝成为遵守一定约束的契约签订者。它产生了一系列意义重大的推论：第一，上帝不再是为所欲为的上帝，虽然他"能够"为所欲为，但是他更"愿意"根据契约行事，加尔文主义中不可捉摸的上帝变得可信任了。第二，上帝虽然无所不能，却自愿降格以求，与人订约，完全是为了人类的利益，这使加尔文主义中严酷的上帝变成了仁慈的上帝。第三，人和上帝在契约中是合同关系，自然也就有了一定的平等关系。第四，理论上，上帝是超越所有的理性、法则和道德的，但是因为他愿意与人类订立契约，由此可知，上帝的律法必然是符合理性和道德的。第五，上帝本来可以随意介入自然界的运转，使它按照自己的心血来潮变来变去，但是既然上帝愿与人类签约，他必然也会让自然遵从一定的客观规律运转。既然自然的运转有规律可循，那这个规律应该也可以为人类所认识和掌握。[3] 上帝越来越被认为会通过正常的自然规律来使宇宙运转而不是通过一些个别的神迹来显示他的威力。这些都为自然科学的研究以及发现和掌握这些自然规律提供了神学支持。同时，正如上帝与自然的关系不是表现为突如其来的奇迹而是按照自然规律发展，那么上帝和人的关系也不可能是随意的，相反，上帝把人创造成有理性的个体，通过劝诫来引导他。哪怕是在赐予世人神示的时候，上帝也不再像在《旧约》中那样

---

[1] Perry Miller, *The New England Mind: the Seventeenth Century* (New York: Macmillan Company, 1939), P414.
[2] Perry Miller, *The New England Mind: the Seventeenth Century*, P414.
[3] Perry Miller, *The New England Mind: the Seventeenth Century*, P375.

直接而突然地显灵，而是通过一些普通的渠道或是蕴藏在日常的事件中间。这自然也使得牧师的日常工作变得有必要，也更有意义：正如上帝在自然界利用自然规律来启示世人，牧师们的工作正是上帝在人类社会用来启示众人的方式。

这样人和上帝的关系悄悄演变成了一种法律关系，上帝理论上仍保有他的绝对权力，但因为他签订了契约，他就必须遵守。人们不用再揣度上意，只需向他自己的内心探索，只要他足够虔诚，履行了契约的这一半，上帝自然会履行他的那一半。契约论的巧妙之处在于，它一方面保证上帝按照自己的意愿选择什么人获救，一方面又保证他一定会选择那些达到了条件的人。

契约神学之所以在 17 世纪得到迅速发展，塞缪尔·维拉德 (Samuel Willard) 的话说得很清楚："圣事（Great Affair）最适合用契约的概念来向人们说明，是因为人们之间签订合同这类的事情太多了。这样是最容易理解的，而且这种行为是人类完全有能力承担的，必然适用于我们的信仰"。[1] 可见神学家们只是借用了当时流行的话语方式和社会生活方式来更有效地进行他们的工作而已，同时也可以推知 17 世纪的新英格兰从一开始就是商业和法律气息很浓厚的社会。而这种神学上的改革也为社会改革做了舆论和思想上的准备——只有上帝和人的关系改变了，人和人的关系才有改变的可能。如果命运全由天定，人是匍匐在上帝脚下的小爬虫，就根本谈不上一个法制和民主的社会，佩里·米勒简洁地说："自由社会不可能由奴隶组成"。[2]

在个人契约的基础上，派生了民族契约（national covenant）的概念。它和个人的救恩之约有几个不同之处：第一，一个民族只存在于"这个"世界，所以它和上帝的关系与个人和上帝的关系不同，个人和

---

[1] Samuel Willard, *A Compleat Body of Divinity* (New York, Johnson Reprint Corp., 1969), P213.

[2] Perry Miller, *The New England Mind: the Seventeenth Century* (New York: Macmillan Company, 1939), P408.

上帝的关系是精神上的、内在的，而民族和上帝的关系是物质化的、外在的，伴随着看得见的成功或摸得着的失败。第二，民族的成败受到的奖惩与个人不同。个人可以到天堂或地狱去受奖惩，而一个民族的成败必须表现为外在的、直接的后果，服从上帝则繁荣，忤逆上帝则意味着灾难、战争和毁灭。第三，个人之所以能和上帝签约，是因为上帝选中了他，所以个人虽然可能犯错，但只要最后悔过了，上帝是不会与他的选民撕约的。而民族之约不同，一个民族和社会要是败坏了，不管是否还有圣徒留在其中，还有多少圣徒生活在其中，作为一个团体，它和上帝的契约即告终止。温思罗普宣称，移民们通过前往美洲这一行为与上帝签约，如果上帝让他们安全抵达美洲大陆，则被视为对合同的首肯。从此以后，整个民族即处于和上帝的民族契约之中，如果努力工作，则殖民地繁荣，如果不能虔诚、勤恳地建设殖民地，则上帝降罪。因为上帝是把整个民族作为契约的另一方，所以所有的社会成员必须团结，因为社会一旦覆灭，个人也就毁灭。温思罗普特别强调集体利益，他说："在任何情况下，公共利益高于私人利益……因为社会一旦毁灭，私利必不复存"，因此，"我们在此事业中应团结如一人"。[1]

与民族契约相关而又有所不同的是社会契约（social covenant）。契约神学兴起之时，欧洲已经处于文艺复兴的后期，社会契约并不是什么特别新潮的思想，社会总的趋势是以合同关系替代封建时代的等级关系。但是对于清教徒来说，任何理论都必须先得到神学支持，在契约神学中，他们不仅发现了和上帝的平等关系，还发现了珍贵的"自愿"原则。在契约神学中，虽然上帝的权威是无限的，但是一个人是上天堂，还是下地狱，说到底还是自己的选择。这是一切由自愿原则结社的基础，如果上帝和人的关系不能由一种基于自愿的合同关系来解释，那么根本谈不上以自愿的原则结成教会、政府以及国家。契约思想深入

---

[1] John Winthrop, A Modell of Christian Charity, from *The American Puritans: Their Prose and Poetry*, ed. by Miller Perry, (Garden City, And N.Y.: Doubleday, 1956), P198.

人心，温思罗普多次重申："人们权力的基础是他们的自由"。[1] 任何人不得凌驾于他人之上，统治者的权力来自被治者的授权，并且以契约的方式确立双方关系。米勒指出，在《独立宣言》中宣布的基本政治原则在清教社会早已牢固地树立起来：统治者受契约约束；社会应法治而非人治；任何契约的条款如严重被破坏则契约无效，人们有权抵抗类似的侵害。[2] 在新英格兰，这些原则从未被抛弃过。温思罗普本人曾被指责为暴政，他辩称所谓暴政是"未经授权，压迫人民，统治人民不依其法"，而他本人并不敢违背这些基本原则。[3] 以温思罗普为先例，后来的新英格兰政治领袖都在是否暴政的问题上求证于契约的基本原则，如果违反这些原则，则为暴政。这也是独立革命时期，殖民地指斥英国政府为暴政的依据。

契约神学对于建立一个政教合一的清教神权至为宝贵。它把政府神圣化，使其成为人与上帝之间的中介机构，是个人在为进天堂进行准备期间的停留所，它根据神意约束人的行为。对于政府的构成，温思罗普一反基督教传统的堕落论而创造性地转向人类之爱。根据传统基督教政府论，人自从堕落以后，无法自我约束，如果没有政府，则弱肉强食，民不聊生，所以政府是对堕落的人的强制管教，是对人的惩罚。从这种政府论出发，则无论怎样独裁或残暴的统治都是人类应得的惩罚，人们必须顺从。而新英格兰清教徒却认为人都是按照上帝的形象所造，当人们从对方的形象中看到这种神圣的相似性，不由得产生了一种兄弟之爱，而重生以后的圣徒更是感受到对上帝无尽的爱，同时对他的同胞也产生了类似的情感。正是出于普遍的兄弟之爱，人们结成了社会，而出于圣徒们的责任，于是产生了政府。所以这样结成的社会是纯洁的社

1　John Winthrop, A Defence of an Order of Court, from *The American Puritans: Their Prose and Poetry*, ed. by Miller Perry, (Garden City, And N.Y.: Doubleday, 1956), P201.
2　Perry Miller, *The New England Mind: the Seventeenth Century* (New York: Macmillan Company, 1939), P409.
3　John Winthrop, A Defence of an Order of Court, from The *American Puritans: Their Prose and Poetry*, ed. by Miller Perry, (Garden City, N.Y.: Doubleday, 1956), P201.

会，而这种政府就是神圣的政府。政府的统治是神圣的，"因为它直接来自上帝，任何世俗政府都是上帝通过世人作为中介而建的"。¹ 而政府官员，也就是有形圣徒们，他们是大众的勤务兵、服务员。温思罗普认为殖民地的官员们受到三重约束：首先，作为教会成员，他们受到教会契约的约束；第二，作为自由民，他们受到社会契约的约束；第三，作为宣誓就职的官员，他们受到统治者和受治者之间让渡权力的契约的约束；所以，他们代表的是殖民地社会的根本利益和殖民地人民的真实愿望。因此，虽说他们是人民的勤务兵，但绝不是穿着制服的低贱的仆人，低眉顺眼，任人差遣。他把政府官员和牧师们相提并论，正如上帝的《圣经》要由博学的牧师来解释，人们订立的世俗契约也要由智慧的官员们来执行。²

契约神学对于建立一个现代意义的政府很有帮助。首先，每个人的权利都属于上帝，所以在世俗社会中，每个人可以通过契约让渡的权利是有限的，他只能让渡与自己个人有关的部分权利。有的权利，如生命权以及在美国独立革命时期大肆标榜的所有"天赋人权"，财产权、追求幸福的权力等等，均属于上帝赋予的不可让渡之权。第二，由于统治者的权力是由受治者以契约方式自愿让渡而来，一旦统治者越权行事，或是侵害了受治者的利益，那么，受治者完全可以收回这些上帝赐予他们，而不是赋予某个特定的统治者的权力，通过契约的方式，再选择一个信得过的人，把权力让渡给他。虽然理论和实践之间总是存在一定的距离，但是毋庸置疑，清教徒们的确利用契约神学成功地摆脱了封建君主和贵族的统治，而一旦这样一个政府体系建立、运转起来之后，随着世俗化的加深，其中的宗教成分淡出，一个以人人平等、天赋人权为理论基础，以民主选举为权力让渡方式的现代政治体制就完全可以独立、

---

1 John Winthrop, Speech to the General Court, from *The American Puritans: Their Prose and Poetry*, ed. by Miller Perry, (Garden City, N.Y.: Doubleday, 1956), P206.
2 Robert C. Winthrop, *Life and Letters of John Winthrop* (New York, Da Capo Press, 1971), II, P432.

顺畅地工作了。

但是使新英格兰区别于其他社会的最根本的一点却是教会契约（church covenant）。教会契约是清教神权的理论和组织基础，甚至可以说是大移民的起因。对于大移民的起因，历史学家有种种解释，具体到每一个人为什么选择移民，恐怕永远是个谜。但是有研究表明大移民的领袖们在英国的时候就相互认识，他们都一致认定教会的组织形式应为公理会（Congregational church）。在新英格兰历史上，只有五六位牧师例外，其他人全都追求这种特定的教会形式，而正是这一点使他们的理想在旧世界难以实现，而必须通过移民来达成。公理会的基本思想是：教会是由上帝的选民订立契约、遵循上帝意志的地方，因此每个教会都是独立自治的单位，没有什么主教可以对之发号施令。这个系统是这样运作的：每个城镇的中心是教会，由那些能够提供证据证明自己重生经验的人，也就是所谓的有形圣徒自愿签约组成，他们选举牧师并投票决定加入教会的人选。在外围的是"居民"（inhabitants），他们还没有明显的重生迹象，虽然他们要参加教会的活动、听布道、缴税以支付牧师工资，但是他们没有选举权，也不能担任公职。也就是说大约总人口的五分之四[1]只有在城镇会议上的投票权，其余事务全由"有形圣徒"说了算，这也是为什么新英格兰被叫做清教神权的原因。

公理会受到多方质疑，长老会牧师指出在《新约》中找不到任何证据证明其合法性，而公理会牧师声辩说在《旧约》中上帝曾提到过这种形式，《新约》既未肯定也未否定，那就算肯定。可见这种在新世界建立起来的教会形式根本不是直接来自《圣经》，它和任何一种权力形式一样，是历史的产物。它把教会成员限定在有形圣徒中，这是宗教改革的影响，希望重建完美教会、纯洁教会；它强调教会的社会功能，这是中世纪的遗迹，但同时也是面对美洲荒野，强调团结和民族认同的需

---

[1] 这个数据采用自 James Truslow Adams, *The Founding of New England*，历来历史学家们对此争议很大，最近的研究更倾向于认为自由民的比例逐年增高，而且非自由民所享受的权利也比其他社会更为广泛。

要;它最具有现代色彩的是其契约精神,强调教会是由每个成员自愿签约加入。当然,对于新英格兰的宗教和政治领袖来说,最重要的是公理会制度是最神圣的权力构成方式,它可以保证新社会的正统性。约翰·诺顿 (John Norton) 声称新英格兰"最好地演示了世俗政府和公理会方式的紧密结合"。[1]

契约神学完美地解决了人的位置的问题,全方位地确立了人与上帝、人与社会、人与人之间的关系。这样,这个新社会就可以按照一种理想的制度,人人各守其位、各安其分,为了一个无比神圣的理想:在尘世建立一个"上帝之城"而努力工作了。

常常有人觉得美国人爱管闲事,对世界事务未免插手过多,他们不知道为什么美国人不能学会"随它去吧"。这也许部分地起源于清教徒的责任意识,他们认为无论如何人是不能从他的兄弟身边逃开以躲避责任的。清教徒相信"所有人都是有罪的兄弟""虽然他(清教徒)必须尽其所能防止和惩罚邪恶,但是如果他失败了,他也不能洗清自己而把这个世界留给黑暗势力。"[2] 归根到底,基督教是一个救世的宗教,好的基督徒不能独善其身。而这种责任感尤其因为契约理论而得到加强。这也是公理宗的马萨诸塞与分离主义者的不同之处,他们谨守着清教主义的基本信条:虽然这是一个不完善的世界,但基督徒的责任就是要生活在此世,却不能"为了此世"而生活,他们必须眼望上苍,心念上帝,但同时也要谨遵上帝的诫命,去改变这个不完善的世界。

二 温思罗普的波士顿:政教合一的清教神权

在温思罗普一行到达美洲之前,约翰·恩德科特 (John Endecott)

---

[1] Francis J. Bremer, *The Puritan Experiment: New England Society from Bradford to Edwards,* (Hanover: University Press of New England, 1995), P37.

[2] Edmund·S·Morgan, *The Puritan Dilemma: the Story of John Winthrop,* (Scott, Foresman and Company , Glenview, Illinois London, England, 1958), P32.

负责美洲的事务,并创建了塞勒姆教会。恩德科特的许多做法都影响了后来殖民地的行政方式,尤其是在如何对待持异见者和教会的建立两方面。1629 年,一批移民先期到达塞勒姆,但不是每个人都赞同殖民地的做法,恩德科特即刻以公司的名义[1]遣返了五个年轻人回英国,理由是"不能让他们留下来传染他人或是对他人施加坏影响"。[2]温思罗普带领的大批移民到达之后,先是定居在查尔斯顿,他们首先建立了自己的教会,聘请约翰·威尔逊(John Wilson)为牧师,然后才开始行政方面的探索。1630 年代的移民主要是由英国中产阶级组成,他们的领袖是像温思罗普一样的乡绅。他们的行政经验非常有限,身份也不算高贵,他们得到尊敬完全是由于卓越的个人才能和检点的个人行为,所以从一开始,殖民地政治就带有强烈的平等和探索色彩。

马萨诸塞特许状的获得多少带有一点历史的幸运,就在查理一世最后一次解散他的议会前一星期,1629 年的 3 月,清教徒们设法获取了皇家特许状,更名为马萨诸塞海湾公司,并把公司整个搬到了新英格兰。这样一来,公司的管理者实际上成为了殖民地的总督,而公司的普通法庭将成为殖民地的立法会议。其结果"实际上使殖民地脱离了英王的控制,而公司的行政权在很多方面将比英王在英格兰的权力还大。"殖民地"将事实上成为一个自治的共同体,而特许状就是他们的空白支票,使他们的所作所为合法化。"[3]但是特许状的意义远大于此,它不仅使清教徒们免于英王的直接统治,得以自由地展开他们的美洲实验,更因为它象征着上帝对移民的支持和授权,从此以后,"它将实施上帝之律法并赢得上帝的眷顾。它将在新英格兰创造一个新社会,那是上帝要求他所有的仆人去建设而迄今却没有人去做的。"因此,殖民地将在基督教历史上承担非凡重任并因之而获得非凡地位。它远不只是一项商业冒

---

1 在马萨诸塞海湾殖民地政府成立之前,殖民地事务由马萨诸塞贸易公司代理。
2 James Truslow Adams, *The Founding of New England*, (Boston: Little, Brown, 1927), P58.
3 Edmund·S·Morgan, *The Puritan Dilemma: the Story of John Winthrop*, (Scott, Foresman and Company , Glenview, Illinois London, England, 1958), P46.

险,也不仅仅是英格兰的清教徒消极地躲避上帝的怒火的暂时的避难所,实际上,"它将成为上帝的选民最后的城堡、全世界新教教会的先锋。"[1]

但是这也意味着上帝对他们将会有特殊的考验。温斯罗普在他的日记中真实而动人地记叙了新大陆给移民们留下的第一印象:当这些在大海上漂浮了两个多月的人们靠近这片土地的时候,大片的衫树林散发出怡人的气息"从海岸上传来一阵花园的香气。"[2]而这种城市居民的嗅觉和比喻对这片土地来说却并不是最适宜的。这些英国城市居民既新奇又不无恐惧地看着他们即将开始新生活的地方:"只有几百英亩的土地被开垦过,其后是莽莽的原始森林。"[3]他们看到巨大的树木被砍伐下来送走,就在这样几乎没有人类生存痕迹的地方,他们如何得到过冬的粮食?许多家庭在船上就几乎已经断炊,他们如何生存下来?败血症、营养不良严重地困扰着大部分移民,最好的药物是新鲜的肉类,但是在新大陆非常的昂贵,当时的市价一头牛是15英镑,是大部分普通家庭近一年的收入。打猎似乎是很好的办法,但是尽管在美洲有丰富的猎物,错综复杂的原始森林也为它们提供了足够的保护。新英格兰的清教徒移民远远没有学会像美洲印第安人那样打猎,而在英国作为运动带着大量猎狗和猎鹰的狩猎在北美完全派不上用场。住房问题更是令人头痛。六月的新英格兰比英国更热,但是前一年幸存下来的移民会告诉他们,北美的冬天比英国更冷,上一个冬天有80人死去。有人带了帐篷,其价格在伦敦已经高达十英镑,而薄薄的帐篷根本无法抵御新英格兰的严冬。现在人们看到的所谓"殖民时期的建筑",包括人们想象中带尖塔的漂亮的红砖砌成的教堂都是18世纪以后的事情了,在1630年代,移民们看到的是非常可悲的情景:"大部分老移民住在wigwam里面,那

---

1 Edmund. S. Morgan, *The Puritan Dilemma: the Story of John Winthrop* (Scott, Foresman and Company , Glenview, Illinois London, England, 1958), P46.
2 Robert C. Winthrop, *Life and Letters of John Winthrop*, 2 vols. Boston, 1869.
3 Edmund. S. Morgan, *The Puritan Dilemma: the Story of John Winthrop* (Scott, Foresman and Company , Glenview, Illinois London, England, 1958), P55.

是他们模仿印第安人建的一种小木屋。用几根小树钉在地上，在顶上把小树扎起来，屋顶用稻草、树皮或是动物皮盖住。他们在屋内生火，像野人一样蜷缩成一团，屋内到处是烟，只有顶上一个小孔可以冒烟。"[1] 这种情况还将继续，"甚至到18世纪早期，大多数切萨皮克(Chesapeake)家庭还住在没有分区使用的简陋房子里。吃饭、穿衣、工作和性爱几乎都在毫无隐私的情况下进行。在近两个世纪的时间里，大部分普通弗吉尼亚人和马里兰人如一位种植园主所写的那样'过着猪一样的生活'。"[2]在马萨诸塞，情况也类似。同时，这些出生于英国城市并习惯了城市生活的移民必须尽快地适应这种边疆生活，人们白天出门也必须枪不离身，因为狼在白天也会出没。而迷路的事情也常常发生，因为在森林里根本没有路，只有人用脚踩出来的小径，从每一家通向四面八方，就连温斯罗普那样谨慎的人也曾迷路。所以，移民们总是随身携带"火药、指南针，在夏天，还必须带上蛇药"[3]这是一种印第安人教给他们的治蛇毒的草药。

但是这并不能减缓移民们建设新社会的步伐，在组成新教会的同时，他们也尝试建设一种全新的世俗政府。马萨诸塞殖民地的政府建立在英王所颁布的特许状之上，特许状赋予马萨诸塞海湾公司"制订、颁布以及设立任何有益、合理之法律、法令、法规及命令、指令和条例之权，唯其不得与英格兰本土法律相抵牾；并赐予其全权以确立其政府之方式与仪式以及必要与合宜之行政方式以管理殖民地及其当地居民；如有所需，并授权其命名并设立相关之大小官员，并辨明且设立其职责、权力及其权限。"[4]也就是说，特许状并没有赋予殖民地居民参与政府的权力，也没有申明殖民地政府制订的法律和法令需得到殖民地居民的首

---

1 Edmund. S. Morgan, *The Puritan Dilemma: the Story of John Winthrop*, (Scott, Foresman and Company , Glenview, Illinois London, England, 1958), P56.
2 〔美〕加里·纳什等编著，刘德斌主译，刘德斌、任东波审校：《美国人民：创建一个国家和一种社会》，北京大学出版社2008年版，第74页。
3 John Gorham Palfrey, *History of New England*, 5 vols. Boston, 1930.
4 Edmund. S. Morgan, *The Puritan Dilemma: the Story of John Winthrop*, P84.

肯,相反,公司将有全权为殖民地立法并组织政府,并"以任何他们认为合适的方式"来运作政府并执行其法令。特许状给予马萨诸塞海湾公司的这种毫无约束的"便宜行事"的权力,是一种很容易被滥用的权力,正如 17 世纪中国的钦差大臣们一样,他们完全可以义正词严地说:"圣上赐我便宜行事的权力,我便杀了你,也在便宜之内。"但是温斯罗普们并没有这样利用其便宜之权。

根据特许状,公司的成员即为"自由民"(freemen),自由民一年四次召集大普通法庭(Great and General Court),法庭为公司和殖民地制定法律;每年一次,法庭选举一位总督(governor)、一位副总督(deputy governor)和 18 位助理(assistants)来负责来年的日常事务;总督或副总督以及起码六位助理必须出席每次大普通法庭会议,而特许状并未申明除此之外还必须有其他成员来构成一个通过法律的最低法定人数,也就是说,这七位政府官员完全可以行使殖民地的所有行政权力。而当时的自由民人数是非常少的,只包括温斯罗普和大概十二、三个其他的公司成员,所以,如果温斯罗普和这些人选择了某种政府形式而只要他们通过的法律与英国的法律不相抵触,那么他们完全可以在殖民地享有不受任何限制的权力。而这种可能性是非常大的,对于像温斯罗普以及其他像他一样对马萨诸塞的神圣事业深信不疑的人,完全可能"建立一个永久性的贵族政治或是寡头政治,紧紧把持特许状赋予他们的权力,并用它来推行他们认为上帝指派给他们的特殊使命。"[1] 同时,他们如果选择这样做,实际上他们将遇到的阻力也会非常小,因为与他们同行的大部分都是虔诚的清教徒,他们对上帝指派的特殊使命深信不疑,并且他们也都是英格兰的臣民,在 17 世纪的英格兰,和当时世界上的大部分地方一样,世俗权力也多多少少带有神圣的性质,要普通人臣服于集权之下并不是一件困难的事情。

但是他们并没有屈从于权力的诱惑。实际上,他们甚至没有保留那

1　Edmund. S. Morgan, *The Puritan Dilemma: the Story of John Winthrop*, P86.

些特许状明文规定给他们的权力。

1630年8月23日，马萨诸塞公司助理董事会（Board of Assistants）在新大陆召开了第一次会议。根据特许状，殖民地事务由普通法庭负责，普通法庭每年召集四次，在此期间，行政事务由总督和他的八位助理负责。殖民地最早的政令是设立最高工资限额，因为美洲地广人稀，技术工人奇缺，1630年8月即规定了木匠、锯匠、盖房顶的工匠等技术工人的工资为每天两先令，比当时英国的最高工资高出八便士，而农产品的价格只高出四便士。9月助理们开了两次会，禁止向印第安人出售火器，以及为防冬季粮食短缺而禁止向外贩运玉米，其中一名助理理查德·萨尔顿斯多（Sir Richard Saltonstall）缺席，还受到罚款。9月底，由于淡水短缺，人们开始向波士顿迁移。

1630年10月19日，普通法庭召开第一次会议，温斯罗普和其他七位公司成员"筹划了一次革命，它将影响马萨诸塞以后的历史。"[1] 会议记录显示，"建立政府的方式最好是由自由民选举助理，再由助理从助理中选举一位总督和副总督，助理和总督以及副总督有权制定法律并选择官员来执行法律。"[2] 如果此处"自由民"仍然指的是公司成员，那么这个法案是完全没有必要的，因为当时的自由民人数很少，基本等于助理的人数。实际上，正如这份文件后面指出的一样，（"以上观点得到普通居民的一致赞同"，）此处"自由民"指的就是当时马萨诸塞的普通居民。所以，殖民地的第一次普通法庭会议实际上向所有殖民地居民开放，会议决定所有的殖民地居民都有公民权。值得一提的是，在17世纪的英国，大部分人都没有投票权，实际上，就连很多有产业的人也没有投票权，特许状也没有授予殖民地居民投票权，这完全是一项美洲创举。在弗吉尼亚（Virginia）和普利茅斯，居民们都有投票权，马萨诸塞显然参照了他们的做法。当然这种投票只能决定选谁做助理，助理

1　Edmund. S. Morgan, *The Puritan Dilemma: the Story of John Winthrop*, P90.
2　Edmund. S. Morgan, *The Puritan Dilemma: the Story of John Winthrop*, P90.

们一旦被选举出来，居民们不再有进一步的权力，立法和司法权都归于助理。

1631年5月，116名成年男子宣誓成为公民，这包括了几乎全部的殖民地成年男性，当然仆人们除外，其中大部分是教会成员，但也有人不是，他们参加了普通法庭的选举。新一届普通法庭会议决定以后公民权只属于教会成员，以前已获公民权的非教会成员保留其公民权。显然当局意识到有必要在立法上体现山巅之城的理念，制定这项条款是为了保证殖民地的神圣性，这在当时看来也是顺理成章的事情。1632年5月，普通法庭又规定总督由全体自由民从助理中选举产生，而不是由助理选举产生。同年，波士顿教会就一个人是否可以同时担任政府职务和教会职务的问题咨询塞勒姆、查尔斯顿和普利茅斯教会的意见，鉴于在英国的经验，移民们再也不愿把世俗和宗教权力交到同一人手中，结论是否定的。很快就出现了税收的问题，居民们抱怨他们在征税问题上没有足够的表决权，于是又决定由每个城镇的自由民选出一到三个代表（deputies），在普通法庭上代表他们的利益，并和助理们一样享有立法权。1636年后，由于受到反律法主义的冲击，普通法庭宣布建立新的教会必须得到其他教会以及地方官的同意。直到1639年，马萨诸塞的政府和教会的基本框架才算构建完成，当然此后还有变动，但都是修修补补，没有根本性的改动了。

殖民地的行政探索集中地体现在总督温思罗普身上，在马萨诸塞海湾殖民地头十九年的历史里，温思罗普当了十二年总督，不做总督的时候，也多半是副总督或助理。在英国，温思罗普属于萨福克中上阶层的中等富裕家庭，尽管有迹象表明整个家族在英国正在走下坡路，温思罗普的美洲之行可能是希望帮家庭摆脱颓势，但是宗教上的考虑仍然是他移民的主要动因。1629年，他发表了一篇广为流传的论文，为移民新英格兰提出了八大理由，其中有经济方面的因素，但主要还是宗教和道德方面的原因。他为清教徒的下一代担心，"知识和宗教的源泉已经完全败坏了，哪怕是最好的才智和希望也被学校当局扭曲和抛弃了"。他劝导人们:"还有什么比帮助建立和支持一个神圣的纯洁教会对一个基督徒更好、更光荣、更值得的事业呢? 来加入我们这个虔诚的团体吧!"[1] 他曾经在剑桥学习法律,并且在伦敦一个政府部门任职,加上他做乡绅的时候参与地方上的一些行政事务,这就是他受到的全部行政方面的训练。

在英王的监护权法庭,(这是一个典型的英国式古老机构,理论上该机构管理英王的被监护人的土地,实际上就是剥削一些可怜的孤儿寡母的财产的机构。)温斯罗普根本无法施展其才华,因为他的工作基本等同于一个高级跑差,官僚体系以及帝国的古老传统使得一切工作都开展得极其缓慢,更不用说这些费劲的差使根本就是不道德的。温斯罗普的传记中有一段很生动的文字,记叙了这个将对美国文化产生深远影响的清教徒在伦敦的生活。"温斯罗普在伦敦的大街上孑孓而行,从一个办事处到另一个办事处,他蓄着伊丽莎白时期式的络腮胡,大大的眼睛,长长的鼻子,在拥挤的人群中奋力前行,匆匆地跨过敞开的阴沟、臭气难当的粪堆;穿行在伦敦昏暗的小巷,路两边逼仄的房屋几乎要在头顶合拢。"而他这样奔忙的目的不过是"和一个寡妇争论她的幼子的土地监护权的问题。"虽然这样的工作让温斯罗普厌恶,但却使他接触到许多帝国的高层人物,对帝国的运转及其邪恶之处不无了解。"实际上,他自己的工作就是一个腐败的例证,'监护权法庭'的存在本身就是对正义的污辱。"[2]

温斯罗普是一个很有献身精神的清教徒,他在日记中记录了自己的皈依历程,并对美洲使命的神圣性坚信不疑。在"阿贝拉"号船上的演讲充分显示了温思罗普的政治敏感和雄才大略,他说:"我们将如山巅之城,为万众瞩目。因此,如果我们在已经着手进行的事业中欺蒙我

---

[1] Allyn B. Forbes, and others, ed., *Winthrop in Winthrop Papers*, 5 vols. (Boston, published by the Colonial Society of Massachusetts, 1932, II), P114.

[2] Edmund·S·Morgan, *The Puritan Dilemma: the Story of John Winthrop*, (Scott, Foresman and Company , Glenview, Illinois London, England, 1958), P24.

主，使主收回目前赐予我们的庇佑，我们必将成为世人笑柄，天下丑闻"。[1] 丹尼尔·布尔斯廷 (Daniel J. Boorstin) 认为"事后三百年，没有人能够比他更好地表达美国的命运感"。[2]

对美洲来说，拥有像温斯罗普这样正直而完全明白旧世界的腐败之道的人是一种幸运，反过来说，在伦敦只能以腐败为业的温斯罗普却可以在美洲开创一个新事业，建设一个新社会。投身于其中，他全力致力于制订一个预防、防止其腐败的制度，毋宁也是温斯罗普之幸。要知在旧体系中，制度化的腐败根本是个人无从选择的，而美洲实验的根本不同之处就在于人们有这个机会可以避免制度化的腐败，而他们也的确利用了这个机会，进行了成功的实验，这不能不说是人类文明的幸事。

对移民们来说，立法是最不重要的。首先因为他们奉《圣经》为他们的法典，除此之外，他们还有从英国带来的特许状。在对特许状的使用上，可以看出温思罗普是一个老练的律师，在特许状支持他的行政管理方式的时候，他引用适当的条款来为自己服务，而在特许状使人为难的时候，他或是广义地加以解释，或是干脆把它抛在一边。马萨诸塞的政府既是建立在特许状上的，也是建立在契约基础上的。这项契约既是公民们让渡自己的权力给政府的世俗契约，也是整个社会追随上帝之路的神圣契约。行政官员既是由公民投票选出的代表，也是上帝特意为他的神圣社会召唤来实施他的意志的人。在加尔文的《基督教要义》中，对行政官员的神圣职责是这样表述的："如果他们记得他们是上帝权力的代理行使者，那么他们就有责任认真、机警、勤奋地观察，这样他们就可能显示上帝的形象、庇护、善、仁慈和正义"。[3] 也就是说，虽然总督是民选的，但是他的权力不是来自人民，而是来自上帝。温思罗普经

---

[1] John Winthrop, A Modell of Christian Charity, from *The American Puritans: Teir Prose and Poetry*, ed. by Miller Perry, (Garden City, And N.Y.: Doubleday, 1956), P196.

[2] 〔美〕丹尼尔·布尔斯廷著，汪绍麟等译：《美国人——殖民地历程》，上海译文出版社1997年版，第5页。

[3] J. Calvin, *Institutes of the Christian Religion,* John T. McNeil ed. And Ford Lewis Battles tr. (Philadelphia: Westminster, 1960), Vol. IV, chapter XX, Paragraph 6.

常强调:"我们有我们来自上帝的权力,这是神注定的事情,这种事情上铭刻有上帝的印记;蔑视和破坏它就会受到神的报复和惩罚"。[1] 根据这种逻辑,"在神权政治哲学中,总督成了上帝的代理行使权力者,其权威是民众所无法限制或控制的"。[2] 而契约神学更加强了政府的责任,因为新英格兰与众不同的地方在于它的成员不仅追求个人的救恩之约,而且作为一个整体处于民族契约之中。根据民族契约,他们作为上帝的选民要帮助上帝完成拯救世界的重任,而这就要求他们对上帝意志的完全遵从,既然总督和政府代表上帝的意志,那么人们就有双重的责任服从,而政府也有责任监督人们的行为,监控人们的思想,务使其符合圣城的标准。

温思罗普的推理是这样的:由明智的行政官员从社会契约中做出的任何"合理推论"都是原始契约的一部分。只要这些官员充分遵守"教会契约以及他们对公众的誓言,为了公众的利益和神圣的事业,按照上帝的圣训,履行他们的职责",那么这些官员根据自己的判断做出的任何判决,"都是主的判决,虽然他没有在世俗权威中做出特别的规定"。[3] 温思罗普的这一思想被写入了1648年的《一般法律和自由权》,这是马萨诸塞早期法律汇编中最重要的一本。温思罗普认为,"在主的圣则和人的法律之间所设的区分对许多人成了陷阱,因为它在他们服从世俗权威的问题上被误用了。既然这个权威是由于主和出于主的旨意(见《罗马书》第十三章第一节),既然其施行是根据从《圣经》和文明国家之性质所得的推论和法则,那么要不是人的法律间接地是主的圣则,从而是一切人都将为了良心平安而遵从的主的旨意(见《罗马书》第十三章

---

1 〔美〕纳尔逊·曼弗雷德·布莱克著,许季鸿等译:《美国社会生活与思想史》,商务印书馆1994年版,第100页。
2 Vernon Louis Parrington, *Main Currents in American Thought* (New York: Harcourt, Brace and Company, 1927), P43.
3 Perry Miller, *The New England Mind: the Seventeenth Century* (New York: Macmillan Company, 1939), P424.

第五节），就肯定没有有助于共同幸福的人的法律了"。[1] 简单地说："法官们是人世间的上帝；因此，在他们执法的过程中，他们将表现出上帝的智慧和恩典"。[2] 至于人民，"由于被别人所代表，所以他们本身无权制造或改变法律，而只能服从"。而如果人民对某项法律或是对某个法官不满的时候，在英国合法的请愿权在马萨诸塞却行不通："人民选出了统治者，现又聚集起来公开请愿废除一种秩序……这就像是抵制上帝的神谕"。[3] 实际上，在马萨诸塞"任何未经许可的、出于政治目的的民众聚会都是违背上帝意志的阴谋"，沃浓·路易·帕林顿 (Vernon L. Parrington) 指出："总督代理上帝行使权力的教义的实际结果是，一小撮自由民建立了一种毫无限制的寡头政治，统治着大约四五千名英国同胞"。[4]

　　1645 年，因为介入欣厄姆镇 (Hingham) 选举民兵首领的骚乱事件，温思罗普被控专制，在法庭上，温思罗普发表了有关自由和权威的著名演讲，法庭一致判他无罪。在演讲中，他把自由分为两种：自然状态的自由 (natural liberty) 和公民自由 (civil liberty)。所谓自然状态的自由是指和动物一样的自由，想干什么就干什么，不接受任何权威，也无所谓善恶，当然最后会导致堕落和邪恶；而公民自由是"只做善良的、正义的和诚实的事情"的自由，是"道德自由，也指上帝与人之间的契约"，是基督教文明所规范的自由。这样就把政治契约和个人灵魂得救的救恩之约联系在一起，把政治上的服从和道德规范联系在一起，变成只有服从权威的人才是有道德的人，才遵循了上帝的契约，才能上天堂，否则即与动物无异，"上帝的全部律法坚决与之斗争，予以镇压

1　William H. Whitmore, ed., *The Colonial Laws of Massachusetts*, Reprinted from the Edition of 1660, (Boston, Rockwell and Churchill, city printers, 1889), P33.
2　Robert C. Winthrop, *Life and Letters of John Winthrop*, Boston, 1869, II, P432.
3　Richard S Dunn and Laetitia Yeandle, ed., *the Journal of John Winthrop*, (Cambridge, Massachusetts, and London, England: the Belknap Press of Harvard University Press, 1996), Vol. II, P240.
4　Vernon Louis Parrington, *Main Currents in American Thought*, (New York: Harcourt, Brace and Company, 1927), P44.

和征服"。[1] 在这个理想社会里，作为总督和代言人，温思罗普明确宣布，自由只属于那些"善的、正义的和诚实的人。这是你必须支持的那种自由，如果必要，不仅要牺牲你的财产，而且要牺牲你的生命"。[2] 米勒评论说，温思罗普成功地把宗教上的自由概念运用到政治中去，并且"他的讲演是如此有力、成功，以至于此后数十年，民主精神在马萨诸塞海湾销声匿迹"。[3]

温思罗普也不相信平等。他认为上帝建立了社会的自然分工："在所有的时代里，有些人必须富有，有些人必须贫穷；有些人在权力和尊严方面高高在上，其他的人则卑贱和受人支配"。[4] 每个阶级都有相应的美德，上帝命令优越的阶级要宽厚、温和和克制，而劣等的人要忍耐和服从。当他号召大家在神的事业中"团结如一人"的时候，他的意思是，上等人扮演大脑的角色，有道德的人是良心，而下等人不免终日劳作，这是上帝的安排。在写给胡克的信中，他忠告相对民主的康涅狄格人："我奉劝你们，把所有议会和司法权力统统交给人民是毫无保障和危险的，最优秀的总是最少的，而在那最优秀的部分中，比较聪明的也总是比较少的"。[5]

如果说在此之前人们对新世界的理想社会只有一个模糊的概念，经过温思罗普的多年努力，新社会的轮廓已经日渐清晰。它首先是一个封闭的社会，任何持异见者都不受欢迎，哪怕是尊奉正统的人，他只要一天不能证明自己的神选身份，他就只能做圣城的"居民"，而不是"公民"。当然这种公民权虽然是神圣身份的标志，除此以外意义也不大，

---

1 James Truslow Adams, *History of New England*, Vol. II, (Little Brown and Company, 1921), PP180-181.
2 James Truslow Adams, *History of New England*, Vol. II, P188.
3 Perry Miller, *The New England Mind: the Seventeenth Century* (New York: Macmillan Company, 1939), P427.
4 John Winthrop, A Modell of Christian Charity, from *The American Puritans: Their Prose and Poetry*, ed. by Miller Perry (Garden City, N.Y.: Doubleday, 1956), P196.
5 Robert C. Winthrop, *Life and Letters of John Winthrop* (New York, Da Capo Press, 1971), II, P430.

因为公民们虽然可以选举官员，对具体的行政和司法却没有任何权力，官员们一旦被选出，行使的就是上帝的权力，公民们只有完全遵守的责任和义务。它是一个等级森严的社会，虽然各个等级都应表现自己的美德，但基本的美德却是不得僭越，应各守其位，各安其分。它更是一个高度一致的社会，人们只能支持那些博学的牧师和尊贵的长官们所认定的所有所谓"善的、正义的和诚实的"事情，否则即为邪恶和堕落，必当受到"镇压和征服"。

温思罗普的权威并非没有受到挑战。虽然在特许状中英王只把立法权授予新英格兰公司的持股人，也就是"自由民"，这些人人数很少，而基本上可以说拥有无限的权力，但是根据清教徒对于在新大陆上建立的新社会的性质的理解，他们认为所有参与这项神圣事业的人都应该被广泛地接受为一项"圣约"的签订者，而且所有以后的教会成员也因为他们的教会之约，使他们自然地成为这一神圣事业的一分子，因此他们自然获得自由民身份。而当温斯罗普把自由民身份扩展到几乎所有殖民地成年男性以及以后所有的教会成员时，大家并不认为这种自由民身份天然地赋予其立法权。可是，随着时间的推移，自由民们对自己的权利意识日益增强，当副总督托马斯·达德利（Thomas Dudley）对温斯罗普的行政方式提出挑战之时，温斯罗普不得不承认殖民地政府的合法性建立在特许状之上，而根据特许状，自由民即有立法权。虽然此"自由民"非彼"自由民"，但是现在的自由民却完全可以根据特许状来主张他们的权利，而他们也正是这样做的。因为一旦民众被真正地给予自治的权力，他们自然地倾向于要求更多的民主与自由。"虽然1630年的大会章程同意他们每年选举他们的'君主'，但他们仍然对专制体制怀有正当的厌恶之情，不论它是选举出来的，还是世袭的，也不论它是仁慈的，还是残暴的。"[1] 作为一种象征，1634年大选，温斯罗普落选。

---

[1] Edmund. S. Morgan, *The Puritan Dilemma: the Story of John Winthrop* (Scott, Foresman and Company , Glenview, Illinois London, England, 1958), P113.

除了代表们总是心怀不满,而地方行政官又满心嫉妒之外,殖民地建立不久就受到以罗杰·威廉斯和安·哈钦森为代表的两次神学方面的挑战,这是对清教神权真正的冲击。威廉斯的挑战在于要分裂权威,而哈钦森的威胁在于要建立不同的权威,两派同被驱逐的结果是马萨诸塞保持纯洁的一种姿态:真理只有一个,就是殖民地官方主张的那一个。"我们认为,除了已经建立的权威外,不应该再建立任何其他行使权力的权威"。[1] 值得一提的是,马萨诸塞的这种"铁幕"一般严峻和绝不宽容的政治完全是由它山巅之城的神圣性质决定的。温思罗普本人是一个风度翩翩、温文尔雅的绅士,他常常自责过于和顺,而许多更严格的清教徒的确批评他过分宽大,总之,他无疑是一个温和主义者。而殖民地的政策也不像乍看上去那么严峻,比如威廉斯和哈钦森都受到了彬彬有礼的对待,给他们公开辩护的机会,到最后决定驱逐时,也避免在寒冷的冬天催促他们动身。在威廉斯被驱逐之后,温思罗普一直跟他保持友好的关系,而哈钦森的第四代后裔,托马斯·哈钦森(Thomas Hutchinson)还当上了马萨诸塞的总督。如果说新英格兰的政治的确有不近人情的地方,完全是因为建立一个神圣社会本身就是一件不近情理的事业。要想在一个普遍邪恶和堕落的世界保持新社会的纯洁,就不得不把它孤立起来,并用严刑峻法警告那些城里城外的不法分子,如果他们妄图颠覆神圣政府,必将受到彻底打击。

与行政上磕磕碰碰、犹豫不决的探索和试验的特点不同,新英格兰在神学上是斩钉截铁的一致。17 世纪 30 年代的波士顿和当时的英国比起来真是一方净土,在英国,仅是清教内部就包括了长老派、独立派、分离派、平等派和千禧年派等诸多教派,在神学和教义问题上争论不休,而新英格兰却有明确的正统观念,它是个自选的尊奉正宗者的社会。人们心无疑虑同时不容异见,弗朗西斯·希金森(Francis

---

[1] Thomas Hutchinson, *History of Massachusetts Bay Colony* (New York: Arno Press, 1972), Vol. II, P483.

Higginson)在《新英格兰种植园》中写道:"我们最大的安慰和至上的防护手段是:我们有上帝在我们中间所授的真正宗教和神规圣诫……因而我们毫不怀疑上帝将与我们同在。上帝若与我们同在,谁能反对我们?"[1]教堂是社会生活的中心,教会由税收支持,只有"有形圣徒"才能成为教会成员,"圣徒之治"保证只有持正统观念的人才能进入教会,在政治事务中才有发言权。只要统治权牢牢抓在"圣徒"们手中,新英格兰社会就不可能背离正统的道路。美洲广袤的荒野更是为持异见者提供了方便的去处,在旧世界教义之争可能产生一个新教派,而在新世界则往往产生一个新殖民地。1637年,议会通过一项律令,禁止任何人未经行政官核准其正统性便在殖民地内定居。温思罗普理直气壮地说:"如果我们根据令人悲哀的经验,设想并发现他的观点不能见容于和平,恰如他的自白表明的那样,我们为何不可拒其党羽于门外,免其势力增强,免其危险思想蛊惑他人,以此维持我们的和平?"[2]为了不受干扰地进行他们的实验,新英格兰对所有持异见者发出警告,正如纳撒尼尔·沃德(Nathaniel Ward)在《朴实的阿加瓦姆鞋匠》一文中所说:"我敢自命为新英格兰的传令官,以我们殖民地的名义向世界宣告:所有家庭论者、矛盾论者、再洗礼论者和其他狂热之徒,都有离开我们的自由,而那些将要到来的请赶快滚开,越快越好"。[3]和同时代英国的情况稍加比较,这种宗教上的正统性和单一性就更加明显了。在英国,由于人们不得不长期和持不同意见的人生活在同一个社会中,信仰自由、言论自由和宽容的观点已经开始为人们所接受。"真理只有一个,但没有自由就不可能顺利地揭示真理。普遍的限制虽为谬误而设,但由于人的笨拙,却可能落到真理身上。与其唯一有用的真理遭到阻碍或摧残,

---

[1] Daniel J. Boorstin, *The Americans: The Colonial Experience* (New York: Random House, 1958), P7.
[2] Daniel J. Boorstin, *The Americans: The Colonial Experience*, P10.
[3] Daniel J. Boorstin, *The Americans: The Colonial Experience*, P10.

不如许多谬误被容忍"。[1]但是在新英格兰，人们还沉浸在作为唯一真理的法定持有人的狂热情绪中，约翰·科顿对持异见者毫不宽容："《圣经》已将教义教礼一切基本要点昭示明宣，因而一再予以贤明诚恳的告诫后，他必于良心之内认识自己危险的谬误。他如果坚持谬误，那就不是无意，而是背昧良心，他道德败坏，罪孽深重，良心自绝"。[2]

在新英格兰，教堂是人们日常生活的中心，一到星期六下午，城市的一切生活几乎都停顿了，开始为星期日做准备。在星期天日落之前不许动锅碗瓢勺，更不用说做生意和其他工作了，大家都必须到教堂听布道。波士顿规定如果在教堂做礼拜时打瞌睡，就要在城市中心当众接受鞭刑。在星期日以外的日子，教堂是城市的市政厅，在这里制定法律，进行审判，发布政令。清教徒在律法上过于严苛的恶名正是起源于这一时期，天真的律法制定者辛勤地进行这样一项工作：把魔鬼的众多诡计一一指明，并规定出恰当的惩罚。纸牌、骰子连同滚木球和做掷木盘游戏的平台板一起被禁止。饮酒是合法的，但祝酒干杯是不合法的，喝醉酒要受到罚款或是当众鞭打的惩罚。十四岁以上的所有男女青年和成年人，如果"游戏，步态轻佻，饮酒，从城镇旅行到城镇"而亵渎了神圣的安息日，都要受到警告或罚款，如果付不起罚款，他们就要被警官鞭打。如果七岁以上的孩子不守安息日，那么家长们也应受到惩罚——地方行政官特意指出："我们不赞成小孩子做坏事"。[3]这种一开始只是显得琐屑的禁令到后来不仅变得乏力，而且带上了大惊小怪的伪道德的味道，比如约翰·科顿还认为并非所有的舞蹈都是错误的，只有"随着淫乱的曲调，以色情的姿势和淫乱的调情，跳淫荡的舞蹈"才是错误的，而英格里斯·马瑟(Increase Mather)在发现许多城镇居民都爱跳舞时，却大为震惊，专程写了一本书来批驳，题为《从圣经的箭筒里抽

---

[1] 〔美〕纳尔逊·曼弗雷德·布莱克著，许季鸿等译：《美国社会生活与思想史》，商务印书馆1994年版，第136页。
[2] Daniel J. Boorstin, *The Americans: The Colonial Experience*, P12.
[3] 〔美〕纳尔逊·曼弗雷德·布莱克著，许季鸿等译：《美国社会生活与思想史》，商务印书馆1994年版，第136页。

出的一支射向亵渎神明的和男女混杂的舞蹈的箭》。除了这些出于道德和宗教方面的琐碎立法,殖民地基本上沿用了英国的法律,但是在他们认为《圣经》上确有明示的地方改为遵照圣经的做法,这主要表现在大量地增加了死刑罪:偶像崇拜(干犯十诫中的第一诫)、亵渎神明、拐人(据"出埃及记"第 21 章第 16 节)、与已婚妇女通奸、为使他人被处死而作伪证、十六岁以上的子女咒骂父亲或母亲(据"出埃及记"第 21 章第 17 节)、犯有"忤逆"之罪(据"申命记"第 21 章第 20 节和 21 节)以及第三次犯有盗窃罪或拦路抢劫。[1]

  但是我们不应对这些写下来的法律过于认真,与其说它们是现实生活中的行为规范,不如说是新英格兰人对自己上帝选民身份的一种以过度自我约束为外在形式的再次确认,在现实量刑的时候,往往可以通过牧师的说情,法官的仁慈,以及犯人自己的当众悔罪来改变最严重的后果。法律上的这种理论和实践脱节的现象其实存在于新英格兰生活的方方面面——这是一个理想社会不可避免的尴尬局面,梦想中的高尚和纯洁很容易变成文字,甚至法律,但是却永远不可能变成现实。一个神圣的山巅之城却在一开始就必须制定这么多真真假假、大大小小的法律和法令,本身就让人不安,这只能说明,哪怕是为了维持表面的神圣与和谐,也不得不求助于法律的重重约束,虽然山巅之城实行了圣徒之治,但它的臣民毕竟还是肉身凡胎,仅仅依靠一腔热血和无限虔诚是无法解决荒野中出现的种种现实问题的,而它号称一统的神学根基很快也受到了挑战。

---

[1] 〔法〕托克维尔著,董果良译:《论美国的民主》,北京,商务印书馆 1997 年版,第 42 页。

第二节　圣城的危机：罗杰·威廉斯和安·哈钦森案

一　绝不宽容：罗杰·威廉斯

要建成一个完美的理想社会，来自内部的威胁要远远大于外部，这部分是因为清教徒中的分离主义的影响。1630年的大移民和普利茅斯的"朝圣者"不同，他们不是分离主义者，不仅因为他们没有公开宣布从英国国教中分离出来，并且因为他们从内心深处还是深深地关切旧世界的事务，因为他们自认为是新教的先锋，他们的美洲实验的目的是为全世界做表率和准备，他们不打算独善其身，而没有全世界的关注，他们的事业的重要性也不可避免会大大降低。但是尽管如此，在这个为了追求完美和纯洁毅然抛弃了祖国、抛弃了家园和朋友，远赴三千英里外的荒野从头开始的团体中，分离主义可以说是一种自然倾向：如果说他们离开英格兰是因为她太腐败，不能达到他们心目中理想社会的要求，那么谁又能保证他们不会因为同样的理由离开新英格兰呢？"分离主义完全可能把殖民地分裂为上百个热切的小型乌托邦，他们将各自以其自认的神圣方式生活并不停地产生更多的小集团，像蚯蚓一样，分裂生殖。"实际上，分离主义完全可能成为殖民地最大的威胁，因为"分离主义者可能分裂殖民地并因此而结束其神圣使命。"[1] 而这种分离主义的威胁很快就来到了。

新英格兰社会之所以能广泛地达成共识，成为一个紧密团结的社会，有研究表明，是因为大部分的宗教和政治领袖在移民美洲之前就

---

[1] Edmund. S. Morgan, *The Puritan Dilemma: the Story of John Winthrop* (Scott, Foresman and Company, Glenview, Illinois London, England, 1958), P75.

相互认识,他们大多在英国的剑桥受教育,或为师生,或为朋友。实际上,美洲之行可以说是他们共同的梦想,这也可以说明弥漫在早期殖民地历史叙事中强烈的理想主义气氛从何而来。罗杰·威廉斯就是这个核心集团的成员之一,他在剑桥学习期间就与温思罗普相识,所以当他1631年到达波士顿时,受到热情欢迎。当时波士顿教堂的牧师约翰·威尔逊(John Wilson)正打算回英国去把家眷接来,在他旅行期间,威廉斯受邀接替他的工作。但是从这件事开始,威廉斯就显出与殖民地社会的分歧:因为他是一个坚定的分离主义者,所以他要求整个教区必须和英国教会脱离关系他才肯接受教席。当然这是不可能的,所以威廉斯就动身前往塞勒姆,塞勒姆地区的牧师刚刚去世,信众们有意聘请威廉斯做牧师,看来威廉斯也打算同意。但是因为他的分离主义思想,殖民地普通法庭致信塞勒姆表示关切,塞勒姆教区因此收回了邀请,威廉斯夫妇只好到普利茅斯去。但是普利茅斯的朝圣者们在威廉斯眼中也算不上真正的分离主义者,1633年威廉斯又回到了塞勒姆。在当时的新英格兰,不一定非得是牧师才能布道,凭着渊博的神学知识,威廉斯以普通信众的身份在塞勒姆布道,同时也协助本堂牧师塞缪尔·斯戈尔顿(Samuel Skelton)做一些教会的日常工作。

虽然从各方面讲,威廉斯都是一个优秀的牧师和神学家,但是他执著的个性着实让殖民地当局头疼。当他还在普利茅斯的时候,威廉斯就开始质疑殖民地是否有权占有当地的土地,他指出美洲的土地应为印第安人所有,英王根本没有权力向各殖民地颁发特许状,威廉斯把英王此举称为"一本正经的公开的谎言",温斯罗普多方调停,但威廉斯并不想改变他的看法。1634年,就在达德利当选总督六个月不到的时候,普通法庭获悉威廉斯公开宣称英王的特许状在上帝面前是无效的,英格兰的教会是反基督的。威廉斯为马萨诸塞人提出了两种解决方案,一是把特许状送还英王,要求他修改所有有关土地赠与的条款,因为如果不这样做,马萨诸塞永远也不能洗清从这个"公开的骗子"手中接受土地的罪;另外一种办法就是解散殖民地,把所有的移民都送回英格兰,他们应该在英格兰公开承认他们的罪过,因为他们曾因为如此错误的理由去过新英格兰。毫无疑问,威廉斯的办法在理论上是绝对正确的,而在现实中也是绝不可行的。如非殖民地的其他牧师为威廉斯求情,达德利早就要插手"把这个疯子赶出殖民地。"[1] 而牧师们也设法使威廉斯不再攻击特许状并收回他已经准备寄给英王的信件,其中他指称"国王陛下"犯有撒谎的罪行。

但是在神学问题上,威廉斯决不肯让步:首先,威廉斯坚持在严格意义上使用预表法(typology),他认为圣经旧约只预表了基督的生平,反对把预表法扩展到现代,反对把新英格兰叫做"新以色列",这也就否认了新英格兰"山巅之城"的神圣身份。第二,他认为上帝的命令不应被世俗政府玷污,尤其反对世俗官员插手宗教事务,这也就否认了殖民地政府有维护所谓"真正的信仰"的权力。第三,他认为总督不应向未重生的人宣誓,因为这有违"圣徒之治"的原则,这也就否认任何世俗宣誓为合法。第四,出于对信仰纯洁的考虑,他认为圣徒们在祈祷时应完全与未重生者分开,哪怕这些未重生者是他们的家人。如此一来,新英格兰的社会生活,从社会制度构成到家庭生活方式全部遭到根本性的质疑。

尽管威廉斯的观点非常危险,但是他出众的个人魅力、卓绝的口才、尤其是他献身绝对真理的热情极大地感染了塞勒姆教区的会众。虽然知道当局的不满,但是1635年春天他们的牧师塞缪尔·斯戈尔顿去世以后,塞勒姆教会还是坚持选举威廉斯做他们的牧师。这就意味着根据公理宗组成教会的原则,马萨诸塞的其他教会都不得干涉塞勒姆教会的内务,而威廉斯也可以在塞勒姆教区自由地布道他的神学观点。

显然,马萨诸塞当局不能容忍威廉斯对殖民地正统神学的挑战,尤其不能容忍他对殖民地神圣性质的怀疑。很快,在1635年6月的普通法庭会议上,总督传唤威廉斯讨论他关于宣誓的观点,殖民地的其他牧

---

[1] Edmund. S. Morgan, *The Puritan Dilemma: the Story of John Winthrop*, PP123-124.

师也应邀出席会议，他们站在总督一边劝说威廉斯，但是他不为所动。威廉斯宣称，如果任何其他牧师企图免去他在塞勒姆的教职，那就是侵犯了塞勒姆教会的独立；而如果殖民地当局想要免去他的教职，则塞勒姆的教众绝不会同意。法庭征求殖民地其他牧师的意见，得到的答复是一致的，那就是，任何一个牧师如果持有像威廉斯一样的观点，则必然会把整个教会"带向异端、叛教或暴政。"他应该被免职，而且"其他教会应该请求行政长官这样做。"[1] 因为根据公理宗原则，任何教会都无权干涉其他教会的内务，但是世俗政府却并不受此限制，殖民地当局准备即刻采用牧师们的建议。

7月，法庭正式传唤威廉斯，鉴于威廉斯的强硬态度，法庭决定釜底抽薪，警告塞勒姆教区不得继续聘用他，为了加强警告效果，法庭还搁置了塞勒姆教会扩大教区的请求，同时，法庭宣布任何人要是坚持威廉斯宣扬的观点，都必须离开殖民地。塞勒姆的教众对法庭的行为感到非常愤怒，他们立刻向殖民地其他教会致信敦促他们谴责行政长官的这一"穷凶极恶的罪行"。双方正式进入对峙的僵局，因为殖民地当局也明白，要镇压一个教会是非常困难的，也许会是殖民地历史上一次血腥的记录，更糟的是，其他教会对塞勒姆教会的遭遇不会完全没有同情之意。所以无论如何，如果世俗政府真的要插手镇压塞勒姆教会，则殖民地的分裂是很难避免的。同时，致力于神圣社会建设的清教徒们，包括殖民地的行政官员们，他们不得不考虑到，不论是分裂还是对一个教会——一个公理宗清教教会的镇压都将意味着上帝对他们特殊使命的不满，而这种内部分裂将会带给殖民地人民心理上的伤害，使他们怀疑殖民地的神圣使命，这都是刚刚在荒野中生存下来的新社会负担不起的。所以，尽管普通法庭搁置了塞勒姆教会对土地的申请，但却没有采取进一步行动，而接到塞勒姆教会信件的牧师们也都采取了息事宁人的态

---

[1] Samuel H. Brockunier, *The Irrepressible Democrat: Roger Williams*, (New York, 1940), P125.

度，尽量避免让殖民地其他教会的会众知道这件事。

但是威廉斯追求绝对真理的个性不可能让事情如此悬而不决，他对塞勒姆教会说，因为良知的缘故，他不可能和海湾的其他教会保持联系，因为这些教会已经抛弃了公理宗教会的独立原则而且还请求世俗政府来对教会施压，因此所有马萨诸塞的教会都不再是纯洁的教会，如果塞勒姆教会不能和他一起宣布与其他教会脱离关系的话，他也决不留在塞勒姆。塞勒姆的教众承受了巨大的压力，一方面他们崇拜威廉斯，认为他的观点无疑是正确的，但同时他们也很难接受马萨诸塞的其他教会都是腐败的观点。对神圣的民族契约深信不疑的清教徒们不能放弃使他们漂洋过海三千英里来追寻的梦想，而去追随威廉斯那在尘世无法实现的终极真理。

面对普通法庭的威胁和威廉斯的倔犟，塞勒姆教会只好选择了退让，并最终否定了威廉斯的观点。10月，法庭再次传召威廉斯，托马斯·胡克（Thomas Hooker）做了最后的努力，希望把威廉斯留在正统之内，但没有成功，法庭判威廉斯6周之内离开海湾殖民地。但是天气太冷了，威廉斯身体状况也不好，判决推迟到次年春天执行，条件是他不得再散布自己的观点。这一点他做不到，所以1636年1月，总督助理们拟好了命令，勒令威廉斯立即返回英国。时任副总督的温思罗普虽然不赞同威廉斯的观点，但也不愿意看他被迫回英国，提前向他透露了命令的内容，威廉斯于是向南逃跑。他向印第安人购买了一块土地，建起了普罗维登斯（Providence），后来在此基础上建起了罗得岛殖民地，威廉斯长期任罗得岛总督。罗得岛是所有英语国家中第一个实行宗教宽容的地方，成为贵格教徒、哈钦森的追随者、浸礼会教徒等持异见者的家园。

沃浓·路易·帕灵顿高度评价威廉斯，说他是"英国送给美国最好的礼物"，盛赞他"生活在并梦想着一个他未曾看到的未来，迫不及待地把一个天堂带给了尚未准备好的人们"，称他是"一个显示光明的孩子，带来的却不是和平而是战争。一个仁慈和自由的精神，他所追求的社会秩序比任何神权政治都要慷慨——能够满足追求普遍的博爱之人的向往，比任何教派或教会、城市或民族都广大，包含着所有的种族和信条，把分裂的人类社会聚集在善意普遍精神之下"。[1] 固然如此，但是如果我们由此得出结论说威廉斯提前100多年，在北美提倡和推行了宗教宽容精神，认为他的观点与托马斯·杰斐逊 (Thomas Jefferson) 和詹姆斯·麦迪逊 (James Madison) 所使用的理性主义论点是一样性质的，那就大错特错了。威廉斯是一个纯粹的清教徒，他所得出的任何结论都是严格建立在正宗清教主义的前提上的。威廉斯反对世俗官员干涉宗教事务，是因为担心世俗权力玷污上帝的王国；他反对地方政府惩罚那些宣扬异端的人，不是因为他同意他们的观点，或是同意宗教宽容，实际上，威廉斯也认为"异教徒是狼，他们的嘴必须被堵住"。但在具体的方式上，他和马萨诸塞当局看法不同，他反对使用有形的力量去迫害持异见者，因为他们的坏事要由"耶稣基督的挂着千百个盾牌的神圣武库的那些强大的武器来抵制"。[2]

在1640年前后，就宗教迫害的问题，威廉斯和马萨诸塞的牧师约翰·科顿展开了论战。科顿解释了海湾殖民地的做法：当一个人宣扬异端的时候，政府有责任训诫他，向他解释什么才是正确的信仰，但是"如果此人在如此谆谆教诲之下仍然坚持错误道路，此时他所受之惩戒，不能认为是因良知而受迫害，相反，他是因违背了自己的良知而受罚"。[3] 对良知和迫害如此解释，威廉斯认为简直荒谬，在《迫害良知的血腥信条》中，威廉斯说："所谓良知，它从本质上讲就算没有依据，就算是错误的，也决不可能因为一两句劝诫，或是身体受折磨就轻易改变"。良知不仅基督徒有，"所有人类或多或少都有这种良知：犹太

---

1 〔美〕沃浓·路易·帕灵顿著，陈永田 李增 郭乙瑶译：《美国思想史》，吉林人民出版社2002年版，第69、58页。
2 John Garrett, *Roger Williams, Witness beyond Christendom*, (New York: Macmillan, 1970), P294.
3 John Cotton, *A Sermon Preached by the Reverend Mr. John Cotton Deliver'd at Salem*, 1636, (Boston: Printed by B. Green, 1713), P55.

人，土耳其人，浸礼教徒，新教徒，异教徒等等"。¹这本书1644年出版以后，当局认为观点太过危险，当众焚毁。

科顿和威廉斯对良知理解不同是因为他们对人类社会的基本观念不同：科顿认为在这个世界上存在终极真理，亦即是殖民地当局所认定的真理，而殖民地社会正是建立在对此一真理的普遍共识之上的，所以马萨诸塞是"山巅之城"，是完美社会；而威廉斯则认为所谓"完美社会"根本不可能在"这个"世界建成，只有在上帝的国度才可能实现。科顿为了要实践完美社会，赞成统一思想，迫害异己，而威廉斯因为承认社会是不完美的，所以大家可以信仰不同，和平相处，享受平等的政治待遇。在新英格兰，显然那些相信"普遍真理"的"有形圣徒"掌握了社会的大部分资源，这种情况在世俗化以后仍然存在，只有那些相信"主流信仰"的人才能掌握大权，分享利益，威廉斯的理想主义在新英格兰遭到抵制也就不足为奇了。

其实罗得岛和马萨诸塞在社会政治构成方式上没有什么根本冲突，在契约思想方面，大家是一致的。新英格兰人都同意："世俗政府是上帝所命，以保障社会的和平，保障人民的身体和利益"，而"任何世俗权力都是有限的，无限的权力属于上帝"，"统治者不可能拥有超过受治者赋予他们的权力"。²在这样的共识之上，普利茅斯的朝圣者们签订了《五月花公约》，托马斯·胡克在康涅狄格起草了《康涅狄格公约》。罗得岛的不同之处并不在于它特别赞同或反对契约思想，而在于它的社会性质——它不是一个清教社会。不论它的成员中清教徒所占比例有多大，总督是否虔诚的清教徒，关键在于在政治和文化生活中它不以宗教标准相要求。马萨诸塞之所以自称"山巅之城"，不是因为它纯洁无瑕，辖区之内全是圣徒，而是因为它的政治权力行使方式是"圣徒之治"，它是一个标明身份的社会，"非我族类，敬谢不敏"。既然有道统，其余

1　Roger Williams, *Complete Writings*, (New York : Russell & Russell, 1963), PP219-220.
2　Roger Williams, "The Bloudy Tenent," in *Narragansett Club Publications*, (Providence: Providence Press Co., 1866-74), Vol. Ⅲ, P349, 398.

的自然就是异端,既然有标准,剩下的就是迫害的实施了。而罗得岛不同,它本质上是一个世俗社会。首先威廉斯拒绝把预表法扩大化,他坚持基督之后再无神迹,既然大家都是罪人,只要在上帝的仁慈之下好好生活就是了,至于如何礼拜上帝,完全是个人良知问题,政府无权干涉。没有道统,政府就只是一个自由民的契约共同体,政府本身没有教派标签,自然没有迫害异端的理由和必要。从具体实践上看,这个共同体和现代的民主共和国已经没有什么区别,只不过共和国是建立在对每一个公民意志的尊重之上,而罗得岛可以说是建立在对世人的极端蔑视之上:威廉斯之所以不像马萨诸塞那样建立"圣徒之治",是因为他连圣徒们也信不过。他主张在现世给予所有人包括异教徒平等权利,是因为他毫不怀疑上帝会在日后给他们真正的审判,他只是不愿做出僭越上帝职权的事而已。若论正统的心情,他和马萨诸塞的圣徒们一样,是很乐意看到罪人们下地狱的。可以说罗得岛的建成完全是基于一种基督式的博爱和忍耐精神,和人文主义毫无关系。基督行走在罪恶之邦,"他并不喜欢人们流血,但他为了他最残忍的敌人而流下自己的血"。基督当然很博爱,很高尚,但是他和罪人们没有什么平等可言,罪人们得到的是无尽的轻蔑。罗得岛的平等正是建立在这种轻蔑之上的,说白了,罪人间的平等也就是可以一起下地狱的平等,人文主义对普通人的尊重那是后来的事情了。话说回来,在罗得岛起码没有马萨诸塞的虚伪和差别对待:大家都是凡人、罪人,"有形圣徒"毕竟不是真正的圣徒,凭什么在此世他们就享受特权呢?所以在罗得岛,的确产生了纯世俗方面的平等观念和民主代议制。威廉斯说:"所有世俗政府的权力都是建立在民众的协商之上的,这是每一个政区的根本。公共福利、全体人民才是权力之根,他们才能决定建立什么样的政府,选举什么样的总督"。"人民可以制定自己的法律和协议……使之适于他们自己的本性、倾向和宪法,服务于共同的和平和福利"。他还建议建立"人民或政区的法庭,由于有些政区人数很少,所以可以让全体公民亲自出庭,而在人数众多的地方,可以派代表参加"。¹在政治实践中,威廉斯甚至还发现了民主制的痼疾——多数的暴政以及权力的垄断,并提出了相应的解决方法:"解决前一个问题的办法是要采纳中世纪社会的精神,用社会应用限制政治功能;而对后一个问题,则要采用地方自治、公民立法提案和公民复决,以及罢免权"。²显然这些想法在马萨诸塞是不可能出现的,正是从企图建立山巅之城的梦想中解脱出来,才大大开阔了威廉斯的心胸和眼界,使他在无限蔑视罪人的同时关注他们在尘世的权利。

罗得岛的存在对新英格兰意义非凡。它起到减压阀的作用——在正统的马萨诸塞和康涅狄格旁边,有这么一个持异见者的避难所,可以成功地消解来自异端的压力,使马萨诸塞得以长时期保持单一信仰状态。如果不是有罗得岛这个"恶棍岛",马萨诸塞这个"山巅之城"恐怕早就挤满了各种持异见者,就算勉强能维持清教社会传统,"圣徒之治"肯定要受到严峻挑战。如今贵格教徒、浸礼教徒、异教徒有了自己的家园,马萨诸塞也落得清闲,当然,它一闲下来,免不了还是要斥责罗得岛的路线问题。罗得岛在旧世界的国家宗教和马萨诸塞的圣徒之治之外走出了第三条路。威廉斯严格按照圣经所云,把上帝的还给上帝,政府决不干涉良知、信仰问题;但是他拒绝把恺撒的还给恺撒,在威廉斯眼里,只有尘世间一个个平等的罪人,恺撒亦复如此,没有一个罪人高过另一个罪人,所以他在世俗事务上走向了民主,而拒绝任何形式的集权。罗得岛方式日后只要蜕去清教的外衣,加入人文主义精神就自然而然地成为现代公民社会,而马萨诸塞的情况则要复杂得多,由"圣徒之治"到公民社会还有很长的路要走。

罗得岛就像是马萨诸塞的一面镜子,它纯净无瑕,晶莹剔透,正可以反映出神权政治的困境:罗得岛的前提是正宗的加尔文教义——终审

---

1 John Fletcher Hurst, *Narragansett Club Publications*, Vol. Ⅲ, (Providence: Providence Press Co., 1866-74), P214, 355, 366.
2 〔美〕沃浓·路易·帕灵顿著,陈永国、李增、郭乙瑶译:《美国思想史》,吉林人民出版社2002年版,第65页。

权归上帝，世人无可置喙。威廉斯正是把自己以及所有世人的灵魂交予上帝照管，所以才能理直气壮地为世人谋福利，而马萨诸塞却不得不花大力气来区分"圣徒"和"非圣徒"，"正统"和"异端"。即便如此，它还是处于一种逻辑困境中：要么承认自己伪善，因为所谓的"圣徒之治"里肯定有人不是"真正的圣徒"；要么承认自己腐败，因为"圣徒之治"既已不能保证其纯正性，那清教神权自然也就腐败了，二者必居其一，甚至两者兼具。罗得岛为了理论的纯粹不惜放弃世俗权力的做法对"圣徒之治"是一个致命的打击，以清教正统为标榜的马萨诸塞既不能在理论上对罗得岛以正统自居，又不能在实践上以绝对正确自傲。虽然目前牧师们还能勉强维持理论与实践之间微妙的平衡，但是矛盾重重的"圣徒之治"可以维持多久呢？罗得岛就像一个巨大的问号伫立在马萨诸塞之旁。

　　威廉斯是一个典型的清教徒，在神学问题上倔犟无比，宁折不弯；在社会事务中，讲求实际，是机会主义者；在个人感情上，情感充沛，动辄大怒。悉德尼·詹姆斯认为威廉斯同时生活在六种不同的社会生活领域中：英国上流社会，英国清教运动，新英格兰殖民地，纳诺冈塞特印第安部落，罗得岛殖民地，和普罗维登斯小镇。[1] 以威廉斯和印第安人的关系为例，威廉斯是最早提出印第安人对美洲土地所有权的人，他一直是新英格兰对印第安事务的大使，他也是最早对印第安人布道的牧师之一。但是和印第安人打交道的经历显然让他感到失望，虽然在写给温思罗普的信中他声称已经为上帝收服了许多"迷惘的印第安灵魂"，[2] 但在生气的时候，他大骂印第安人"都是骗子"，在情绪低落的时候，他会总结性地说一句："野蛮人就是野蛮人"。[3]

　　威廉斯是乔纳森·爱德华兹之前新英格兰最优秀的神学理论家，他长于思辨，头脑清醒，逻辑严密，在与科顿的论战中锋芒毕露，他有关

1　Sydney V. James, *Colonial Rhode Island*, (New York: Scribner, 1975), P99.
2　Roger Williams to Winthrop, 28Feb, 1637.
3　Roger Williams to General Court of Massachusetts, 5 Oct, 1654.

良知的论述是宗教改革的逻辑结果，对日后的宗教宽容有巨大贡献。但更重要的是，威廉斯不仅是卓越的理论家，更是勇敢的实践者。他最好地实践了宗教信仰自由，他曾是英国国教徒，后来变成了分离主义者，浸礼教徒，最后为寻求真正的教会加入了"寻求派"。所谓"寻求派"，有人是这样描述他们的："许多人就教会问题争论了许久，最后几乎丢掉了教会，便以期待者或寻求者命名，否认任何教会、任何真正的牧师或任何信众的存在。他们有些人肯定荒野上有教会，便到那里去寻找；另一些人说它存在于庙宇的烟中，于是就到那里去寻找"。[1] 但无论在哪个阶段，他都真诚地忠于自己的良知——宗教最根本的意义，这也是威廉斯与马萨诸塞的分歧所在。从表面上看，在马萨诸塞，宗教的道统地位不可动摇，不容挑战，但实际上宗教却已经政治化了，起决定作用的不是信众的良知，不是个人对上帝的理解，而是政治需要，是已经异化的少数人的权威。相形之下，威廉斯所要求的绝对纯洁就像水晶一样剔透，不容任何杂质，与其说是马萨诸塞不肯宽容，驱逐了持异见者威廉斯，还不如说宗教良知的捍卫者威廉斯抛弃了他认为已经腐败的马萨诸塞。

威廉斯在美国历史和世界历史上都以促进"政教分离"而知名。在世界文明全面进入现代之后，"政教分离"早已被公认为是现代政治生活方式的常态，"政教分离"作为一个问题也渐渐淡出政治讨论的范围，但事实是否真是如此呢？在美国，从来就没有所谓的"国教"，但是各个州却一直都有占统治地位的教会，他们享有各种特权，其占有的资源和影响力在该州内部是决定性的，这种情况在一定程度上延续至今，只是到 1947 年左右，这种理所当然的合法性才遭到了挑战。但毋庸置疑，宗教和教会仍然在美国社会生活的各个层面起着不可替代的作用，这一现实是否仍然属于"政教分离"的范畴呢，不少学者认为其答

---

[1]〔美〕纳尔逊·曼弗雷德·布莱克著，许季鸿等译：《美国社会生活与思想史》，商务印书馆 1994 年版，第 136 页。

案是肯定的。

随着现代政治的演进,"政教分离"不仅仅意味着法律上教会和政府职能分离,也不仅仅是事实上不存在所谓的"国教",而且应该是政府不插手意识形态问题,不论是广义的还是狭义的意识形态。政府应该是一个公共事务运作机构,而且只应该是一个处理公共事务的机构,而意识形态则是自由思想的结果和竞技场。从操作层面上来讲,"政教分离"就是言论和思想自由,政府不操控、不约束、无权干涉公民的信仰、言论和思想。从思想史的角度来看,这是"liberty of conscience"良知自由的自然发展。所谓"良知自由"指的是要做"正确的"事情,其来源是因为良知来自上帝,所以遵从良知自由就是做上帝认为正确的事情,因此良知自由更多的是一种责任和义务,一种内在的紧迫感,要做"正确"的事情。而在世俗语境下,则是个人的思想自由——去做个人自己认为正确的事情。因此,政府和意识形态的完全分离是公民思想自由的前提,也是"政教分离"的现代政治形态,因为如果政府干预个人思想,那么"良知自由"就无从谈起,无论何种意识形态被公认为或是定义为是"官方的"、"唯一正确的",则其他意识形态和个人思想自由必受压制。

二 反律法主义者:安·哈钦森

新英格兰的移民中有不少是牧师们以前在英国的信众,追随精神导师来到新世界。1634年移民波士顿的威廉·哈钦森(William Hutchinson)一家就是约翰·科顿在英国林肯郡的信众,因为科顿的移民,哈钦森一家也来到了美洲。在波士顿,威廉·哈钦森很快成为商界要人,同时也是受人尊敬的教会成员,哈钦森夫人个性突出,特别热心宗教事务。1635年春天开始,她在家里举办一些宗教聚会,为那些未能出席上一个安息日布道的妇女转述布道的大意。家庭聚会的私密环境营造了一种非正式的气氛,妇女们常向哈钦森夫人请教难点,而她也从未让她们失望。哈钦森夫人才智非凡，她的家庭聚会在单调的波士顿社会生活中特别有吸引力，很快，不光是女人，男人们也来参加，不仅是错过了安息日布道的人，就连刚刚听完布道的人也想听听哈钦森夫人的进一步阐发，人数之多很快就需要一周两次而不是一次聚会了，每次参加人数在六十到八十之间。私人布道在海湾殖民地是很平常的事情，温思罗普本人不是牧师，也时不时地针对一些政治和神学问题进行布道。哈钦森夫人的聚会完全是合法的，但是事情在1635年10月波士顿教堂的牧师约翰·威尔逊从英国回来以后发生了变化。威尔逊和科顿是同事，在他旅行期间会众都是听科顿布道。威尔逊和科顿宣讲的都是正宗的清教教义，只是侧重点稍有不同，科顿更强调上帝的权威，而威尔逊在个人获救的问题上，除了上帝的恩典还强调个人行为，个人行为良好不仅是为上帝恩典的到来做准备，而且也被视为"有形圣徒"身份的证明。这些都是老生常谈，不仅普通信众分辨不出二者有何不同，就连威尔逊和科顿本人也同意对方的观点。但是哈钦森夫人不是普通信众，她是科顿忠实的追随者，更是一个宗教狂热分子，她立刻发现威尔逊的布道有问题，并且在自己的聚会上批驳威尔逊的观点。哈钦森夫人的行为没有立刻遭到禁止，主要是因为殖民地当局正忙于与印第安人的战事。而在此期间，参加哈钦森夫人家庭聚会的人越来越多，很多殖民地的头面人物也频频出现在聚会上，其中包括三个殖民地普通法庭的立法委员，1636年当选总督的亨利·维恩(Henry Vane)，还有1636年6月从英国移民来的著名牧师约翰·维尔赖特(John Wheelright)，他是哈钦森夫人的妹婿。

罪人如何在上帝面前称义？这是基督教一个最基本的问题，实际上，如果一个神学家能够在这个问题上提出过人的见解，他就可以成为基督教史上代表性的人物。而清教徒们最为信奉的神学家，拉丁的奥古斯丁和宗教改革的马丁·路德都是在这个问题上态度分明的神学家。奥古斯丁虽然是拉丁教父，但清教徒们对他的神学思想深为慑服，而奥古斯丁神学特别强调原罪论与预定论。"奥古斯丁确信上帝的恩典并非由于人的自由而引发,相反,人类意志之所以能自由地引发倒首先是由于上帝之恩典。恩典并非获得的;恩典是被给予的。上帝之恩典独自便给人带来一切,是人的救赎的唯一基础。这一无偿赏予的礼物是人类不断必需的,直到他们的终结;但它也需要他们的不断合作。"而对于那些得不到拯救的人,奥古斯丁的解释是"上帝预选了相当少一部分人(一开始就已定好)得永生,并预定'大多数人受诅咒'。"所以上帝之仁慈体现在对人的救赎当中,而上帝之公正体现在拒绝大部分人之中。因为"上帝并不想要邪恶但容许它发生(由于人的自由意志),从而也就让人自行其路而走向永远被诅咒。"[1] 奥古斯丁的这一观点后来被加尔文推到终点,那就是人对自己的救赎是完全无能为力的,上帝拥有完全和绝对的权力来决定谁将被救赎而其他人必受诅咒。而马萨诸塞的清教徒正是奉加尔文神学为正统的。

实际上马丁·路德对宗教改革的初衷也起源于对称义问题的深入思考,"有罪的人类怎样才能摆正自己与公正之上帝的关系?"路德最后得出的结论是:"人不可能以自己的努力(不管多么虔敬)在上帝面前称义,被上帝称为义人。是上帝自己,作为宽宏大量的上帝,不用任何报偿而把罪人称义的白白恩典给予我们。人只有在信仰之中才能对自己得到了这一恩典有充分把握。"这也是路德神学中最重要、最基本的"因信称义"的学说。正是从"因信称义"出发,"路德又得到了对教会的一个新理解。这就是批判偏离了福音书的教导和实践的世俗化、制度化的教会以及它的圣事、管理和传统。"[2] 由此可知,称义问题不仅在基督教神学中占有重要位置,其对于宗教改革更具有激发性的基本意义,这也就难怪清教徒们对此问题要严阵以待了。从殖民地建立伊始,马萨诸塞的教会一直企图保持一种艰难的平衡,那就是既强调上帝意志的绝对性及不可知性,但同时也强调个人在得救问题上的积极配合,其根据正

---

1 〔德〕汉斯·昆著,包利民译:《基督教大思想家》,社会科学文献出版社2001年版,第77页。
2 〔德〕汉斯·昆著,包利民译:《基督教大思想家》,社会科学文献出版社2001年版,第124页。

如奥古斯丁所言"但它也需要他们的不断合作"。然而由于殖民地的边疆性质,许多移民都倾向于采用一种"实用主义"的态度,认为个人在尘世的表现与成功必然是上帝意志的一种暗示与体现,而殖民地当局出于对殖民地社会安定与繁荣的考虑,当然或多或少地赞同这种趋势。

但是所有这些理由对于像哈钦森夫人这样热切的教徒来说都是不成立的,一旦涉及神学问题,哈钦森夫人决不肯含糊其辞,她特意走访了海湾殖民地的所有教堂。经过考察,她宣布,除了科顿和维尔赖特,所有马萨诸塞教会牧师的布道都有问题:他们宣讲的不是"救恩之约"(Covenant of Grace)而是"行为之约"(Covenant of Works)。在哈钦森看来,所有这些牧师都过于强调个人行为良好在得救方面所起的作用,而她否认个人行为在灵魂得救上起任何作用,她坚信只有上帝的恩典才是凡人得救的唯一原因,和外在行为毫无关系。这看上去只是个人对某一神学问题的理解与教会稍有不同,完全没有理由大惊小怪,但由于马萨诸塞社会是建立在所有成员对所有问题,尤其是神学问题看法完全一致这样一个前提之上的理想社会,所以哈钦森此举无异于是向殖民地当局正面挑战。哈钦森如此强调上帝的恩典,而把个人的努力、行为良好完全抛在一边,也就是说教会对人们的教育作用,政府对人们行为的约束和引导都是无关紧要的。当局充分认识到哈钦森的思想会威胁教会和政府的权威,斥之为"反律法主义"(antinomianism),而哈钦森则认定教会走上了阿明尼乌主义(Arminianism)的道路。[1]

如果从历史客观的角度来看,许多现代学者认为哈钦森的看法是正确的,埃德蒙德·摩根就认为"新英格兰从建立伊始的一个半世纪的神学历史就是持续走向阿明尼乌主义的历史,只是不时地被重申加尔文主

---

[1] 雅各布斯·阿明尼乌(1560—1609),荷兰新教徒,1604年阿明尼乌在雷登大学任神学教授的时候,否认预定论,并宣称好的行为可以赢得拯救。这一理论危及了加尔文神学的理论基础,被认为是对上帝绝对权威的挑战,后来在荷兰被宣布为异端。其他持此观点的人此后被称为阿明尼乌派。

义的信条所打断而已,那就是上帝的无限权威和人类的完全无能。"[1] 但是无可否认,过分强调上帝的无限权威和人类的无可作为往往会导致另一个极端的结论,那就是此世的一切都和来世无关。根据哈钦森的理解,既然人是全然无能的,那么当上帝拯救他的时候,是上帝把圣灵直接灌注到这个人身上,所以此后这个人的一生都由圣灵引导,而这个人在一定程度上也就不存在了。由此可见,一个人得救完全是上帝的意志使然,她同时得出结论,任何人类的行为都不能作为一个人是否得救的征兆。也就是说,一个人完全遵照上帝的律法行事,这通常被称为"成圣",并不能成为他被救的证据。她最后的结论是"成圣"(sanctification)并不能证明罪人的"称义"(justification)。而根据正统的清教教义,虽然一个人是否称义是完全由上帝决定的,而一个人是否真的达到了"成圣"也是很难判断的,但是,无可否认,"成圣"必然是"称义"的结果,而且是判断"可见圣徒"的重要标准之一;而"可见圣徒"又是"山巅之城"的基石。而哈钦森不仅怀疑而且干脆否认这一点,这在正统清教看来无疑是反律法主义的,更糟糕的是,这种理论对"山巅之城"的神圣性是种根本的挑战。

实际上摩根干脆把哈钦森的主张称作"17世纪的无政府主义",它从根本上打击了马萨诸塞殖民地的神学基础。试想如果一个人只需"待着不动,只等着基督为他做好一切,"他就可以得救的话,那他又有什么必要整天努力向善以表示上帝对他的恩典呢?如果一个人一旦得到上帝的恩典就如同圣灵灌注其身,那么牧师的教导又有何用?更糟的是,既然尘世的律法对真正的基督徒,上帝真正的选民没有约束力的话,那么遵从上帝的律法建立起来的社会还有什么意义呢?虽然从殖民地当局看来,哈钦森的观点极其危险,但是这种个人行为和灵魂得救完全无关的观点在精神和心理上对殖民地的商人们却是一种安慰,他们的商业活

---

[1] Edmund. S. Morgan, *The Puritan Dilemma: the Story of John Winthrop* (Scott, Foresman and Company, Glenview, Illinois London, England, 1958), P136.

动和唯利是图的精神缺陷一向是牧师们攻击的对象，一时之间，哈钦森的支持者竟占了教会的大多数。1636年10月，他们提出要改革教区，改选维尔赖特为第二导师。温思罗普当时已经意识到哈钦森思想的危险性，他强烈反对教区改选并设法阻止达成任命所必需的一致投票。在波士顿受挫以后，维尔赖特在渥莱塞顿山上一个新建的教会当选牧师，当地有不少波士顿商人的产业。

让殖民地当局头疼的不光是哈钦森的错误思想，更主要的是牧师维尔赖特和科顿的卷入。维尔赖特是双方开战以后才移民到美洲的，加上他和哈钦森的亲戚关系，看来肯定是站在哈钦森一方了。但是科顿的情况就不一样了，他态度暧昧，从来没有公开支持过哈钦森对殖民地教会的攻击，并且他是在英国和新英格兰都有影响的重要人物，所以教会做了种种努力来争取他。1636年12月，牧师们造访科顿希望他在哈钦森问题上表个态，科顿的态度仍不明朗。事态继续恶化，1637年1月以后，哈钦森和她的追随者们只要看到威尔逊牧师站起来布道就离场。温思罗普在日记中写道："在殖民地，人们明确地分为'救恩之约'一派和'行为之约'一派，相互之间势同水火，就像别的国家里新教徒和天主教徒那样。"[1] 普通法庭宣布全殖民地斋戒一天，祈祷教会内部纷争能够平息，然而维尔赖特居然利用这个机会发表演讲煽动对抗。他说："当真理的敌人反对上帝之路，我们必须攻击他们，用上帝之言杀死他们"。"如果这样会导致教会和共同体的大骚乱"，那显然也是神意使然，"难道基督不是把火带到了人间吗？"[2] 殖民地陷入完全分裂，科顿的一个朋友在1637年写给他的信中说："你抱怨说殖民地缺少兄弟之爱，说得太对了，我也发现了太多的陌生，太多的疏离，以前那些走好几里路来拜访我的

1　Richard S Dunn, and Laetitia Yeandle, ed., *the Journal of John Winthrop* (Cambridge, Massachusetts, and London, England: the Belknap Press of Harvard University Press, 1996), P122.

2　John Wheelright, *A Sermon Preached at Boston in New England upon a Fast Day* (Mass. Hist. Soc., Proceedings, 1st Ser., 9 1867), PP266-268.

朋友，现在路过我家也不肯打个招呼，好像陌生人一样"。¹ 玛格丽特·温思罗普 (Margaret Winthrop) 也写信给她的丈夫约翰说："我的精神为哀思笼罩，我无法驱散它们，什么事儿也干不了，整天思量着，在这无尽的烦心事儿中上帝的意图究竟是什么？"² 科顿·马瑟 (Cotton Mather) 后来写道："人们为了'救恩之约'和'行为之约'争执到这种地步，以至于威胁到殖民地的基本秩序。争论一直延伸到家庭内部，……使丈夫和妻子也对立起来。……没有什么公共场合和事务能避开这一争论，它已经危及了社会的基础"。³

波士顿教会内部有不少人都支持哈钦森，政府方面连总督维恩也支持她，所以1637年政府的改选对正统派就显得格外重要，他们设法使选举在纽顿进行，那里远离反律法主义的影响。突然之间，自由民的身份变得重要起来，许多正统派从40英里外的纽伯利赶来在纽顿注册为自由民，投票选温思罗普为总督。5月17日选举当天，气氛极为紧张，在纽顿的选举大会开始不到一个小时，波士顿人就送来了请愿书，当时的总督维恩决定要宣读，但是副总督温思罗普反对，理由是这样做不合程序，应该先选举再处理请愿。双方僵持不下，汹涌的人群高叫着"选举""选举"，温思罗普于是建议让人们现场表决是先选举还是先宣读请愿书，结果大部分人同意先选举。维恩还是不肯让步，温思罗普态度强硬地表示就算维恩不主持选举，他和其他人也会照常进行，无奈之下，维恩只好同意选举开始。正统派大获全胜，温思罗普当选总督，托马斯·达德利为副总督，维恩连助理都没选上。因为有谣言说有更多的反律法主义者企图移民马萨诸塞，法庭于是正式通过一项侨民法案，禁止任何新到侨民在海湾殖民地购房，禁止未经一名议员或两名法官证明其宗教信仰正统性的任何侨民在殖民地逗留超过三周。

1　Peter Bulkeley to John Cotton, Mar. 25, 1637, Cotton Papers.
2　Darrett B. Rutman, ed., "My beloved and good husband," *American Heritage*, 1962, P96.
3　Cotton Mather, *Magnalia Christi Americana*, 2Vols. (New York: Russell and Russell, 1967), Vol2, P509.

哈钦森事件使教会意识到平时对信众疏于管理,以至于异端有机可乘。1637年8月30日,在纽顿召开了第一次普通法庭审判会,会议历时24天,列出了82条异端邪说,"有些是亵渎神圣的,有些是错误的,而所有82条无一是安全的",此外,还有"9处不健康的表达",[1] 公认为有害于社会安定和团结。最后一天会议宣布任何类似哈钦森夫人家庭聚会的宗教聚会为非法,禁止对教会提出批评性质疑。维恩在审判会召开以前就离开了殖民地,1637年11月,法庭正式起诉维尔赖特斋戒日的布道为煽动言论,他受到质询并被判有罪,法庭判剥夺其公民权并驱逐出境。那些在支持他的请愿书上签名的人也都被判剥夺公民权、解除武装或驱逐出境。

哈钦森夫人受到法庭传唤,但是法庭很快发现要定她的罪是很困难的,也许因为是女性的缘故,也许因为出于谨慎,总之,哈钦森并没有在支持维尔赖特的请愿书上签名,所以法庭最后只找到三条罪名:一、"怂恿并鼓励"人们这么做;二、在家里召集聚会,这样做"对她的性别而言并不合适";三、诽谤殖民地受人尊敬的牧师们。三条罪状中只有第三条相对严重,而哈钦森辩才无碍,从法庭记录来看,她完全成功地为自己辩护,而法官们虽然对于她的才智感到恐惧和厌憎,但也准备对她进行申饬并开释她。可是也许由于对新英格兰此行的失望,也许由于审判时间太长,哈钦森当时有孕在身,总之,在一阵绝望情绪之中,哈钦森开始放弃谨慎的态度,宣称她早就知道她会来到新英格兰并在此受到迫害,但是她无所畏惧正如但以理(Daniel)身陷狮子洞一样。[2] 她大声宣称:"看吧,圣经早就在我眼前完成了今日之事,因此,小心你们将要对我做的事……因为我知道因你们今天对我所为上帝将毁灭你们、

---

[1] Williston Walker, *A History of the Congregational Churches in the United States* (New York, The Christian literature co., 1894), P162.

[2] 出于《圣经·希伯来书11章》:但以理(公元前605—公元前536)因为他对上帝的虔诚和过人的品格,国王打算让他来管理整个王国,他受到很多人的爱戴,但是有一些想要他位子的人不喜欢他,阴谋使但以理被关进狮子坑中,但是因为上帝的看护,他丝毫没有受伤。

你们的后代以及整个殖民地。"[1]这是赤裸裸的挑衅,殖民地当局必然认定如果他们不惩罚哈钦森的话,上帝真会降罪于他们了。审判于是变得很戏剧化。法官们于是讯问她:"她是怎么知道是上帝而不是撒旦告诉她这些的。"哈钦森再一次大量地引用了圣经来支持她的论点,但是显然她已经厌倦了这种没完没了的神学辩论,想要殉道的欲望抓住了她,她于是冷然答道:"亚伯拉罕是怎么知道是上帝要他把儿子作为牺牲去献祭呢,杀人不是犯了十诫中的第六诫吗?"

法庭:"是通过上帝直接的声音。"

哈钦森:"那么,对我来说也是一样,上帝直接启示于我。"

法庭:"是吗?如何直接启示?"

哈钦森:"通过他的圣灵的声音启示于我的灵魂。"

这等于直接承认她是异端,法庭长长地舒了一口气。温斯罗普这样写道:"法庭和其他与会的人(除了那些她的同党)的确感到了上帝显现了特殊的神意,她自己的话把自己交到法庭的手中,她自己承认了大家一直怀疑她所犯的罪,只是一直没有充分的证据来证明她有罪。"现在她只有一个请求:"我想知道我为何被放逐?"温斯罗普干巴巴地答道:"请别再说了,法庭知道为何,法庭对此感到满意。"[2]法庭一致判她有罪并驱逐出境,她先是去了罗得岛,后来死于印第安人之手。其他支持者也有被判剥夺公民权的,也有被判当众承认错误的,也有被判平时不许携带武器的。重新统一思想又花了一段时间,三三两两的波士顿人结伴到法官那里承认错误,拒不认错的人被迫离开殖民地。约翰·科顿与同事们讲和,留在正统内部,但是其影响力大不如前了。

根据清教教义,人类从伊甸园被赶出来以后就堕落了,不复具有最初的神性,也就是说,仅凭个人的努力是不可能达到拯救的。但是耶稣为人类赎罪,上帝因此重新与人类签约,新的契约对人类的要求只有一

1　C.F.Adams, *Three Episodes of Massachusetts History*, Boston,1894, P324.

2　C.F.Adams, *Three Episodes of Massachusetts History*, Boston,1894, P325.

条,就是信仰。一个人只要全心全意信仰上帝,他即受到赦免,或"称义"(justification),即"因信称义",而受到赦免的人从此应该努力达成一种完美的基督徒的生活,即"成圣"(sanctification)。哈钦森对"因信称义"没有异议,但是她认为当一个人受到赦免的时候,就如同遭受雷击一般,有一股神的力量注入他的体内,从此他的人性受到涤荡,圣灵常居心间。因此哈钦森得出结论:一个圣徒并不需要继续圣化,他的行为完全根据内在的冲动和神的暗示,行为好坏的世俗标准对圣徒而言毫无意义,蒙选之人不再受律法约束。但是在温思罗普看来,哈钦森的观点必然导致放弃所有个人的道德责任,而这种伦理道德上的无政府主义会导致极其严重的社会后果。对于温思罗普来说,个人获救的方式应该是在一个神圣而秩序井然的社会,尽可能过一种虔诚有用的生活;而哈钦森则认为获救表现为神意直接对个人的启示。这是清教神权碰到的又一个难以回避的问题,正如在罗杰·威廉斯一案中出现的难题一样,问题不出在神学争议本身,问题在于在"山巅之城"这个神圣的地方,人们根本不可能客观地讨论神学问题,因为任何神学理论都要立刻就地执行。所以当我们看到哈钦森和温思罗普争论的不是同一个领域的问题时,感到很奇怪:哈钦森在讨论神学问题,而温思罗普在讨论社会问题。有意思的是,没有一个他们同时代的人会认为他们讨论的是不同领域的东西。这正是清教神权的困境,它无法像罗得岛一样把神圣的理论从红尘中分离出去,从而为神学讨论保留一定的空间,并最终走向宽容。清教神权既然是政教合一的,就不能口是心非,说一套做一套,每当有了神学争议,都得严阵以待,必须争出一个正宗来,以便根据它来制定日常生活的行为规范。如今哈钦森说这个行为规范根本和上帝的恩典、灵魂得救毫无关系,那真是要天翻地覆了。

因为哈钦森的办法又直接又简单,所以受到许多人的欢迎,尤其是那些社会底层受教育程度低的人,他们赞美哈钦森"比所有那些穿黑衣的牧师更善于布道福音"。有的人说:"我当然更愿意聆听她的布道,那是直接出于精神动因,根本和学问无关,我最讨厌那些掉书袋的牧师"。¹ 达瑞特·洛特曼 (Darrett Bruce Rutman) 指出反律法主义迎合了人们"非理性和反智主义的激情","他们抓住一种与上帝直接和个人的联系而反对教会,威胁社会的根基,同时挑战了牧师和法官。他们打开了一扇大门,把出身、财富和教育的区别统统扔到一边"。² 温思罗普从反律法主义中看出一种对他精心策划的等级分明的模范社会的威胁也是很自然的。

反律法主义者和殖民地教会在有关知识的问题上展开激烈争论。清教主义从来就不是反智的,他们强调信仰第一,学习第二,二者可以说是相辅相成的。实际上他们也常常强调没有知识就很难找到真正的信仰,塞缪尔·维拉德 (Samuel Willard) 说:"信仰是建立在知识之上的"。科顿自己也说:"没有知识的热情只是一团野火"。³ 相反,反律法主义者则公开宣称:"艺术、科学、语言统统都是异教的偶像,是反基督教的,是地狱之烟,是垃圾、泡沫、大粪,对正确理解《圣经》毫无用处:没有这些人为的帮助,精神自身就足够达到圣灵了"。⁴ 佩里·米勒一语中的:"反对有知识的牧师是对抗由税收支持、政府保护的教会的前奏"。⁵ 教会和牧师们完全有理由对此前景感到不寒而栗。后来在某次哈佛大学的开学典礼上,演讲者追忆往事,肯定了当局的做法,因为若非当年温思罗普当机立断,很可能"领导阶层将会受制于技工、补鞋匠和裁缝,上等人受制于下流坯,受制于罗马的垃圾、不识字的平民废物,他们从

---

1 Edmund Sears Morgan, *The Puritan Dilemma: the Story of John Winthrop* (Boston: Little, Brown, 1958), P127.
2 Darrett Bruce Rutman, *Winthrop's Boston: Portrait of a Puritan Town*, 1630-1649 (New York: Norton, 1972), P126.
3 Edward Waterhouse, *Apology for Learning* (London: printed by A.M. for Simon Miller, 1655), P9.
4 Thomas Hall, *Vindiciae Literarum* (London: Printed by W.H. for N. Webb, & W. Crantham, 1655), P68.
5 Perry Miller, *The New England Mind: the Seventeenth Century* (New York: Macmillan Company, 1939), P79.

来只会出于情绪而不是基于真理做出判断"。[1] 从这两段充满火药味的话中，我们可以看出在神圣的"山巅之城"并不是充溢着兄弟之爱。虽然理论上它应该是等级森严、人人各安其分的社会，但实际上，边疆性质的社会很难约束个人行为，财富很快转手，以前的"上等人"无力维持体面的生活，而暴发户又得不到社会认可。这些不安定因素在每一次社会危机中蠢蠢欲动，在哈钦森事件中商人和其他受教育程度相对低下的平民站在哈钦森一边反对高高在上的教士阶层，这种情况会在马萨诸塞的历史上一次次地重复，直到人们达到宗教和政治上真正的平等为止。

对于一个宗教和政治观点高度统一的社会，最可怕的不是自然灾害或印第安人的骚扰，而是来自内部的理论分歧，安·哈钦森案体现了清教神权的最大危机。温思罗普和他的同事们认为最重要的是集体利益，"山巅之城"是作为一个整体和上帝签约的，人们一旦自愿定居于此，就是默认了契约，就应该遵守契约条款。而哈钦森及其追随者则更注重个人的宗教信仰，社会秩序、上下尊卑对于他们来说完全是尘世的、异己的东西。温思罗普意识到虽然反律法主义者表面上宣称他们遵循的是更高的律法，也就是遵循上帝的律法而反对人间的律法，说到底是一种个人主义，他们遵循的是自己的宗教判断，而反对唯教会的判断是听。"山巅之城"的城基是这样一种假定："这一共同体的性质规定了每一个成员都必须寻求并采用所有有利于共同体的手段和方式，而杜绝所有可能对共同体不利的行为"。[2] "山巅之城"不欢迎个人主义。相反，维恩是这样解释公民义务的："共同体的成员不必寻求所有有利于共同体的手段和方法，只需根据契约遵循那些合法和正当的手段即可，不论这

---

[1] Samuel Eliot Morison, *The Founding of Harvard College* (Cambridge, Mass., Harvard University Press, 1935), P361.

[2] John Winthrop, *A Declaration in Defense of an Order of Court Made in May*, 1637, from *Extracts from John Winthrop's History of New England* (New York A. Lovell & Co., 1901), P78.

契约是与上帝签订的,还是与国王签订的,还是和二者同时签订的"。[1]这的确是一种颠覆性的理论,如此一来,马萨诸塞宝贵的最高统治权和表面的凝聚力变得很可疑,并且还煽动起无政府主义,言下之意,只要殖民地政府的行为不符合上帝或是英王的律法,公民们完全没有理由对政府忠诚。正因为如此,温思罗普不得不下定决心:"与其让一些人的坏影响蔓延,毁灭或是分裂这个国家神圣的大家庭,还不如让他们自食其果"。[2]在一个边疆性质的社会,理论分裂往往意味着社会动荡和生存危机。1637年,殖民地和印第安人的一支佩科特人(Pequot)开战,普通法庭招募了160人,其中来自波士顿的只有寥寥数人,这是因为约翰·威尔逊被任命为随军牧师,而他是哈钦森派的头号敌人。幸运的是,康涅狄格的部队大败敌军,这支军心涣散的队伍也就没有派上用场。正如艾莫瑞·巴迪斯(Emery Battis)所说:"如果印第安人的力量再强一点,波士顿的内讧可能就会危及整个殖民地的生存"。[3]荣纳德·科亨(Ronald D. Cohen)生动地把这一事件叫做"哈钦森派在正统派的棺材上钉上的又一枚长钉"。[4]社会学家刘易斯·科塞尔(Lewis Coser)断言:"那些持续卷入对外战争的社会,内部肯定是不宽容的,……他们社会的团结有赖于社会成员对社会生活方方面面的看法都一致,而民族团结在抵御外患的时候得到加强"。[5]难怪当时人们会把与佩科特人的战争看作是上帝意志的体现,更有甚者把哈钦森死于印第安人之手也看作是她身为异端的

---

[1] Henry Vane, *A Brief Answer to a Certain Declaration, Made to the Intent and Equity of the Order of Court,* from *Extracts from John Winthrop's History of New England* (New York A. Lovell & Co., 1901), P125.
[2] John Winthrop, *A Reply in Further Defense of an Order of Court Made in May,* 1637. from *Extracts from John Winthrop's History of New England* (New York A. Lovell & Co., 1901), P98.
[3] Emery Battis, *Saints and Sectaries* (Chapel Hill, N.C: The University of North Carolina Press, 1962), P156.
[4] Ronald D Cohen, *Massachusetts: Another Look at the Antinomian Controversy,* from *Peter Charles Hoffer, ed. Puritans and Yankees : Selected Articles on New England Colonial History, 1974 to 1984* (New York and London: Garland Publishing, Inc. 1988). P180.
[5] Lewis Coser, *The Functions of Social Conflict* (Glencoe, the Free Press, 1956), P103.

明证，约翰·希金斯 (John Higginson) 就认为："上帝把印第安人派来攻打他的仆人，是为了让他们更团结"。[1]

值得一提的是，虽然殖民地当局对哈钦森派的打击是迅速而彻底的，但手段却是很温和的。哈钦森和维尔赖特都受到公审，为自己辩护，由陪审团判处驱逐出境，由于天气寒冷，哈钦森先是被软禁，然后流放，并未投入监狱。被判驱逐的只有三人，剥夺公民权的八人，四人革除教籍，大部分人只是不许携带武器而已，因为"这些人完全可能随时收到直接启示去刺杀他的法官"，[2] 宗教狂热的确可能产生这种后果。所幸的是，在这次事件中没有出现人身伤害，大部分的惩罚在本人忏悔之后就取消了，没有人因此被罚财产充公，更不用说受到生命威胁了。清教社会给人严厉的印象一方面来自他们一丝不苟的处世态度，另一方面是后来的驱巫事件影响恶劣。实际上，早期的清教领袖都是理想主义者，他们对迫害别人没有兴趣，全力打造一个理想社会才是他们共同的目标，同时，社会的边疆性质迫使大家务实，也有利于控制宗教迫害的狂热情绪。

---

1 John Higginson to John Winthrop, ca. May 1637, *Winthrop Papers*, 3: 404.
2 Edmund. S. Morgan, *The Puritan Dilemma: the Story of John Winthrop* (Scott, Foresman and Company , Glenview, Illinois London, England, 1958), P153.

第二章
新英格兰方式的探索与正统观念的演化

第一节　清教主义的本土化

一　清教主义的本土化：新英格兰方式的探索

在殖民地新建一个教会的过程基本如下：人们推举几个人作为"教会骨干"（pillars of the church），一般是七个虔诚、行为良好、受人尊敬的人，他们相互问答以确认每个人在神学方面的正统性，同时他们也接受所有会众的监督以保证每个人都合格。此间人员或有更替，直到所有的人都满意，教会骨干们签订教会契约，然后由他们审查申请入会者，并接受那些符合条件的人入会。成员确定以后，由全体成员投票选出地方官员、本堂牧师和教师（teacher），邻近教会的代表应邀在大会上发表布道。根据"坎布里奇信纲"（Cambridge Platform），一个教区一般设立五个职位：本堂牧师（pastor），他的责任是主持圣礼[1]和布道。在一个大的教区，可能有两位神职人员，除了本堂牧师还有一位教师（teacher），他协助牧师工作，在布道中，牧师偏重基督徒虔诚的生活

---

[1] 加尔文在《基督教要义》中对"圣礼"的定义如下："我以为简单而适当的定义，乃是认圣礼为标记，借此主在我们良心中印上他对我们善意的应许来支持我们软弱的信心；而我们则在神和众天使以及人的面前，证明我们对他所存的虔诚心"。具体来说，清教圣礼主要包括洗礼和圣餐。参见林鸿信：《加尔文神学》，第170页。

方式，而教师则更偏重教义的讲解。长老（elder）从平信徒中选举产生，他们参与教区政务的管理，但不主持圣礼也不布道。他们要管的杂事众多，包括召集宗教和商业会议、考察申请入会者的品行、监督会众生活作风、探访病人、调解纠纷等，工作繁杂报酬又少，所以很快在很多教区这个职务就无人肯干了。一直保持下来的世俗职务是教会的执事（deacon），他负责教会的财务。最后一个职务是荣誉性质的，授予教区内年高德劭的寡妇，表彰她们对病人和其他有需要的人的关心和照料。这些职位都是《新约》中有明文规定的，除此之外，每个教徒都应对全体教众的福利负责。任何教会都无权管辖其他教会，而应像兄弟般互相帮助。[1]

如果有人申请加入教会，必须得到所有教会成员的同意，而具体标准完全由每个具体的教会自行决定。但是很快事情有了变化，马萨诸塞的精神导师约翰·科顿于1633年到达殖民地，他热情的布道赢得了大批的灵魂。温思罗普在日记中写道："最近皈依波士顿教会的人比整个海湾殖民地皈依其他教会的全部人数还多"。[2] 这些新皈依的人在正式加入教会之前都详尽地陈述了他们的心路历程，这是殖民地新出现的一种宗教情绪的宣泄方式，因为在旧世界人们没有自由布道的权力，所以在新英格兰，人们一有机会就布道，甚至死刑犯在上绞架之前也不忘自我谴责一番，做一次只有他才能进行的公开布道。

这本来只是皈依者自发的个人行为，但是很快这种陈述就变成了加入教会的必要步骤。1635年，当胡克带领他的信众移民到康涅狄格之后，新移民到纽顿的人们被告知，教会成员不仅要表明他们的信仰，而

---

[1] 〔美〕威利斯顿·沃尔克著，孙善玲等译：《基督教会史》，中国社会科学出版社1991年版，第513页。
[2] Richard S. Dunn, and Laetitia Yeandle, ed., *the Journal of John Winthrop* (Cambridge, Massachusetts, and London, England: the Belknap Press of Harvard University Press, 1996), Vol. II, P124.

且"要陈述上帝的恩典如何降临在他们身上"。[1] 1636 年，多切斯特镇一个筹建中的教会因为成员们没有正确地陈述他们的皈依过程而被暂缓建立，直到他们履行了这一程序才获准建立。到 1640 年代，在马萨诸塞和纽黑文，陈述皈依过程已经成为入会的基本要求，在康涅狄格虽然执行不像前两个殖民地严格，但也认为是入会的必要条件。皈依陈述由一开始的即兴布道演变成了一种新的八股文，有固定的形式和内容。

根据新英格兰教会的规定，一个人要想成为教会成员，首先必须"准备"，这是一种心理状态，时刻准备着上帝恩典的降临；同时也是一种社会状态，他必须要行为良好，道德高尚。然后他就可能达到认识自己深重罪孽的思想高度，从而深刻反省。接下来是精神上的狂喜，也就是成为教会成员必不可少的宗教经历、重生体验，因为感受到上帝的恩典，从此脱胎换骨，成为一个新人。最后是成圣，作为一个新人要有新的面貌，表现要比以前更好，道德要更高尚。但是这些还只是成为一个有形圣徒，也就是正式教会成员的前提。一个人在做到这些之后，觉得自己合格了，想要成为教会成员，他先要向教会的长老提出申请。长老们和牧师私下询问申请人以确认其神学知识和宗教经验，再提交全体成员讨论，成员们指出申请者行为上的不足，申请者当众表示对这些罪孽的悔过，然后由证人证明申请人的品行端正，这时申请者必须当众陈述自己的心路历程，并且要引经据典，从《圣经》中找到支持自己皈依的证据。如果申请人为女性，她可以只向长老们陈述其皈依经验，再由牧师向会众宣读记录。陈述之后是提问，最后申请人立誓信教，再由全体成员投票表决，只有一致通过，他（她）才可以宣誓签约，被称为"有形圣徒"，成为教会成员，可以参加圣餐，孩子也可以受洗，男性教会成员并因此可以参加选举，成为政府官员。

进入教会以后，成员的言行受到其他会众的监督，如果他要搬家，

---

[1] Williston Walker, *The Creeds and Platforms of Congregationalism* (New York, N.Y.: C. Scribner's, 1893), P45.

必须得到教会的批准,如果要加入新的教会,必须得有原先教会的介绍信。教会的惩罚包括警告、批评和革除教籍,当然这往往同时伴有世俗政府罚款、鞭笞和驱逐出境的处罚。但必须指出的是,在北美殖民地,教会和政府的权力一向是相互分开的,在经过了欧洲宗教改革的艰难历程之后,清教徒们无论对教会权力还是世俗权力过分集中都保持高度警惕,更不用说两者交织在一起了。惩罚可能是因为宗教方面的原因,如安·哈钦森;也可能是世俗原因,如罗伯特·基恩(Robert Keane),他受到批评是因为牟取暴利。总之,一个"圣徒"应该达到圣徒的思想和行为标准,而因为大家都处于教会和社会契约之中,所以每个人的行为都会直接影响整个社会,教徒要对教会负责,还要对其他社会成员负责,因此每个人都是邻居的监督者。在马萨诸塞殖民地人们不能独居,每一个家庭都是神圣社会的神圣单元,父母不仅要管好自己的孩子,还要负责约束所有的仆人,甚至包括他们招待的客人;如果没有家庭的年轻人必须要与一个"家庭"生活在一起,而且他们的行为也必须受这个家庭家长的约束。革除教籍是非常严厉的处罚,不论受到这种处罚的人日后是否还在该教区生活,他都会觉得非常痛苦。在1639到1652年间,波士顿教会共吸纳了652名成员,其中17人受到警告处分,但只有5人最终被判革除教籍。[1]

公理会教派强调人与人之间的现行关系,教会之间不是上下级关系,也不是某种庞大的等级森严的权力机构的分支,而更像是由探求神圣生活方式的基督徒个人组成的一种俱乐部。每个教区都实行自治,互不干涉各自的内政。这种方式虽然在英国和荷兰等地有过小范围的尝试,但是真正得到大规模、长时间的实践是在美洲。劳德大主教在1604年宣称"没有主教就没有真正的教会",[2] 而清教徒们在美洲就成功

---

[1] Larzer Ziff, "The Social Bond of Church Covenant," *American Quarterly*, 10, 1958, P455.

[2] 〔美〕威利斯顿·沃尔克著,孙善玲等译:《基督教会史》,中国社会科学出版社1991年版,第520页。

地建立了这样一种没有主教的教会。这种教会组织方式决定了殖民地的生活方式，从一开始移民们就习惯了自己管理自己，牧师是由会众"招聘"而不是由宗教界或神学院授予资格，教会之间没有上下级关系。相应地，殖民地之间松散的联系则像是联邦的雏形，1643年，马萨诸塞、普利茅斯、康涅狄格和新罕布什尔四个殖民地成立了新英格兰同盟——"新英格兰联合殖民地"。这是美国历史上第一个殖民地之间的联盟组织，成立的目的是对付新法兰西、新尼德兰和印第安人。同盟制定了盟约，由四个殖民地各派两名代表组成理事会，只要其中六人通过，就可以决定对外作战、媾和、财政和内务等事宜。

埃弗雷特·爱默生(Everett Emerson)指出："新英格兰方式（New England Way）的核心，新英格兰清教主义最明显的独特之处，是教会契约"。[1]在社会上大部分受过良好教育的人都积极地希望成为教会成员的情况下，对入会条件进行的种种限制，以及必须经过的层层审批，无疑是一种极为有效的统一思想的过程。在社会上形成一个稳定的、思想统一的中产阶级群体是建设山巅之城的物质保证。在这样一个核心团体的带动和监督下，整个清教社会的风气是尊奉正统，道德上趋于严峻的。弗朗西丝·布雷莫(Francis J. Bremer)也注意到这种策略的政治后果："清教徒强调秩序和统一导致他们建立了这样一种城镇管理制度，其中大众的参与与其说是保证其多元性，不如说是为了达成完全一致"。[2]因为人们来投票不是为了表达自己的思想和意愿，而是为了选出那些"上帝选派来领导他们的人"，所以在大部分城镇中，虽然投票的人数占到成年男性的70%，但是他们年复一年选出的领导一直局限在一个特定的小圈子里。在殖民地，根本没有出现过第二种声音，人们去投票，并不是在两个对立的党派中选择一个自己支持的观点，而是去再

---

[1] Everett Emerson, *Puritanism in America* 1620—1750 (Boston: Twayne Publishers, 1977), P49.

[2] Francis J. Bremer, *The puritan Experiment: New England Society from Bradford to Edwards* (Hanover: University Press of New England, 1995), P95.

一次表明自己和当局是站在同一立场，表明自己对清教神权的忠心。投票不是选择，而是确认，确认每个公民都隶属同一个社会契约，确认每个公民都衷心地服从温思罗普、布雷德福德等人的领导。在一个城镇里，通常只有一个教会，以殖民地最大的城市波士顿为例，直到1650年才建了第二个教会。所以"在很多方面，教会会议和市镇会议是同一回事"，也就不足为奇了，而教会对社会政治生活的影响也可见一斑。[1] 统一思想的工作不仅是教会的责任，也是世俗政府的责任。根据"坎布里奇信纲"，"地方官员的权力和权威是为了协助教会工作"，"世俗政府的目的不仅是保证公民生活的和平和安宁、诚实和正直，更要保证其虔诚和神圣"。[2] 这种教会和世俗政府之间的合作关系在《一般法律和自由权》中被自豪地与古以色列相提并论："我们的教会和世俗政府一起成长，就像一对双胞胎，正如以色列的情况一样"，"他们相互帮助，并加强对方的力量"。[3] 因为教会只有精神方面的权力，所以政府有责任禁止和惩罚那些"偶像崇拜者、亵渎神圣者、持异端邪说者、发布邪恶堕落的观点者、公开蔑视布道者、亵渎安息日者以及所有破坏和打搅圣事的人"。[4] 正是得益于教会与政府的通力合作，"虽然17世纪的欧洲充满了大的动荡，但是在新英格兰却和谐盛行"。[5]

当然不是每个人都享受这种神圣的和谐。1646年，内科医生罗伯特·蔡尔德（Robert Child）和其他六人向马萨诸塞海湾普通法庭提出抗议，认为新英格兰方式侵犯了他们作为英国人的权力，声称如果得不到满意的答复，他们将向英国议会提出抗议。抗议者主要是波士顿的商人，他们移民新大陆是受当地工商业发展前景的吸引，而不是来皈依神

---

1 Everett Emerson, *Puritanism in America* 1620—1750 (Boston: Twayne Publishers, 1977), P50.
2 Williston Walker, *Creeds and Platforms* (New York, N.Y.: C. Scribner's, 1893), P235.
3 Thomas G. Barnes, ed. *Book of the General Lawes and Libertyes of Massachusetts* (San Marino, Cal., 1975), P12.
4 Williston Walker, *Creeds and Platforms* (New York, N.Y.: C. Scribner's, 1893), P236.
5 Everett Emerson, *Puritanism in America* 1620—1750 (Boston: Twayne Publishers, 1977), P37.

圣共同体的。抗议主要包括三方面：第一，马萨诸塞海湾政府不是按照英国法律建立的。第二，许多有能力的人被排除在公民自由、公民权以及公职之外。第三，教会成员仅限于那些愿意接受教会契约的人，而他们认为这种做法缺乏《圣经》的支持。尽管如此，他们还不得不参加布道，甚至参加别人孩子的洗礼，而他们自己的孩子却得不到洗礼。[1] 殖民地议会极力声辩："我们的政府是按照特许状和英国基本法及习惯法建立的，并根据它们行使职能"，[2] 但是对于后面两点却避而不答。幸好当时英国议会的权力从长老会派转移到公理会派手里，蔡尔德请愿也就不了了之。

新英格兰方式的另一个重要组成部分是殖民地的司法状态。山巅之城的基本法是《圣经》，因为在人间建立"上帝之城"的事业在历史上并无先例，所以殖民地领袖总是从《圣经》上寻求世俗权力的合法性："指导选择最高长官的法则对所有行政官一视同仁，因而他们的一个兄弟（不是）陌生人应被置于他们之上，见'申命记'第17章第15节；上帝赞成杰思罗对摩西的忠告，即被置于百姓之上的官员应是敬畏上帝的人，见'出埃及记'第18章第21节；所罗门使全体国民为正直者当权而欢欣，为邪恶者统治而哀痛，见'箴言'第29章第21节和'约伯记'第34章第30节"。[3] 当然，《圣经》不可能像一部真正的法典那样涵盖社会生活的方方面面。根据1629年马萨诸塞特许状，英王查理授权殖民地议会制定"所有各种有益与合理的命令、法律、法规、法令和指令，"前提是它们"不得与英国的法律相左"。[4] 在到达殖民地之后，"人民认为地方行政官可任意行使的权力如此之大，使他们的处境很不安全，因而早就盼望有一套法律"。然而这项工作进展很缓慢，温思罗普对此

---

[1] Robert F. Scholz, "Clerical Consociation in Massachusetts Bay: Reassessing the New England Way and Its Origins," *William and Mary Quarterly*, 3rd Series, 29, 1972, P163.
[2] Williston Walker, *Creeds and Platforms* (New York, N.Y.: C. Scribner's, 1893), P236.
[3] Daniel J. Boorstin, *The Americans: The Colonial Experience* (New York: Random House, 1958), P27.
[4] Williston Walker, *Creeds and Platforms* (New York, N.Y.: C. Scribner's, 1893), P28.

进行了解释:"有两大原因使大多数行政官和某些长老对此事不很热心:(1)他们对于由本殖民地状况和其他情况所影响的人民的性情气质不够了解,因而认为随机应变临时产生的法律对我们最合适,英国和其他国家的法律就是这样发展的,因而英国的基本法被称为习惯法。(2)此事将公然侵越我们的特许状,因为特许状规定我们不得制定与英国法律相抵触的法律,而我们肯定免不了会这么做。但在实践中依照惯例制定出法律就不是侵越"。¹ 显然对于地方行政官权力过大的担心比不上对侵越特许状的担心,迟至1648年,马萨诸塞殖民地才颁布了一本法律汇编《一般法律和自由权》。通过对早年司法诉讼的研究,布尔斯廷得出了以下结论:"他们提出的远不是一套粗糙和新奇的通俗法律,也不是按《圣经》创造的体制,而是英国司法制度的一种外行的译本。他们丢三落四、一知半解地把英国律师们的术语套用到美国问题上来"。² 如果说在教会的组织方式上,清教徒们倔犟地采用了公理会这种带有实验性质的方式来保证殖民地的神圣性,在社会生活的其他方面他们并不想进行冒险。他们的目标是要实实在在地建立一个神圣社会,而这就要求社会的高度统一和稳定,他们这种注重实用的精神"将决定性地影响整个美国革命时代的所有美利坚政治思想,并促使美国制度形成温和、妥协和因袭传统的特征"。³

但是新英格兰方式显然还包括了另一个也许更重要的方面,那就是自治。虽然大部分清教徒都同意新社会的基础是神圣的教会契约,但是也许正是因为每一个社会成员都在这个伟大的计划中扮演着不可或缺的角色,新社会的生活使这些在旧世界无足轻重的小民们意识到自己的价值。尤其是在殖民地从一开始自由民的范围就被放得很宽,而在荒野建设家园的过程中,这些在英国从未参与过社会政治活动的普通民众

1　Daniel J. Boorstin, *The Americans: The Colonial Experience* (New York: Random House, 1958), P31.

2　Daniel J. Boorstin, *The Americans: The Colonial Experience*, P37.

3　Daniel J. Boorstin, *The Americans: The Colonial Experience*, P28.

开始越来越清楚地意识到自身的价值,以及通过立法来保护普通民众公民权利的重要性。殖民地日常事务、教会的工作和社区活动、地方官员的权力和义务,所有这些都在不断尝试和探索之中,没有繁琐的固定程序,也没有长篇累牍的文件,尤其是英帝国古老而森严的社会体系和制度把普通民众根本排除在整个行政、立法和施法体系之外。政府如何建成、如何运作从来对小民们都是一件神秘的事情,因为其体制巨大的威胁性,同时从来也无需征求小民们的意见,(即便是对他们征税或是把他们投入监狱之时),于是在旧世界,官僚体系和政府系统是和普通百姓完全隔膜的世界,老百姓被教导安分守己,意思就是不要尝试过问更不要说去改变这种状态了。但是在荒野上建设家园的经历告诉他们,组成政府并不是什么神秘的事情,而政府官员也不应该拥有不可控制的权力。虽然温斯罗普是公正而仁慈的领袖,但是出于清教徒对人性的警惕,尤其是参照旧世界的经验,刚刚获得了宝贵公民权的自由民们希望能用成文法的形式来保证这个新社会不会变旧。通过任用许多市民担任下级官吏——大麻检查员、鹿情报告人、谷物购买人、市镇传报员、食盐称量人、篱笆巡视员——孕育了地方政府的传统。所有官员每年都要经选举任命,在许多城镇,每年大约每10个成年男子中有1人被选为大小官吏。在新英格兰,没有当选过地方官职的人得不到持重和勤勉的声誉。同时,担任过同一个社会职务的人越多,其职能和权限的透明度必然越高,这也是清教社会绝少腐败的原因之一。新英格兰的乡镇自治为普通民众参与政治提供了绝好的练习,难怪托马斯·杰斐逊后来盛赞其为"人类智慧为完美的自治练习所设计的最英明的发明"。[1]

  殖民地的立法经历了艰难的过程,首先是法律专门人才奇缺,无论自由民们多么渴望有一套成文法来保障自身的权利,他们决不愿冒险订立一套粗糙而漏洞百出的法律,因为他们很清楚,这样的法律只能对独

---

[1] 〔美〕加里·纳什著,刘德斌译:《美国人民:创建一个国家和一种社会》,北京大学出版社2008年版,第86页。

裁者有利。第二是因为新英格兰社会的神圣性质，哪怕是对于那些熟练的法律老手来说，要制订一套既符合山巅之城的神圣规范，又不能与英国的法律相左，同时还要兼顾到殖民地新经验给自由民们带来的新的权利，恐怕也是一件非常困难的任务。第三是因为以温斯罗普为首的殖民地行政官员有意无意的拖延。温斯罗普本人非常虔敬，生性谨慎，他坚信在神圣社会行政官员的权力不是来自选民，而是来自上帝，所以对任何限制行政官员权力的立法他都不会积极响应。而根据他在英国学习法律的经验，他更倾向于英国式的习惯法，以前案判决作为后来案件的依据，在殖民地慢慢地积累本地经验，渐渐形成殖民地特有的法律。

但这正是殖民地人所担心的："他们怎么能确信所有这些'先例'都是正确的呢？这些案例慢慢地累积起来，几乎是不可察觉的，根本不给公众仔细斟酌的机会，实际上，它们完全可能成为最终把公众导向奴役的一条条锁链。"[1]在这个问题上，颇为让人意外的是，教会人士一直站在自由民一边。在马萨诸塞殖民地，教会权力和政府权力是截然分开的，但是牧师们仍然拥有很高的影响力，会众相信他们，当然他们也可以通过影响教会成员来影响政府，反过来说，当政府不得不采取一些不受欢迎的政策的时候，他们也指望教会能帮助他们说服会众合作和服从。涉及立法问题的时候，因为他们比常人更了解"上帝的律法"，他们的意见往往会受到严肃对待。虽然在大部分情况下，教会和政府的立场是一致的，但是在限权问题上，牧师们和自由民站在一边。约翰·科顿虽然明确地反对"绝对民主"，但他也反对特权，他说："不受限制的权力正如风暴，一位国王不知道他的权限何在，人民也不知道；但是如果他可以为所欲为，那么他必然会任意而为，最终必会铸下大错，既于其名誉有碍，又有害于国家安全。因此，每个人都应该对上帝所设之限制谨慎行事。"[2]而每年从英格兰新移民来的清教徒更是对旧世界的专制

---

1 Edmund. S. Morgan, *The Puritan Dilemma: the Story of John Winthrop* P169.
2 Edmund. S. Morgan, *The Puritan Dilemma: the Story of John Winthrop* P164.

体制深恶痛绝，他们一定要确保这一切不会在新世界重演。最让牧师们担心的是：由于温斯罗普个人能力极为出众，个人品质也无可挑剔，他在马萨诸塞殖民地如此受人爱戴，他在总督的职位上干得越好，时间越长，总督这个职位就越可能成为一个终身职务，假以时日，是否他会把它变成一个世袭职务呢？因此，在1640年选举的时候，牧师们纷纷出动，四处游说，希望大家不要再选温斯罗普做总督了，同时，他们还派出一个小小的代表团去见温斯罗普，向他说明教会这么做的原因"并非是对他个人有任何意见，相反，他们高度尊重并真诚地热爱他，"他们这么做完全是出于"担心一个人在同一个职位任期过长可能导致终身制，甚至世袭制。"[1] 按照这种马萨诸塞式的公开而透明的方式，他们设法使温斯罗普在1640和1641年不能当选总督，而立法工作也终于有了突破性的进展。

纳撒尼尔·沃德（Nathaniel Ward）是殖民地难得的法律人才，曾在伦敦长期从事法律事务，也许由于他在英国普通法法庭的经历，他对于如何保障"普通民众的合法权利"十分在行。这些权利将构成他起草的《自由权典章》（Body of Liberties）的主体。根据他的法律经验，沃德进行了不少创新来配合殖民地的实际情况，从而使殖民地的司法程序比英国要简便得多，同时，他致力于保障那些所谓的公民"传统权利"，例如陪审团制度和适当的法律程序，但其实这些公民权利在当时的英国还远未成为传统。但是《自由权典章》的意义远不只是"保护马萨诸塞的居民免于政府的专权的一项权利法案，它是整个清教实验的蓝图，企图说明新英格兰方式的方方面面。"[2] 在典章中，许多新英格兰的实验成果被作为法律记录下来：每个城镇选举代表进入普通法庭（这是1634年因为税收问题进行的改革）；每年由自由民选举所有的政府官员。典章还明确了政府和教会的关系：政府在每个教会建立"基督教信仰"，

---

1 Edmund. S. Morgan, *The Puritan Dilemma: the Story of John Winthrop*, P166.
2 Edmund. S. Morgan, *The Puritan Dilemma: the Story of John Winthrop*, P170.

并有权"对教会成员采取必要之民事裁决,但不包括教会关系、教职和教会财产。"教会方面则有权"对作为教会成员之任何政府官员的任何明显之失当采取教会认为必要之措施,"但是"教会的处罚将不会影响到任何公民在共同体中担任之世俗职务及其权限。"换句话说,一个政府官员在当时的情况下必然同时也是某教会的成员,如果教会认为他在行政工作中行为失当,教会完全可以申饬甚或是革除其教籍,但是这些教会的处罚都不会影响他作为政府官员的权力,也不会使他做出的任何行政决定失效。[1]

在很多方面新英格兰方式是史无前例的,虽然建立在英国模式之上,但又完全不同于英国模式。尤其是马萨诸塞各地渐渐兴起的各个小镇,发展出了一种新英格兰特有的地方自治,摩根称其为"一个没有教会官员的教区,没有参事的自治镇,没有领主的领地。"[2] 在《典章》中明文规定了这些自治镇的权利:每个镇的自由民可以制订地方法规,前提是不与殖民地法律相抵触;每年从自由民中选举合适人数之合适人选以管理该镇之相关事务;这些被选举出来的人在数量上一般不超过 9 人,他们不得违背选举他们的自由民团体所给出的相关规定。这也许是人类历史上曾经出现过的最直接、选民范围最广、最实用同时也是最富于创新的地方自治制度,在 150 年的殖民地历史中,这种始于新英格兰的乡镇自治方式将不断完善,而且随着新英格兰热情的牧师以及勇于开拓的其他移民向北美其他地区迁移,新英格兰方式将在北美大陆被不断复制,最终成为美国方式中的核心内容。

通过新英格兰的土地政策,我们也许能更生动地理解这种激进的宗教理想是如何与保守的司法习惯自然地结合起来,在殖民地形成了一种新的生活方式。马萨诸塞海湾公司很少直接向个人出售或授予土地,立法议会批准将大面积整块的土地授予领主们,领主们在领地上建立一

---

[1] Edmund. S. Morgan, *The Puritan Dilemma: the Story of John Winthrop*, P172.
[2] Edmund. S. Morgan, *The Puritan Dilemma: the Story of John Winthrop*, P172.

个定居点，组成一个教会，然后对教会成员和其他人分配土地。第一批分配给移民的土地是围绕着城镇授予移民盖房子的土地，大家都住在附近，个人用地平均三至五英亩。然后再分配较远的耕地，分配给每个人的土地多少是根据接受土地的人的社会地位、家庭成员人数以及他是否虔诚、严肃、勤劳而定。因为试图把不同类型的土地大体上均匀地加以分配，一个17世纪新英格兰的农民可能在城镇的东南西北分得水田、旱地、柴林和水塘。在这些土地分配结束之后，一个教区往往还保留一块公用土地，大家的牲畜都在公地上放牧，教区居民还可以在公地上伐取木材和开采石头。但是殖民地缺乏有土地勘测和分配方面的经验和技术的人，就算是官方的土地分配人也不熟悉地形。1638年在塞勒姆一个土地勘测员要求一些额外的土地作为补偿，因为"在分给他的土地中，有50英亩地全是石头，一点用也没有"，[1]更不用说有的人的土地被分配在一条河流的两岸。随着移民的增多，土地问题变得更加突出。新来的移民往往受到更加严格的限制，未获公民权者往往不能使用公用土地，甚至不能分配土地。而在新开辟的城镇又出现了领主住在旧城镇，却拥有新城镇的土地所有权的问题。这些矛盾不但引起了激烈的争论，还经常引起诉讼。殖民地当局虽然针对土地问题颁布过许多具体的法令和法律，却从未企图通过一次性的立法来集中地解决所有的问题，而是对每一个个案按照当地的环境和英国的相关法令由当地法官酌情审理。所以新英格兰农村公地的消失以及个人土地的集中进行得非常缓慢，只是通过婚姻、遗产继承、交换和出售等个人行为来实现的。殖民地的基本思想是："发展政府制度的主要方式和正常途径是依据惯例和传统，而不是依靠立法和行政命令"。[2]同时，清教徒们始终没有忘记旧世界给他们的教训，英国土地的封建所有制是他们所痛恨的，所以在《典章》中近百条法律条款中，第十条就是专门针对土地所有权制度的。"所有我们

---

[1] "Salem Town Records," Essex Institute, *Historical Collections*, IX, 1868, P45.
[2] Daniel J. Boorstin, *The Americans: The Colonial Experience*, P28.

的土地及其他遗产的继承均无需缴纳任何让渡费用或是让渡许可证费用；也无需缴纳租地继承税¹、监护权税、财产所有权让渡费等等。"²可以想象，温斯罗普一定会确保在马萨诸塞殖民地不会再出现所谓的"监护权法庭"。这种典型的清教徒式的对旧世界邪恶的憎恶加上充分注重实用的精神、谨慎的态度以及对英国经验的选择性吸取成为新英格兰方式的特质，它将在美洲大陆日益培育出一种新的民族特性，这种日后被称为"美国精神"的特性可以在新英格兰方式中找到一些最有代表性的基因。

新英格兰方式表现了清教神权的最初探索：虽然山巅之城是神圣的事业，但同时也是主在地上的事业，是必须经由凡人之手来完成的事业。他们准备用最实际、最稳妥和最谨慎的方式来实施这个伟大的梦想，他们并不想把山巅之城搬到天上去，相反，他们要把上帝之城搬到地上来。从清教徒们踏上美洲荒野的那一刻起，"实验"成了美洲经验的关键词，与之相对应的是"方式"。新英格兰人不关心教义的细微差别，尤其不愿把精力浪费在理论斗争上。1680年牧师们在波士顿宣称："在教义方面我们和其他经过改革的教会完全一致。不是教义、而是教礼教规问题使我们的父辈来到这片未经播种的荒野上，以便自由地实践他们的信仰"。³而他们如此强调的，不过是一种生活方式，"新英格兰方式"可以说是美洲清教徒的独特贡献，是美国方式的前驱。

二 康涅狄格的民主

我们在讨论早期美国历史的时候，往往需要一点历史想象力，比如1630年代的大移民人数不过几千人，而正是因为在这个相对固定而范围较小的圈子里，移民们才有可能进行所有那些将对美国历史产生深远影

1　这是当时英国实行的税制，当佃农去世由他儿子继承遗产时，领主要收"继承税 (heriot)"。
2　Edmund. S. Morgan, *The Puritan Dilemma: the Story of John Winthrop*, P170.
3　Edmund. S. Morgan, *The Puritan Dilemma: the Story of John Winthrop*, P23.

响的实验。在康涅狄格的问题上也是如此，我们必须回到 1630 年代的交通和其他通讯方式来考量康涅狄格和"老殖民地"马萨诸塞以及塞勒姆之间的距离。按照佩里·米勒 1950 年代的看法，1740 年代的康涅狄格"河谷离东海岸（马萨诸塞）比今天的奥马哈离纽约还远。"[1] 从这样的角度而言，当年的康涅狄格是不折不扣的"西部"，而康涅狄格西迁可以说是一次小小的预演，它在很多方面都像是一个样本，正是以这种方式，新英格兰方式在后来美国历史上著名的西进运动中不断被复制，并且在复制的过程中不断被改造以适应新的环境和时代。

康涅狄格的精神导师托马斯·胡克是一位出生草根的牧师，他出生在英国莱切斯特的马菲尔德，整个村子不超过 6 户人家。他通过奖学金接受教育，作为减费生就读于剑桥，这意味着他必须在学校食堂里当侍者。但是这位草根牧师却有睥睨君王的气度，科顿·马瑟说："他这个人在讲课时会把国王揣在衣袋里"。[2] 还在英国的时候，他已经是一位名闻遐迩的讲道师。"讲课是清教的一个特殊发明，令盎格鲁人痛恨至极……讲课者就是鼓动者，利用布道坛传播自由裁判宗教事务的新福音，以及令专制主义不快的其他福音。这样的人之所以不讨查理王和主教的欢心，其原因便不言而喻了"。[3] 劳德大主教的眼线、布瑞恩其的教区牧师塞缪尔·柯林斯 (Samuel Collins) 在他的报告中这样描述胡克过人的影响力："我在艾塞克斯郡看到了很多变化，也见过人们崇拜新的牧师和讲道师；但是这个人（胡克）比他们都要博学，在其他方面也远为优越，并且赢得了比其他任何人多得多的追随者。"[4] 柯林斯因此建议立刻对他采取行动。对胡克的迫害在艾塞克斯引起了极大的骚动，其影

---

1 Perry Miller, *Errand into the Wilderness* (Cambridge, Mass.: Belknap Press of Harvard University Press, 1956), P17.
2 〔美〕沃浓·路易·帕灵顿著，陈永国、李增、郭乙瑶译：《美国思想史》，吉林人民出版社 2002 年版，第 52 页。
3 〔美〕沃浓·路易·帕灵顿著，陈永国、李增、郭乙瑶译：《美国思想史》，吉林人民出版社 2002 年版，第 51 页。
4 Perry Miller, *Errand into the Wilderness* (Cambridge, Mass.: Belknap Press of Harvard University Press, 1956), P19.

响甚至比吨税（tonnage）和磅税（poundage）[1]的问题招致的反对更加激烈。但是柯林斯认为，仅仅让胡克闭嘴还不够，因为他的"精神仍将盘踞在所有的讲坛。"他先是流亡荷兰，但是他的公理宗理论和当地实行的长老会制度格格不入，最后他决定前往美洲。

在神学方面，胡克和科顿一样，都属于非脱离派公理宗。"他们赞同并坚持上帝的教诲是绝对真理，经由基督——教会之首的传达，是有关宗教的唯一圣典和法则"，因此，"任何由凡人发明和设计的教会行为都应从宗教实践中剔除"。[2]他赞同契约神学，认为通过契约方式结合起来的圣徒组成的教会才是真正的教会。作为一个英国人，胡克很早就熟悉基本法的观念以及行政官员权力受基本法律限制的观点。两相结合，胡克也同意在马萨诸塞已经开始实施的一些行政原则：官员们不仅应遵守基本的成文法，并且应该遵从选举他的那个团体的共同意志；如果教众不满意牧师的行为，可以"拒绝和排斥他"，因为"选举他的人也能罢免他"。[3]当然，他也同意在新世界开始的伟大实验，那就是政府和教会携手创造一个神圣社会。无论是从马萨诸塞分裂出去初创康涅狄格的时期，还是后来康涅狄格开创了带有"西部边疆"色彩的独特方式的时期，这些基本原则都没有改变，康涅狄格一直是马萨诸塞最亲密的战斗伙伴，和罗得岛不同，他们在神学问题上从来没有出现大的分歧。

胡克于1633年与科顿同船来到美洲，成为纽顿的本堂牧师，半年以后，纽顿的教众开始抱怨他们的土地土质太差，而且数量也太少，他们向普通法庭申请移民。法庭很快同意他们在特许状范围内随意寻找一处地点搬迁，但是移民们看中的地方不在马萨诸塞，他们拿出康涅狄格

1　1629年查理一世召开议会请求征收吨税和磅税（吨税就是指进口酒按吨纳税，磅税指羊毛货物按磅纳税，这两种税都是进口货物税），这一请求遭到议会的拒绝，查理一世盛怒并解散议会，此后连续没有召开议会长达11年之久。因此可以说吨税和磅税的问题是英国内战的导火索之一，也是导致查理一世最终被送上断头台的原因之一。

2　William Bradshaw, *English Puritanism* (Farnborough: Gregg, 1972), P3.

3　Robert Ashton, ed., *John Robinson's Works* (Boston: Doctrinal Tract and Book Society, 1851), II, P225.

的土地报告，证明河谷地带的土地肥沃，申请离开海湾殖民地，移居康涅狄格。温思罗普反对这样的移民，认为超出特许状移民是"破坏了契约"，因为人们"曾盟誓要结为一体，为了这个共同体的福利而奋斗"，并且"胡克先生的离开不仅会从我们中带走很多人，而且许多本来要来加入我们的人也会去到他那里"，[1] 而且移民们不免会暴露在敌对的荷兰人和印第安人的威胁之下。这些理由都很中肯，尤其是最后一点很快被证明并非温思罗普故意吓唬他们，因为"这个新建的种植园实际上是伸向一个强大而好战的印第安部落领地的前哨基地"，[2] 康涅狄格移民实际上导致了和佩科特人的战争。所以，1634 年 9 月普通法庭驳回了纽顿的申请，但是一年以后，看来人们去意已决，法庭才不情愿地同意了。移民主要来自沃特顿（Watertown）、多切斯特（Dorchester）和纽顿（Newtown），分别在康涅狄格建立了维特斯菲尔德（Wethersfield）、温塞（Windsor）和哈特福德（Hartford）三镇，后来又建了斯坡林菲尔德（Springfield）。其中纽顿的托马斯·达德利和温思罗普曾有冲突，而沃特顿也因为税收问题请过愿，这些历史原因再加上马萨诸塞日益严苛的政治环境，都是康涅狄格移民的原因。科顿在到达美洲以后，很快确立了在波士顿教会的领导地位，而胡克本人不太可能长时间生活在科顿光环的阴影之中。许多康涅狄格的移民是胡克在英国时期的忠实追随者，因此，也许个人恩怨在康涅狄格移民问题上并不是微不足道的原因。但是正如新英格兰时期的许多政治事件一样，一旦分裂成为事实，各个殖民地及其领袖都会以务实的态度来对待，康涅狄格此后一直是马萨诸塞最亲密的战友和伙伴，而在胡克死后，温斯罗普和科顿都表现出对朋友真切的哀悼，对胡克进行了高度评价。

从整个移民的过程来看，康涅狄格的人员构成甚至比马萨诸塞还要单纯，他们是以教会而不是以个人或家庭为单位参加移民的。可以说这

1　John Winthrop, *Journal*, I, P133.

2　John Brown, *The Pilgrim Fathers of New England and Their Puritan Successors* (London: The Religious tract society, 1920), P307.

是对来到美洲的英国移民的再次筛选,只有那些胡克的追随者,那些不满于马萨诸塞现实的人才选择了再迁徙。这一事实也部分地说明了为什么康涅狄格的政治从一开始就比马萨诸塞要民主:虽然马萨诸塞也是由移民自愿组成的共同体,但是内部的分歧却一直困扰着殖民地政府,先是威廉斯和哈钦森,实际上胡克和科顿在准备论问题上也不能达成一致。在殖民地经济稳定发展而英国国内局势动荡不安的情况下,又有许多新的移民进入马萨诸塞,这些人的宗教信仰和神学主张更是五花八门,马萨诸塞当局为了保证殖民地的神圣性,不得不加强神权政治。而康涅狄格则没有这些烦恼,正因为很容易在内部达成一致意见,所以给予更多的人发言权也就是顺理成章的事情。

1636年6月,由胡克带领的坎布里奇信众一百多人带着160多头牛羊,家具辎重由水路运送,起程来到新的家园,第二年五月又有800多人陆续到达。1638年,三镇正式成立为一个新的共同体,政府由一个总督(governor)、六个助手(assistant)和代表(deputy)组成,总督和助手每年由全体自由民在普通法庭(General Court)选举产生。在所有政府官员中,只有总督一人必须是教会成员,所有得到大部分市民承认,以及宣誓效忠共同体的居民都有权投票选举代表。1639年1月14日又颁布了康涅狄格的《基本法令》(Fundamental Orders),对此做了明确规定:选举每年进行,代表由各城镇的居民选出,地方官员和总督由自由民选出,总督任期一年,连任不得超过一届。[1]

在神学问题上,胡克和马萨诸塞正统保持高度一致。在马萨诸塞遭遇重大危机时,胡克总是坚定地站在正统的立场:在威廉斯危机中,胡克是力图劝说威廉斯回归正统的牧师中最富辩才的一个;在哈钦森事件中,他是主持审判哈钦森的教会法庭的两个主席之一,他认为驱逐哈钦

---

[1] Perry Miller, *Errand into the Wilderness* (Cambridge, Mass.: Belknap Press of Harvard University Press, 1956), P36.

森的决定"在所有圣徒眼中都是永远正确的"[1];1643年,他和科顿共同主持了教会法庭谴责长老会教义;1645年,长老会的势力在英国议会中日益增强,新英格兰认为他们应该为新英格兰方式进行辩护,胡克因此写作了《教会戒律大全》与达文波特以及科顿的论文一起送往英国。在《大全》中,胡克郑重申明他的立场和马萨诸塞海湾的所有教会的立场是完全一致的。他认定公理宗教会会议的决议"完全等同于上帝的指令,"他对马萨诸塞教会的权威持有完全一致的看法。实际上,米勒认为在新英格兰"教会中的长老们作为现行法律的唯一阐释者获取了一种几乎不可抗拒的社会力量,而胡克显然是其中的一分子。"[2] 他主张教会长老应该对提交教会的任何事务事先进行磋商,他们甚至应该对涉及任何个人的谣言进行调查,他们可以在私下讨论案件,如果必要,也可以采取法律程序。当然,胡克也拒绝任何宽容的思想,他认为世俗政府应该协助教会以保障宗教思想的统一性,而教会也应该配合政府的工作,其目的正是要保证整个社会的神圣性质。其结果,正如历史学家威廉·哈伯德(William Hubbard)在17世纪晚期时所记载:"在胡克先生在世期间,哈特福德从未稍有不和谐之因素,就算出现了此种事件,他的影响及权威也将轻易使其平定。"[3]

康涅狄格与马萨诸塞在神学上唯一不同之处是在教会成员资格问题上与马萨诸塞的做法稍有出入,而这也完全是出于神学上更谨慎的考虑。当清教徒们在新英格兰尝试建立公理宗教会的时候,他们对于把可见圣徒和普通人分辨开来是很有信心的,这一事实在很大程度上与当时清教徒与英国国教会的斗争有关。在当时的英国,当众陈述皈依历程,成为一个坚定的清教徒本身就需要极大的勇气,在大部分情况下,这样做都意味着会受迫害,在极端的情况下,甚至可能是殉道,因此,没有

---

1 Thomas Hutchinson, *The History of the Colony of Massachusetts-Bay* (Boston, 1764), I, P71.
2 Perry Miller, *Errand into the Wilderness* (Cambridge, Mass.: Belknap Press of Harvard University Press, 1956), P33.
3 Perry Miller, *Errand into the Wilderness*, P33.

人担心承担如此风险和压力的可见圣徒是作伪。可是当清教徒到新世界建立了公理宗教会之后，由于外部的压力消减，而成为教会成员在新社会又实际上成为一种特权，时间一久，作伪的事情时有发生。科顿·马瑟这样写道："现在有大量骇人听闻的丑闻恶行是来自那些做出特殊宗教宣称的人（即所谓可见圣徒）。"¹ 胡克本人对此有自己的看法，他认为仅凭外在的皈依陈述就把大量教众排除在教会成员之外的做法不够慎重，显然这可能导致两方面的问题，一是伪善者混入教会；二是真正的圣徒被摒弃于教会之外。胡克赞成降低入会标准，这样就算伪善者会增多，但起码可以减少圣徒被排除在外的几率。他的这一观点尽人皆知，1643 年有人致信约翰·威尔逊说，在英国，人们听说"有关宗教问题的判断在尊敬的牧师之间产生了重大分歧，甚至导致胡克先生迁移……你们在入会资格上要求如此严格，以至于半数以上的会众都不是教会成员，胡克先生在离开之前曾布道反对（听过布道的人是这样说的）"。² 胡克的确在他的《教会戒律大全》（A Survey of the Summe of Church Discipline）中坦承，他担心这种不完善的入会资格测试会把许多好基督徒排除在教会之外，尤其是他注意到马萨诸塞教会出于许多现实的考虑实际上把许多伪善者留在教会之内。所以，与其说胡克提出降低入会的要求是出于一种"民主"的考虑，还不如说是出于一种对属灵生活的重视，以及对马萨诸塞教会向世俗现实让步的厌恶。但是除此之外，康涅狄格和马萨诸塞在神学问题上的看法和做法是基本一致的，可以说康涅狄格教会就是马萨诸塞教会的翻版，两个殖民地的差别主要在于其行政方面。

1638 年 5 月，胡克对普通法庭布道，主要包括以下三个论点：

I. 对行政官员的选择权属于人民，这是出于上帝的许可。

1　Cotton Mather, *Magnalia Christi Amecicana*, Hartford, 1853, II, P493.
2　Massachusetts Historical Society; John Davis Batchelder Collection, Library of Congress, *Collections, Mass. Hist. Soc.* (Boston: The Society, VII), P10.

2. 因此，属于人民的选举权，在实践中不应根据人们的一时兴起，而应根据上帝的意愿和法律。

3. 选民不仅有权选举行政官员，而且有权设定官员的权限。[1]

必须指出的是，1638年胡克的这次布道与其说是他的政治主张，不如说是他对康涅狄格成立两年以来行政方式的总结。在康涅狄格殖民地的政治构成方式中，人们将再次体会美洲荒野作为美洲生活的重要因素所起的作用。在移民们迁往康涅狄格以后的一段时间里，他们实际上还没有获得当地土地的所有权，所以他们无法像马萨诸塞一样根据特许状建立政府，最实际的办法就是从已经建立的4个城镇里分别选出两个代表组成临时政府。1636年3月到1637年3月的康涅狄格政府就是这样一个临时机构，在此期间，各个镇也没有另外选举政府官员，重大事务的决策是通过业主集会来表决的。在美国历史上还将多次重复这样的过程，在一个边疆性质的社会，业主既然在共同的事业中承担了风险，就应该享有相应的表决权。到1637年选举的时候，八位官员里有七位连任，人们实际上承认了这种根据地理区域来分配代表的做法。

如果说在马萨诸塞，温思罗普更强调契约神学中的教会之约，那么胡克在康涅狄格则更多地实践了社会契约。在没有特许状及其他成文法规的情况下，要在一个边疆性质的荒野建立一个全新的社会，虔诚的清教徒们所能想到的唯一方式就是将圣约概念运用于世俗团体："每个由成员通过相互依赖和保证，以契约方式构成的团体"都和"按照福音，以契约方式结合起来的圣徒组成的可见教会"一样，"他们相互定约，遵守一定的条款，建立特定的秩序……团体中的每个成员必然愿意遵守约束，为这个团体中的其他成员负责，为增进团体的利益服务，否则他就不能称为这个团体的成员"，而"权威的基础首先在于人民的自愿

---

[1] Frank Charles Shuffelton, *Thomas Hooker 1580-1647* (Princeton, N.J.: Princeton University Press, 1977), P195.

赞同"。[1]在这个由信众相互订立契约建立起来的社会中，人们约定以圣经和上帝指引的方式生活，而政府官员不仅要受到神圣教义的约束，还要受到公众选民的监督。既然契约是由民众自愿签订的，那么任何行为是否符合契约的精神也只能由人民自己决定。因此，教士们无权制定法律，只是执行上帝和常识规定的律法，而且他们在这些律法面前也毫无特权，实际上，他们和政府官员一样，只是公众意志的执行者。同时，因为社会契约不仅是社会成员之间的契约，尤其是整个社会作为一个团体与上帝签约，所以上帝将以整个社会的行为来考察其成败，与个人的救赎不同，上帝并不会在决定该社会团体的成败之时考虑到他们是否教会成员，所以没有任何人可以被排除在神圣事业之外。

虽然马萨诸塞也以神圣事业和团体契约来定义其社会，但是毕竟马萨诸塞是北美清教移民的第一站，神圣事业的实验刚刚开始，清教领袖们行事谨慎，他们更强调可见圣徒在新社会中的支柱地位，尤其因为害怕走错了方向而导致整个事业的倾覆，他们更强调让那些最能理解圣约精神的人来阐释圣意并引导大众，因此，在马萨诸塞，行政官员和教会长老的地位和作用得到更多的强调。而康涅狄格移民建立在马萨诸塞的实验基础之上，这次移民的成员大部分都已经过了1630年的大移民和马萨诸塞初创时的摸索阶段，他们有信心在第二次的移民中投身到更直接、更光荣的事业中去，那就是清教实验最终的任务：在尘世建立一个神圣社会。而这个社会的所有成员，不论他是否教会成员，必然承担相应的神圣义务，同时也有权享有所有的公民权利。正如威廉·哈伯德在他的《新英格兰史》中所说："他们缔结了一个联合体，并通过共同协议构成一个公共团体，他们制定法律法规以为创建一个世俗政府必要之基础……这也许正是为什么该殖民地（康涅狄格）比马萨诸塞殖民地设定的自由民范围更广的缘故；并未将他们的世俗政府的自由权限定在教

---

[1] Thomas Hooker, *A Survey of the Summe of Church Discipline* (London: Printed by A.M. for John Bellamy, 1648), P50.

会成员之内；因为当一个政府建立在民众的同意之上时，势必扩展其公民权，否则，该政府将缺乏足够之权威或至少名不副实。"[1]

胡克政治理论中最具民主色彩的是第三点，也就是选民对他们选出的官员的权力有限制权。他曾致信温思罗普："我赞同你所设立的大部分原则，我同意人们应该从他们中间选举官员，我同意人们应该向他们的顾问征询意见，向他们的法官寻求判决：问题就出在这里，法官们又应该根据什么来做出判决呢？第二，这个顾问又应该是谁呢？"[2] 胡克本人出身贫寒，对贵族统治和精英政治持怀疑态度，温思罗普认为总督的决定就是上帝的决定，"总督无论做出什么裁决，那都是主的判决，尽管他并不依照公民权威的规则进行裁决"。[3] 胡克则认为："我担心这样一个过程需要安全和保障。我必须承认，我从来就把它看作直接通往暴政的一个途径，因此也是通往混乱的一个途径。我必须清楚地说明，如果能随我意，我决不选择在这样一个政府的统治下生活，也不把我的后代留给它"。[4] 把公理宗教义延伸到政治领域，胡克认为人们既然是签约组成社会，那么也应该由他们决定政府的权限，决定政府官员们必须遵守的法律："如果是无足轻重的小事，可以咨询一般的顾问；而涉及公共利益的重要事务，则要咨询全体人民选举的协商委员会。我认为，这是最适于统治、最能保证为全体人民排忧解难的协商形式"。[5] 因此，许多历史学家都认为1634年代表们在马萨诸塞向温斯罗普发难，要求更多的公民权和1633年胡克移民至新英格兰是有直接关系的。哈伯德就曾写道："很明显，胡克先生到来之后，许多自由民开始变得非常珍惜他们的自由权。"[6] 因此，当胡克和他的追随者们离开马萨诸塞之后，1639

---

1 *Collections*, Mass. Hist. Soc., V, P309.
2 J. T. Adams, *The Founding of New England* (Boston: Simon Publications, 1921), P194.
3 Winthrop, John. *A Defence of an Order of Court*, from *The American Puritans: Their Prose and Poetry*, ed. by Miller Perry, (Garden City, N.Y.: Doubleday, 1956), P35.
4 J. T. Adams, *The Founding of New England* (Boston: Simon Publications, 1921), P194.
5 Frank Charles Shuffelton, *Thomas Hooker 1580-1647* (Princeton, N.J.: Princeton University Press, 1977), P122.
6 *Collections*, Mass. Hist. Soc., V, P165.

年 10 月，康涅狄格组成委员会编撰了所有现行法律并于当年发表，有人甚至称其为"现代民主的第一部书面宪法"。¹ 这只不过是康涅狄格正式成立后一年的事情，而这时候，在已经建立近十年的马萨诸塞海湾殖民地，代表们还在为此不懈斗争。

在宗教改革中被一再强调的"因信称义"学说本身就具有不可压抑的民主思想成分，它使得一般人也有可能胜过学者和精英。胡克曾说："简而言之，就算这个世界上最可怜的圣徒，他啥也不懂，简直就是一个自然的傻瓜，但他也比一个经纶满腹的学者，比世界上所有最聪明、最博学、最了不起的学者都更能理解上帝的恩典，更能得到基督的怜悯"。² 这样的神学理论最终肯定会导致其政治结论：民主政治必将替代精英政治。正是从这个意义上，胡克在康涅狄格的实践被称为"美国民主的起源，而胡克比任何其他人都更有资格被称为美国民主之父"。³ 但是一定要清楚的是，从具有民主因素的神学思想和带有民主色彩的康涅狄格行政方式到现代意义的民主政治还有很长的路要走。实际上，清教领袖们，包括胡克，对民主政治是持否定态度的。亨利·爱恩斯沃斯 (Henry Ainsworth) 曾说："我们不实行民众政府，我们也不赞成民众政府，因为如果由大众来统治，那谁又是被治者呢？"⁴ 根据正统的清教思想，世间的三种政治制度：君主制、贵族统治和民主制"都能在基督的教会里找到他们的位置：在上帝和基督方面是君主制；在教会长老方面是贵族统治；在教众团体方面是民众政府"。⁵ 没有上帝和人的神圣关系就谈不上人与人之间的政治关系，所以新英格兰的一切政治关系都是建

---

1 Charles Borgeaud, *The Rise of Modern Democracy in Old and New England* (London: S. Sonnenschein ; New York, N.Y. : C. Scribner's Sons, 1894), P123.

2 Thomas Hooker, *The Soules Vocation* (London : Printed by I. Haviland for A. Crooke, 1638), P108.

3 John Brown, *The Pilgrim Fathers of New England and Their Puritan Successors* (London: The Religious tract society, 1920), P307.

4 Henry Ainsworth, *Counterpoyson* (Amsterdam: G. Thorp, A[nn]o D[omin]i 1608), P103.

5 Robert Ashton, ed., *John Robinson's Works* (Boston: Doctrinal Tract and Book Society, 1851), II P140.

立在公理会教会基础之上的，严格来说，没有任何我们今天广泛使用的政治用语如"民主"或"公民权利"是完全适用于当时的情况的。新英格兰方式是一种过渡形态，它既包含了许多现代社会的元素和基因如民主和平等，但同时也带有当时的时代特征如宗教至上和中世纪残余，要是脱离这个历史背景，就不免得出错误的结论。

因此，与其说康涅狄格建立了一种"民主制度"，还不如说康涅狄格相对更"有教养的"波士顿和塞勒姆而言建立的是一种更本土、更适应美洲生活的"荒野方式"，从这个制度中将产生美国殖民史上最富开拓精神的人物：斯托达德(Stoddard)、爱德华·泰勒(Edward Tylor)、乔纳森·爱德华兹，当然还有美国历史上最具个性、最富深思的女诗人艾米丽·迪金森(Emily Dickinson)。所有这些人的精神都深植于清教思想的深厚传统之中，如果说温斯罗普的波士顿是清教徒在美洲的滩头阵地，那么，真正把实验进行到底的人是康涅狄格的再移民。佩里·米勒很有见地地指出，康涅狄格移民是基于一种神学上的更高抱负，他们要"追求比上帝赐予波士顿移民更伟大的成果。"因此，我们甚至可以说，正是这些康涅狄格的移民"开始展现出清教使命的隐秘的意义"，米勒更是高度评价胡克在神学和修辞意义上对清教使命的独特贡献："正是胡克为所有新英格兰在建立神圣的教会原则方面的论文做出了最博学、最具学术性的摘要。"[1]胡克以他特有的高姿态的谦逊方式为新殖民地的粗鲁无文而致歉，因为"它来自于荒野。"正是这种对美洲本土特性的探索和对清教使命的更深入地发掘使康涅狄格实验在新英格兰清教实验中占有特殊地位。如果我们只看到康涅狄格实验的民主的一方面，正如我们在威廉斯身上只强调宗教宽容和政教分离的原则一样，是不符合历史实际的，而且我们也只有从清教使命的角度才能真正理解胡克的意图以及康涅狄格实验的意义；但是我们也不应忽视其历史后果，不能因为

---

[1] Perry Miller, *Errand into the Wilderness* (Cambridge, Mass.: Belknap Press of Harvard University Press, 1956), P18.

清教领袖们对民主理论上的排斥就否认他们在实践中的民主成分,以及新英格兰方式中的民主基因对美国式民主的深刻影响。

要正确评价康涅狄格的意义,也许还是应该把它放在新英格兰整体中来看比较客观,它是新英格兰方式的重要组成部分,它所体现的理想和结出的果实都明显地带有新英格兰特征。和马萨诸塞、罗得岛一样,康涅狄格是一个基于自愿原则,以契约方式结成的社会,在这里人们完全摒弃了贵族和封建的传统,在教会和世俗政府两方面都实施了民主、自治的原则。虽然在实践中各殖民地侧重的方面不同:马萨诸塞强调教会的纯洁性,强调让更有智慧的那部分人领导社会走神圣之路;康涅狄格强调公众的利益和公众意志的表达以及由成文法保障其实施;罗得岛强调宗教信仰自由以及政教完全分开;但是总的来说在新英格兰建立起来的社会是一个新型社会,它明显带有现代社会的特征,彻底告别了封建专制和君主独裁。正是从这个意义上说,清教徒的美洲使命是导向了人类的未来,美洲实验的成果对全世界都意义深远。

三 请愿、选举及其他民众参与方式

要理解 17 世纪的新英格兰,首先要明确一个基本事实:这是一个清教社会。清教徒们从英国远涉重洋来到美洲,目的是要按自己的理解建立一个理想社会,这也是为什么在新英格兰,人们特别热心公共事务的基本原因。清教导师威廉·埃姆斯曾说:"为他人谋利益、造福他人,是所有人的责任……爱上帝不能不包含对邻人的博爱……两种爱缺乏任一种都不可能是真敬虔",[1]清教徒不可以独善其身,"社会参与是基督徒的使命"。[2]山巅之城概念的核心在于神圣社会的每一个成员都积极地参与其中,既分享荣耀,也分担责任。威廉·珀金斯认为:"无论是

---

[1] Charles H. George, and Katherine George, *The Protestant Mind of the English Reformation, 1570-1640* (Princeton: Princeton University Press, 1961), P155.

[2] 〔美〕利兰·赖肯著,杨征宇译:《入世的清教徒》,群言出版社 2011 年版,第 230 页。

谁……如果他为自己谋利益，完全是为自己，而不为社会公益着想，这人就背叛了他的天召。那种'人人为自己，上帝为人人'的说法，是丑恶的。"¹ 在天主教传统中，圣徒被描绘为离群索居、闭门苦修的形象，而清教传统却从来都是积极入世的，甚至有清教徒把当地的一位商人约翰·胡尔（John Hoole）赞颂为"地上的圣徒"，这是因为他没有逃避现实，而是"生活在世上一切的必要事务和紧急事务之中。"²

除了积极入世的观念，清教对政府职能的理解也是北美清教徒热心公共事务的神学基础。约翰·达文波特（John Davenport）在面对公众的选举日布道中声称："人对人进行有秩序的统治……从根源上讲，这是来自上帝"，³ 而滥用这种权力，则是对上帝的背叛。清教徒向北美殖民地移民这个事件本身被赋予很高的宗教期待，而使命观念是其中核心的概念，托马斯·亚当斯（Thomas Adams）将"人的政府"视为"最高、最忙碌的天职"，约翰·巴纳德（John Barnard）也说："政府的最终和最高之目的，和所有人及其一切行为的最终目的是一致的，即：让上帝凡事得荣耀。"⁴ 这就使得政府的职能具有一定的开放性，当公众一致理解某项职能是公共并且"荣耀上帝"之事，这往往意味着政府责无旁贷，需要负起相应的责任。同时，这多多少少也意味着政府的行为受公众的监督，政府一旦滥用其权力，公众往往对其进行神学和宗教性的批评，认为这是对其神圣使命的亵渎。这种情况明显地异于当时世界上的大部分地区。

17 世纪初，英国的政治讨论仍然限制在少数国家和地方精英圈子内部，严格遵守着"秘密和特权的规则"⁵，15 世纪在议会中形成的自由发

---

1 〔美〕利兰·赖肯著，杨征宇译：《入世的清教徒》，群言出版社 2011 年版，第 234 页。
2 Perry Miller, *Nature's Nation*, (Cambridge:Harvard University Press, 1967), P38.
3 Perry Miller, *The New England Mind: The Seventeenth Century* (Cambridge:Harvard University Press, 1953), P421.
4 〔美〕利兰·赖肯著，杨征宇译：《入世的清教徒》，群言出版社 2011 年版，第 232 页。
5 David Zaret, *Origins of Democratic Culture*, P7. 扎瑞特认为要弄清民主的起源必须回答以下两个问题：第一，政治交流是何时、何故不再遵从秘密和特权的规则？第二，对公众意愿的掌控如何成为政治话语的核心特征？

言的习惯在多铎王朝发展成为一种传统，但是"泄露国会发言是一种刑事罪"，"政治话语中的公众参与被严格限制在接受的一端，他们仅限于公开接受权威的象征性展示。"[1] 在17世纪初，英国政坛还没有"党派"，没有"异见"，没有不同政治观点可以公开交换意见的公共空间。传统的公共领域还仅限于那些华丽的仪式性场合，比如就职典礼、出巡、祭祀等等，其共同功能是展示和说明臣民和统治者之间的从属关系。"等级制度内置于文化、政治、宗教和社会之中；服从和顺从是基本的行为规范"[2]。

但我们同样不能忽略的另一个事实是，"在17世纪的英格兰，权力总是，而且在任何地方，都受到限制"。[3] 这是清教徒们继承并带到美洲加以发扬光大的重要遗产，其中一些具体的做法只是在近些年才开始得到学者的关注，而请愿是其中比较有代表性的一种曾经被忽视的公众参与方式。

请愿原本是一种英国政治文化的惯例，人们可以为"任何可以想象得到的不满向当局"申诉。哪怕是高高在上的英王，也不能完全忽视民众的请愿。詹姆士一世1604年从苏格兰到伦敦去即英王位的路上，就"受到各式各样请愿的连番轰炸"，最终促使他召集议会，目的是减轻"我们人民的所有不满和怨恨。"[4] 此后，处理各式各样的请愿成为英国议会的一项基本事务，甚至在克伦威尔统治时期也没有间断。17世纪中期，请愿发展为一种鼓动公众的手段，请愿不再是一种个人或小团体的行为，而带有了更多政治色彩，许多请愿书被印刷出来，广泛传播。但是，无可否认的是，在英国，请愿仍然被认为是犯上作乱，虽然在

---

1 David Zaret, *Origins of Democratic Culture*, P7.
2 David D. Hall, *Puritanism and the Reforming People: Transformation of Public Life in New England* (Alfred A. Knopf, New York, 2011), P10.
3 David D. Hall, *Puritanism and the Reforming People: Transformation of Public Life in New England* (Alfred A. Knopf, New York, 2011), P10.
4 David Zaret, "Petitions and the 'Invention' of Public Opinion in the English Revolution," *American Journal of Sociology* 101(1996): 1498.

1640 至 1650 年代，请愿像"传染病"一样，成为了一种社会风气，但是英国政治话语中对请愿的定位并未改变。

在当时的英国，请愿可以被大致分为两种。一种是无力无权的小老百姓的无奈呻吟，是一种绝望的自杀式的姿态，其结果要么是被完全无视，要么是被无情镇压；另一种则演变为政治阴谋，或根本就是政治阴谋的一部分，往往伴有军事行动，成为社会动荡的一种因素。而无论哪一种请愿都不是建设性的，无法成为一种和平、合法的日常政治改革的途径和元素。

第一种请愿多半是个人行为，对公共生活具有影响的是第二种请愿，而这种请愿多半规模巨大，其影响公共生活的方式也各有不同。大规模的请愿活动有时候是从远离政治中心的偏远地区开始，不论其起源为何，（通常是和百姓的苦难直接相关，如水灾、旱灾、瘟疫流行等），但其规模的扩大往往都是由把持地方权力的中心人物授意而成，因此这种请愿最后的处理往往也是权力斗争的工具和权衡的结果，小民的利益被随意出卖，即便是有所收获也只是权力斗争的副产品，和公众意愿毫无关系。

请愿的规模巨大，显然也是有人精心组织的结果。"有的请愿书上签名多达两万个，大部分来自郡县的请愿书签名从三千到七千不等。"[1] 在大部分平民根本不识字的情况下，可以想象，要征集这么多签名需要动用多少资源，而动用这些资源的目的绝不可能是为了这些签名者的福利。在这些大规模的请愿活动中，往往也有其平民代表，但是因为他们本身权力极为有限，往往不得不依靠某些传统权威和势力，最终反而变质。这一点和北美殖民地的平民代表截然相反，因为殖民地的平民代表手中握有实权，这是其政权构成方式决定的，如果需要，他们甚至可以把总督选下来，而他们也的确那么做了。

在清教徒们移民到北美以后，请愿作为一种政治传统，被自然地保

---

[1] David Zaret, *Origins of Democratic Culture*, P222.

留下来，居民个人往往因为一些"不公正"的待遇向殖民地政府请愿，其原因林林总总，从自家的农作物被邻居家的公猪吃掉到分配的土地无法耕种，都是和日常生活息息相关，必须立刻得到回应的内容。殖民地政府也责无旁贷，无论请愿的内容多么琐屑，总是不厌其烦地一一作答，后来因为殖民地的请愿实在太多，许多殖民地政府还专设了处理请愿的机构专门处理居民的个人请愿。

"1645年呈递给常设法院的大约有50起请愿，同年呈递给康涅狄格政府的请愿数量较少——在康涅狄格和在马萨诸塞一样，不论是否自由民都有权请愿——这些请愿包括了各种不同的事件，大部分是地方性的：有人希望获得允许在本镇出售葡萄酒和啤酒；债务人要求延期清账；一群人要求批准建立一个新镇或是对政府的某项决定表示不满。人们常常会要求减免某项罚款或其他处罚，如1640年莎拉·戈斯(Sarah Gosse)为她的丈夫辩护说他'管不住……自己的舌头'是因为'他的精神紊乱'。她说20英镑的罚款'对我自己和孩子都很不公正'，她得到了沃特敦镇牧师和其他头脑人物的支持。四年之后，康科德的高级牧师彼得·伯克利(Peter Bulkeley)为一件类似的案子带头请愿，一位名叫马丁的男子因为'反对教会圣约的言论'被罚款，但是目前他正经历'个人财产的巨大衰退'，这影响到了他的家庭。正如经常发生的那样，法院减免了戈斯的罚款，很可能也减免了马丁的。在马萨诸塞，人们都知道请愿是一个很好的方式可以获得这种或那种减免和救济，当地居民罗伯特·凯恩(Robert Keayne)把这一常识表述得很清楚，他说他决定不用"请愿"去麻烦"法院豁免或减少"对他的一项"迫害性"的罚款，虽然他的"许多朋友都建议"说'法院很可能会乐意抓住这个机会来改变当时仓促做出的决定'"。[1]

作为团体的请愿，在新英格兰最常见的请愿是为了获取土地。因为

---

[1] David D. Hall, *Puritanism and the Reforming People: Transformation of Public Life in New England* (Alfred A. Knopf, New York, 2011), P88.

特许状的缘故，土地一开始是为马萨诸塞州海湾公司所有，殖民地政府成立之后，以分配的形式多次赠予土地，清教徒家庭依照其人数、社会地位等等因素得到相应的份额。而如果一个教区要扩大或是迁移，则需要更多的土地，这个时候，其标准程序是由该教区的领袖牵头，由教区成员签名，正式向殖民地政府递交请愿书，然后通过殖民地议会讨论，获得土地使用权。在此期间，殖民地政府也可能会以土地为筹码，逼迫该教区承认政府权威，例如在塞勒姆教区是否聘用罗杰·威廉斯的事情上，殖民地政府就是通过土地问题来施压的。但总体而言，关于土地的请愿一般来说只是一个形式，最后教区都会获得想要的土地。

　　这一事实应该得到更多的考量，即：应对民众请愿，不论是个人请愿还是团体请愿，都被认为是殖民地政府的基本职能和责任。请愿不再被认为是乞求特殊待遇，相反，请愿更像是对既定法律的灵活补充。法律的制定只适用于普遍的情况，而特殊的情形，则通过请愿来获取特殊的关注。在英格兰，这种特殊关注被认为是领主或君王的特别恩赐，如果得到，是你的幸运，需要特别感恩，而得不到则是常态。在新英格兰，情况则相反，因为法律的制定尚处于摸索状态，特殊情况较秩序稳固的旧世界本身就更多，而更因为殖民地政府的性质，民众更理直气壮地要求政府关注并处理任何一个特殊状况。请愿对于殖民地人来说，是告知政府，而不是乞怜。"不论请愿的形式为何，公众请愿已经成为新英格兰公众参与文化的重要方面，它是把助理、行政官、牧师、地方官员和殖民地人民的日常需要联系起来的有效手段。"[1]

　　新世界和旧世界的请愿并不能简单地划分为好的，或是不好的，民主的，或是不民主的。相反，我们应该从其发展的自身情况和时代背景来更深入地研究其差别、造成其差别的原因，尤其是这些差别带来的不同历史后果。

---

[1] David D. Hall, *Puritanism and the Reforming People: Transformation of Public Life in New England* (Alfred A. Knopf, New York, 2011), P89.

在旧世界，如前所论，请愿在个人层面往往是软弱无力的、自杀式的、乞怜性质的，其结果往往是被无视、被滥用、甚至遭致杀身之祸。另一方面，各个团体和政治势力都开始利用请愿作为一种政治手段，导引民意，给当局施压，所以，在英国，更受关注的是这种团体政治性的请愿。有领袖、有组织、有运作，社会影响大、参与人数多，虽然其参与的程度各有不同，但说到底，虽然出演的是"群众演员"，但性质上却是精英游戏。请愿书上的签名虽多，但真正想要办成此事、事实上有能力促成此事的，还是在政治势力斗争中处于风口浪尖上的重要人物，民众的意愿一如既往地被无视。所以这种请愿虽然表面上参与人数众多，似乎涉及公共意愿，但实际上和旧世界的其他传统政治方式并无本质区别。

北美殖民地的请愿和旧世界的请愿有一个根本的区别，就是其个人化。它的规模小，要求具体而微，最重要的是，当一个殖民地人提出请愿的时候，他是认真的。他希望他的要求得到答复，不论这个要求多么微不足道，但对他个人而言是很重要的，而事实证明这种请愿也几乎总是得到答复的。这就和旧世界的请愿有了根本的区别，也使得请愿成为殖民地政治参与方式的一种。由于人们发现个人的事务通过请愿可以得到关注，而地方事务通过当地居民选举代表又能得到更大的关注，渐渐成为立法程序上的一环。这就使个人要求和社会立法有机地联系起来，法律的制定第一次会因为普通百姓具体而微的要求得到改变。这是美国式民主的一个特点：从个人、从社区、从小地方利益着眼，因此个人事务和公共事务有机地联系起来，使得民主的一个基本概念得以实现，那就是社会发展的目的是为公民个人的福利服务的，而公民为着自我的福利着想，可以更自由、更理直气壮、更有法律保障地参加到公共生活中去，这是民主的最终目标，也是检验民主真伪的一个基本标准。

在美国并不是没有出现过有组织、有计划的大规模请愿，但是每个个人参与到这种大型请愿抗议集会活动中去的方式却和旧世界颇有不同。在进入现代之后，美国历史上出现了多次大规模的群众请愿，例如

20世纪60年代民权运动中的"进军华盛顿",2011年席卷全美的"占领华尔街"等等运动都是如此。参与请愿的人数众多,但其组成的多元化同样明显,他们既不从属于同一政治团体,也不从属于同一宗教组织,更不是追随某一个政治领袖,或是由某一个利益团体操纵才来参加请愿的。他们都是出于个人的原因,认同于某一个请愿的具体主题,而参加的方式也是很松散的联合,既然只是在某一个主题上同意于某项请愿活动,必然在许多其他方面仍然保留自己的意见和想法,既不认同于任何组织和团体,自然很难约束他们的行为和言论。所以,在一个大型的请愿活动中,美国人都在进行自己的小请愿。这和传统政治中只见团体,没有个人的群众运动很不一样,在传统政治中,要找到某项运动的几个领袖是很容易的,只要把他们解决掉,运动即告流产,因为其余的人都是暴民,是从众,没有真实的力量,一旦失去首领,即化为一盘散沙。而美国的大规模请愿往往都会有立法结果,这是因为参与请愿的人都是因为某一个具体的问题而来的,这个问题不解决,总是会有人以某种方式继续抗议,并不会因为某一个领袖被抓捕,或是某一次集会被驱散就使抗议终止。

要平息请愿,就得先解决问题,这也是美国政府在历次请愿活动中学到的经验,而他们也正是这样做的。民众并不将请愿视为对抗政府的手段,相反,请愿在美国历史上一直是联系政府和民意的桥梁,民众通过请愿将个人无法解决的问题提交公共事务管理机构处理,如果迟迟无法得到满意的结果,则请愿演化为更大规模的抗议和集会,最终促使政府的关注和促进问题解决的进程。而政府也将民众的请愿视为民众参与的合法途径,政府有处理个人和地方请愿的日常机构,面对大规模的抗议和集会,政府固然要严正以对,但却不是想要揪出异己分子,压制反抗情绪,相反,解决问题是第一要务。找到引起如此大规模不满的问题,并通过合法途径来解决,通过立法来长效保证该问题不再发生,这是美国政府处理请愿的传统做法。

以2011年的"占领华尔街"大规模民众请愿活动为例,该运动涉及人数众多,规模宏大,历时近一年,但却迟迟未能达成任何明确的结果,最后似乎不了了之,无疾而终。这是因为认同于"占领"运动所提出的问题的人很多,可是这些问题却过于抽象,如社会公平、贫富差距、甚至人性贪婪等等,不像奴隶制、民权,或女权问题那样容易有明确的解决方案。但是是否"占领"运动和类似的请愿活动就于事无补呢?恐怕也不是,从事后这几年的情况来看,美国的医疗改革、税制调整、针对大企业,尤其是大财团的相关立法都在跟进,这不能说和当年的大请愿毫无关系。民意的表达,尤其是大规模、涉及社会大问题的民众活动不会也不应该预期立竿见影的功效,但却应该对政府的长效性政策产生影响,这是政治成熟的表现。

显然,请愿并不是民众参与最基本、最受关注的方式,当"民主"一词被提及的时候,第一个被联想的民众参与方式肯定是投票。美国人对投票和选举的热情哪怕是在政治活动已经平庸化和形式化的今天仍然是令人惊讶的。沃尔特·惠特曼(Walt Whitman)热情洋溢的诗歌《选举日,1884年11月》,盛赞美国的选举比尼亚加拉大瀑布更为壮丽,是最具美国精神的"最壮观的景象和表演"。的确如此,对于社会构成、价值取向、文化传统都十分多元的美国社会来说,"来自这个庞大国家各地的人们在同一天同时做同一件事,而且有十分相似的感受。在这个国家,除了节日庆祝仪式,没有什么东西比选举更能调动群众。"[1]

新英格兰的乡镇自治一向被认为是美国式民主的源头和范本之一,但是具体到当时哪些人有权投票、这些人占人口总数的比例多少、这些人在投票的时候有多少是出于自愿,又有多少是顺应当时的政治传统和仪式压力?对于这些问题,学者们却有着非常不同的答案。一个比较权威的数字是马萨诸塞的自由民仅占男性的20%或25%,这个数字曾经被多次引用,包括詹姆斯·特拉斯洛·亚当斯(James Truslow Adams)

---

[1] 〔美〕迈克尔·舒德森著,郑一卉译:《好公民:美国公共生活史》,北京大学出版社2014年版,第3页。

和佩里·米勒这样的清教研究专家都曾对此深信不疑，这也是新英格兰政权组织形式被称为"寡头政治"的主要数据支持。更由于在很长一段时间内，马萨诸塞和康涅狄格的自由民权和他们是否教会成员有直接联系，新英格兰也曾被称为"神权统治"。"在1960和1970年代，有几位历史学家想要量化在马萨诸塞、纽黑文和普利茅斯殖民地被承认为"自由民"的人的百分比，所谓"自由民"，是唯一有权在殖民地选举总督、行政官和助理时投票的人。由于没有准确的数据，很难得出一个明确的答案，但是最后大家达成了基本一致意见，那就是到1647年大概百分之五十的成年男性——在有的城镇可能达到65%或70%，而在有的城镇可能低至40%——在马萨诸塞殖民地成为了自由民，虽然这个数字可能在此后的几十年里有所下降。在普利茅斯、纽黑文、康涅狄格和罗得岛，该百分比在1640年代可能还更高。这些研究结果粉碎了"寡头政治"范式的一个决定性前提，那就是少数人通过严格地限制哪些人可以投票选举总督和行政官来统治多数人。"[1]

这个研究结果解决了多少人有投票权的问题，但并没有解决他们在投票的时候，有多少自由意志的问题。米勒认为在殖民地，人们年复一年选择同一批人做社会和宗教领袖，这说明当年的投票与其说是民意的表达，不如说是一种仪式，公开地确认大众对殖民地领袖的同意。而迈克尔·舒德森更是直呼其为"恭顺"传统，把当时的政治形态称为"同意政治"(politics of assent)，认为"新英格兰的模式仍然反映出这样一种基本认知：政体只有一个共同的善，本地杰出的、富有的、根深叶茂的家族的领导者可以代表这种善。在新英格兰，……异议和冲突是不能被接受的"。[2] 但是投票"同意"殖民地政府和绅士阶层的统治是否就违背了普通民众的自由意志和他们的利益呢？舒德森同样也注意到："选

---

[1] David D. Hall, *Puritanism and the Reforming People: Transformation of Public Life in New England* (Alfred A. Knopf, New York, 2011), P92.

[2] 〔美〕迈克尔·舒德森著，郑一卉译：《好公民：美国公共生活史》，北京大学出版社2014年版，第4页。

举……可以把明显不同的甚至是相互矛盾的政治文化观念令人信服地结合到一起。换句话说,选举这个仪式既肯定了社会等级制度,也提醒公民一个政府必须获得民众认可才有合法性……人们会自愿地把票投给那些天生的社群领袖,但是社群领袖也必须接受社会共识,知道哪些权力是政府官员不能行使的。"[1]

在讨论公众参与的方式时,我们首先应该考虑的应该是它的宗教生活,也就是公理会的教会组织形式。虽然前文对此有较详尽的描述,但在讨论公众参与的时候,我们不应忘记,清教徒们在他们最看重的宗教问题上是具有远高于其他社会的参与权的。他们可以自由选择教区的牧师,可以参与教会成员的筛选,可以对牧师的讲道进行讨论甚至批评,而这些权利在英格兰都是不可想象的。

至于说到言论的自由,从哈贝马斯以降,学者特别注重出版物和咖啡馆在开拓公共领域中所起的作用。这种衡量方式并不适用于新世界,殖民地的第一份报纸《国内外公共事件报》(*Publick Occurences Both Foreign and Domestick*)出版于1690年,而且因为是非法出版,根本就没有出过第二期。殖民地第一份连续发行的报纸《波士顿新闻报》(*Boston News-Letter*)出版于1704年。而咖啡馆文化在殖民地也远不如在欧洲和英国那么流行,清教社会并不鼓励民众在咖啡馆、小酒馆逗留。

比起正式出版物,早期殖民地更常见的文本是书信、布道文、手抄小册子;比起咖啡馆,殖民地人更常聚集在一起的地方是教堂;比起知识分子的讨论时事,殖民地更多的是普通人关于地方事务的小道消息。1636和1637年关于唯信仰论的论战异常激烈,促使论战小册子的写作和明确的批评激增,到此次争议结束的时候,大约出版了25种小册子,全部都是手抄本。有时候甚至一个普通的平信徒也可以挑战牧师的权威,1650年前后在温莎的托马斯·斯托顿(Thomas Stoughton)就曾与牧师争论什么才是对安息日合适的阐释。1640年代早期,康涅狄格的

---

[1] 〔美〕迈克尔·舒德森著,郑一卉译:《好公民:美国公共生活史》,第19页。

韦琴斯菲尔德镇，一个小团体起草了对镇上的牧师亨利·史密斯(Henry Smith)的批评书，还把批评书的副本抄送给邻近的几个教区。在其他教区和城镇，婴儿洗礼和教会成员制度也是导致分裂的问题，人们因为神学问题争论不休，也对"自由权利"和其他公共事务公开发表意见。1630年代晚期，玛丽·奥利弗被塞勒姆教会拒之门外，她"公开地"在一次公共布道日要求"她的权利"参加圣餐，理由是"所有住在同一个镇上，并且公开表示他们信仰基督耶稣的人都应该在该镇参加圣礼"。¹ 许多人同意她的观点，有几个教会也许一直都很开放。但事实证明特别容易引发争议和造成分裂的是教会的惩罚纪律，这种规定涉及所有的男性和女性教会成员。1635年，斯基尤特镇的教会投票决定要把一位成员逐出教会，是因为他想要和一位"名声不佳的女士"结婚，并且对他的这一意图撒谎，一位重要的平信徒成员"不同意"，其他两位成员也离席表示抗议。² 在温汉姆镇也发生了矛盾冲突，对某人的错误的争论变得激烈，男人和女人对对方的证言提出质疑，他们用脚投票，离席出走，并公开批评那些批评他们的人。³

《自由权利法案》赋予每个马萨诸塞的自由民"提出建议、投票、判断或在任何法院、法律商议庭或民事集会上做出判决的""完全自由""……只需有序并无伤风俗即可"。该法案还支持其他更广泛的参与形式，自由权利第12条规定"每个人，无论是居民还是外国人，无论自由民与否"都有权参加"任何公共法庭、协议庭或镇民大会，他们可以口头或书面提出任何合法、合理和实质性的问题……对该问题大会应做出适当审理，条件是在方便的时间、按照程序并以合适的礼仪提出"。

---

1 Winthrop, Journal, P275. 在其他地方有人抗议教会成员"集中"的概念，其中一些在霍尔的《忠诚的牧羊人》一书中多有提及。Hall, *Faithful Shepherd*, P97.

2 Jeremy Dupertuis Bangs, ed., *The Seventeenth- Century Town Records of Scituate, Massachusetts*, 3 vols. (Boston: New England Historic Genealogical Society, 2001), 3:513-14. 几个月以后，这些惹麻烦的成员和他们的教会弟兄们和解了。

3 David D. Hall, *Puritanism and the Reforming People: Transformation of Public Life in New England* (Alfred A. Knopf, New York, 2011), P77.

普利茅斯政府已经授予该殖民地的所有人，不论自由民与否，相同的权利，因此，言论自由在一定程度上是合法的，手抄本的流通也是如此。[1] 无照印刷和撰写诽谤性文章的做法在最初的几十年间没有在殖民地重现，要印刷什么东西，持不同政见者像罗杰·威廉斯、塞缪尔·戈顿 (Samuel Gorton) 和 1650 年代初的威廉·平琼 (William Pynchon) 都是依靠伦敦的出版商。但在 1630 年代，威廉斯也在马萨诸塞通过手抄本来传播他对政府和教会的批评，1630 和 1640 年代的许多其他人也转向手抄出版物作为他们参与政治争论的方式。[2]

流言也在一定程度上成为公众参与的方式。1640 年代早期，殖民地因为一头走失的母猪究竟归谁所有引起了动荡，温斯洛普本人撰写并"出版"了（几乎可以肯定，也就是以手抄本的形式散发）"一份案情简报：理查德·谢尔曼 (Richard Sherman) 诉罗伯特·凯恩上尉 (Capt. Robert Keayne)"，这份简报对双方争议的记述方式对凯恩有利。在温斯洛普的简报之前，伊丽莎白·谢尔曼声称是这头猪的主人，她告诉波士顿人是凯恩，一位富裕但很遭人恨的商人"杀死"了她的猪，因此，正如温斯洛普在他的日记中所记录的："关于这件事的谣言就在镇上传开了"。陪审团和常设法院正式介入，经过"激烈争辩"，同时又出现了一个新情况，一位"很吵闹的"年轻人，谢尔曼夫人的朋友提出"对这个国家的伟大期望"而敦促法院推翻原判，惩罚凯恩。1642 年夏天，更多的文本被撰写出来，这是因为行政官们要为他们的否决权做辩护，因为否决权的问题也被搅到了这个案子中去。[3] 一年以后，情况变得更为紧张，以至于副总督托马斯·达德利对一位不同意他的牧师说："你想在这个案子上用你的长老身份来压我吗？"与此同时，助理们报告说"他

---

1 Whitmore, *Colonial Laws*, P49, 35 (emphasis added); Langdon, Pilgrim Colony, p85.

2 Winthrop, *Journal*, pp107, 109; Winthrop Papers, 3:146-49; Hall, *Ways of Writing*, chap. 2; David D. Hall, "Scribal Publication in Seventeenth-Century New England: A Second Checklist," *Proceedings of the American Antiquarian Society* 118 (2008): 267-296.

3 Winthrop, *Journal*, pp395-98, 453-54; *Winthrop Papers*, 4:349-352.

们的镇民"对案子的判决"不满",尤其是关于谢尔曼寡妇因为诽谤凯恩被判罚大量罚金的事。远在缅因的卡斯科镇,公众的愤怒到 1645 年还很盛行,因为有人抱怨道:"法院因为一头母猪的事情对一位可怜的女人很不公正,在马萨诸塞,除了教会成员,谁也不能得到公正"。这个人还在对殖民地的其他人的声明中引用 19 位反对凯恩的证人的话:"他们生活在那样的政府手下简直就像生活在土耳其"。[1] 此处所说的土耳其(奥斯曼帝国,不是现代的土耳其)指的是一种末日景象,也就是那些受压迫的人将起来推翻所有不公正的王国。[2]

法庭是另一个公众参与的重要场所。纳撒尼尔·霍桑的小说《红字》生动地描绘了穿着"黑色长袍的"男女清教徒们"冷酷、僵硬",他们沾沾自喜地聚在波士顿监狱的门前看着海丝特·白兰,这一幕给亿万读者留下了深刻印象。他指责说对海丝特的惩罚体现了一种缺乏人情味的正义道德观,缺乏"人性"。实情是否如此呢? 恐怕颇有出入。清教徒并不是面无表情的一群黑衣人,而清教时期的法庭也并不是秩序井然,追求正义伸张的地方。新建的殖民地人手奇缺,这就意味着几乎没有专职的警察来侦察和逮捕罪犯,法律的实施几乎完全依赖普通民众愿意承担义务"做证人、担保人和监狱看守",并且侦察和报告不法行为,法庭只能假定嫌疑犯、原告和证人会自己出现。而民众很乐意参与其中,实际上,哪怕只是一个单独的案件也可能产生大量的证人证言,就像 1650 和 1651 年发生在斯普林菲尔德镇的案件一样,39 位居民,其中有 11 位妇女,向法庭描述了一对被控施行巫术的夫妻的行为。[3] 人们并不害怕上法庭:因为法庭是行政官和当地居民谈判的地方,一些人是原告和

---

[1] Winthrop, *Journal*, pp136–137, 195–198, 453–454; *Winthrop Papers*, 4:349–352; Arthur Prentice Rugg, "A Famous Colonial Litigation: The Case Between Richard Sherman and Capt. Robert Keayne, 1642," *Proceedings of the American Antiquarian Society* 30 (1920): 217–250.

[2] David D. Hall, *Puritanism and the Reforming People: Transformation of Public Life in New England* (Alfred A. Knopf, New York, 2011), P82-82.

[3] David D. Hall, *Witch-Hunting in Seventeenth-Century New England: A Documentary History*, 1638–1693 (Boston: Northeastern University Press, 1999), chap. 2.

被告，另一些是证人和陪审团成员。正如一位研究英国法律和地方行政管理的历史学家所指出，地方治安官"起码得和民众各让一步"。[1] 早期新英格兰的行政官通常认为司法不是一个抽象的概念，公正本身并不是目的，而是达到社会和平的手段。为了这个目的，必须平息争吵，而惩罚也必须根据每个人的情况进行调整。通常，在马萨诸塞殖民地，地方和郡县的法院负责处理日常的纠纷以及轻微的违法事件：欠债不还、房产的分配、有待修整的围栏、诽谤、盗窃，还有大西洋两岸地方司法最主要的工作——酗酒和婚外性行为。[2] 而对于所有这些案件的审理甚至处罚决定都需要公众的主动参与。按照英国习惯法的传统，前案的判决成为后来案例的判罚依据，殖民地普通民众与地方官员在法庭上的"各让一步"，最终将形成具有美洲特色的法律传统。

清教社会是一个过渡形态的社会，它既继承了旧的政治传统和观念但同时也正在孕育和尝试一些全新的制度和精神。教堂、法庭、小酒馆；布道文、书信、手抄小报和流言；请愿、投票和镇民大会，殖民地的公众参与方式既多元又深入，所有这些方式似乎都不是殖民地的原创，但仔细考较起来，他们和同时代英格兰的做法又有着明显的区别。山巅之城不再是云雾缭绕、面目模糊，它正在殖民地人的积极参与之下，塑造成一个全新的社会形态。

---

1 Anthony Fletcher, "Honour, Reputation and Local Office-Holding in Elizabethan and Stuart England," in Fletcher and Stevenson, eds., *Order and Disorder*, PP92-115. 因为一些巫术的审判记录非常详尽，他们使得司法体系的灵活性非常明显：证人的证言与证据不符；陪审团拒绝定罪；地方法官推翻陪审团的判决或是即兴创造一种处罚方式。

2 David D. Hall, *Puritanism and the Reforming People: Transformation of Public Life in New England* (Alfred A. Knopf, New York, 2011), P85.

第二节　准备论与"半约"

一　准备论：契约神学的发展

清教徒信奉的是加尔文宗的教义，加尔文教义有几个核心内容：预定论、人的完全堕落和上帝的绝对权威。这几项核心教义是不容挑战的，虽然可以对他们进行"解释"。作为清教徒灵魂的工程师，教士们不仅要确保清教理论不变形、不走样，同时还要关注时代的进步，以便随时更新相关理论，做到不落伍、不掉队。为了达到这一目的，牧师们的基本工作就是密切注意教徒们的精神状态，观察他们皈依的全过程，有关这方面的记录可以说构成了清教徒皈依过程的形态学。

山巅之城的建立有赖于一个广泛的契约，即联盟契约（federal covenant）的存在。一个处于联盟契约之内的民族并不需要成员个个都是圣徒，关键在于由圣徒掌权，只要其他成员对圣徒们俯首称臣，而圣徒们又能根据契约精神立法，那么这个社会就是一个神圣的社会。在马萨诸塞，从一开始圣徒占总人口的比例就不足五分之一，但是这一点显然并未使温思罗普感到不安，因为大移民的成员哪怕不是圣徒，起码也会追随圣徒。谁知道这种情况几乎在移民们刚踏上美洲的土地时就改变了，正如一个典型的清教徒说的那样："我要尽快实现的目标是宗教自由，但我的长远打算是经营房地产。"[1] 在宗教迫害消失的同时，宗教热情也就减退了。教士们抱怨称得上真正皈依的重生经验越来越少，而且就连

---

[1]〔美〕萨克凡·伯克维奇著，钱满素等译编：《惯于赞同——美国象征建构的转化》，上海译文出版社 2006 年版，第 30 页。

平淡无奇的皈依也越来越少。虽然圣徒总是少数，但是长此以往，恐怕圣徒的数量要减少到连维持基本运转也不够了。并且，殖民地理论上是作为一个整体和上帝签约的，也就是说，非圣徒们也有责任和圣徒们一起来维持这个神圣的山巅之城，如果非圣徒们整天惦记着怎么做房地产商人而不是怎样才能成为一个圣徒，那这个神圣的社会和其他世俗社会还有什么区别呢？

到第二代移民的时候，殖民地已经出现了世俗化带来的种种问题。牧师们在布道中经常批评的两种情况是很有代表性的：一是穿着不合身份的衣服，一是出入酒馆。第一种情况说明在殖民地人们的地位正在趋于平等，许多以前的下等人在殖民地把握机会很快发了财，他们自然想要穿得漂亮一点，体面一点。但这是违反清教神权的规矩的，在山巅之城，只有圣徒、有文化的教士和可能成为圣徒的人才能穿绅士的服装。理论上这和人们的经济状况应该是一致的，因为只有这些人才应该掌握和拥有财富。但是美洲地广人稀，机会很多，又没有实行贵族制度，要想永远让某种特定身份的人富，而让其他的人穷是不可能的。如何让物质上已经富裕的人在精神上保持谦卑，是教士们面临的新问题。第二种情况说明有的人开始放弃对灵魂得救的努力。因为要成为一个圣徒实在太困难了，程序那么复杂，还要经过所有教会成员的批准，实际上只有出生在体面人家、受过良好教育的人才有可能入选。在这种情况下，有的人干脆放弃非分之想，破罐破摔，及时行乐也是势所必然。

但是马萨诸塞是一个神圣社会，它是作为一个整体与上帝签约的，掌握权力的圣徒们不可能像旧世界的圣徒那样，只管自己灵魂得救，不问他人的堕落和腐败。实际上在旧世界，就算整个城市、整个国家都毁灭了，上帝自然会关照他的选民，但在新世界就不同了，民族契约（national covenant）规定，整个社会应"团结如一人"，如果社会是神圣的，则个人也获救，如果神圣社会毁灭了，个人也随之毁灭。这也是圣徒们权力的来源，非圣徒们听从他们的领导无非是因为可以跟随神圣的指导使整个社会获救，这样自己也可以沾点光。但是，凡人毕竟是凡人，没有精神上的约束和支持，很容易受到世俗诱惑而堕落。他们堕落不要紧，问题是他们的堕落必然导致民族契约被破坏，那圣徒们的得救也危险了，更不用说在那之前，圣徒们在俗世的统治权肯定也会受到威胁。教士们的焦虑充分表现在日复一日的哀诉布道中，而准备论的提出正是为了解决这些问题。

准备论（preparation）从来没有被提到教义的高度，因为它在长于理论建设的欧洲并不受重视。上面提到的压力都是来自美洲本土，是殖民地经历所特有的，所以准备论在美洲有着特殊的重要性。美洲的神学家、牧师和政治领袖在实践和理论两方面对它进行了充实，这是继契约神学之后殖民地对清教神学的又一贡献，也是清教神学适应美洲环境的又一表现。准备论是对预定论的一种修订，使原来只涉及个人灵魂获救的预定论融入到美洲的社会语境中去，把个人修行和社会机制联系起来，在"时刻准备着"的号召下，把所有社会成员的思想和行为重新纳入民族契约的轨道。

所谓准备期是指一个人在皈依、重生之前，有那么一阵迷惘和痛苦，但是只有时刻准备着，克服种种怀疑和痛苦，才能在第一时间感受到上帝的恩典。托马斯·古德温（Thomas Goodwin）经典地定义了皈依："对于皈依，我只知道两个要点：人的良心受到罪孽的困扰，以及此后上帝的荣光昭示于他，由此得到安慰"。[1] 皈依过程有两点最重要：首先要认识到自己的罪，第二是感受到上帝对自己的宽恕。牧师们把个人得救的过程细分为五个阶段：拣选（election），在这个阶段，由上帝按他的心意选中那些可能得救的人，标准是完全不可知的，所以在这个阶段，人完全是被动的；圣召（vocation），这对世人来说是最重要的阶段，上帝的荣光恩赐于他，使他认识到自己的罪，并赐他信仰的力量使他转向上帝；这一阶段的高潮是称义（justification），也就是赦免，一

---

1 Francis J. Bremer, *The Puritan Experiment: New England Society from Bradford to Edwards* (Hanover: University Press of New England, 1995), P22.

且达到称义也就进入了第三阶段，此时预选成为现实，人的灵魂得救；但这并不是皈依过程的终结，还有第四阶段成圣（sanctification），在成圣阶段，一个新的圣徒应该在行动上表现出他灵魂的崭新状态。他应该更努力地过一种更完美的生活，更真诚地痛悔自己的堕落，在道德上更高地要求自己。因为如果不是这样，那他皈依的性质就会受到质疑，皈依如果不能让人更高尚，那很可能是恶魔跟人开的恶意的玩笑，误导人产生皈依的错觉，然后放弃努力，致使灵魂不能获救。皈依的最后一个阶段是荣耀上帝（glorification），在这个阶段，人们终于可以知道自己的皈依是真是假，知道自己是否被上帝选中。但是关于这个阶段何时到来却有一些争议，大部分牧师认为只有死后才能知道谜底。

经过这样的解释，我们可以发现准备论要针对的正是皈依过程最关键的第二阶段，并且模糊甚至倒置第二阶段和其他阶段的次序。因为圣徒毕竟是少数，如果严格按照上面的程序，很多人恐怕都没有机会进入第三阶段，更勿论第四阶段了。但是对于牧师们来讲，最重要的是使民众保持信仰；对于政治领袖来说，最重要的是让大家安分守己、努力工作。如果大家都无所事事地一直要等到皈依以后才遵纪守法、好好干活，新兴的殖民地恐怕难以为继，更糟糕的是如果非圣徒们因为迟迟不能进入第四阶段就破罐破摔，那整个社会还不乱了套？根据加尔文主义的预定论，人们对全能的上帝毫无防备之力，在被拯救与下地狱之间毫无准备，立刻就被执行了。清教的牧师们却强调在罪孽和皈依之间必定有一个阶段，它是罪人转变为圣徒的蜕变期，又岂能草率从事、一带而过呢？他们充分利用契约神学的成果，既然人和上帝是一种契约关系，那么上帝又怎么可能不让人们先弄清楚契约的条款呢？在准备期间，"我们可以知道向上帝期待什么，有什么条件"。[1] 通过契约获救的教义使人们的准备成为可能，而主要的方式则是学习契约的性质，约束个人的行

---

[1] Charles H. Bell, *John Wheelwright, His Writings* (Freeport, N.Y.: Books for Libraries Press, 1970), P56.

为，为上帝恩典的到来做好准备。可以看出，准备期与其他阶段最大的不同在于，它不是一个自我修养式的个人行为，在这个过程中，必然有牧师和其他社会机构的介入，由牧师向众人解释契约的性质和内容，由政府确认个人的社会行为是否良好。米勒就认为"准备阶段是拯救体系和社会制度结合最为紧密的一点"。[1] 1637年的教会会议也重申："在寻求赦免的过程中，我们越努力，上帝给我们的帮助就越多"。[2] 而信徒们准备得越认真，他们必然越多地向教会和政府权威寻求成绩的确认，山巅之城的基础就越牢固。

准备论在神学上创造性地解决了加尔文神学中的两大难题：首先是预定论可能带来的悲观、或是怠惰的宿命论。因为真正的圣徒是由上帝预先选定的，人们不可能改变上帝的意愿，既然一个人在尘世间的任何作为都不会改变他在天堂或是地狱的位置，那么努力工作和恪守道德就会失去意义。但是准备论却让人们始终处于积极的等待状态，它批评个人被动地等待恩典的降临，把个人获救的重心由死后转移到生前，虽然死后的事情无从考证，但是在此世的生活却因为时刻都要准备而获得了一种主动性和新的人生意义。加尔文神学的第二个难题是上帝恩典的随意性，上帝的权威是无限的，他可以随意拣选灵魂得救，当然也可以随意地抛弃他们，但是上帝也必然是公正的，在所有的可能性上，上帝的选择必然是符合道德和正义的，此二者之间的矛盾是加尔文神学的一个困境，准备论却很轻松地解决了这个问题。根据准备论，上帝的恩典随时都可能降临，它会通过牧师的话，或是通过其他方式随时随地降临，如果你不抓住它，它就可能一去不返，而上帝通过赐予恩典实际上同意拣选所有那些"不是主动拒绝恩典的人，"这也就是说，在获救的问题上，上帝突然处于一种主动地位，他如此慷慨地主动赐予恩典，而那些

1　Perry Miller, *The New England Mind: from Colony to Province* (Cambridge, Mass.: Belknap Press of Harvard University Press, 1983), P55.

2　Charles Francis Adams, *Antinomianism in the Colony of Massachusetts Bay* (New York: B. Franklin, 1967), P205.

因为"没有好好准备的人",如果他们没能适时地感受到上帝的恩典,这只能怪他们自己,上帝的公正不会因此受到丝毫的减损。

托马斯·胡克对准备论的发展起到关键的作用,他努力证明在上帝的行为中是有序可循的。他"打破皈依过程的先后次序,证明的确存在一个试验期,目的是为了证明宗教重生不是一种突如其来的或是瞬间发生的激变,当然更不可能是会引起社会动乱的激变。"[1] 准备论的核心就是要让人们保持虔敬,根据契约论,上帝的确允诺人们赐予恩典,但恩典的降临却是不可预期的,这样的话,如果世人错过了上帝给他的暗示,就只能自己负责。而这些来自上帝的暗示或是明示总是来自牧师和教会,所以准备论不仅是让会众在心理上保持虔诚,同时也是让人们在行为上驯顺的一个战略。胡克就曾威胁说,如果一个人在一个强有力的教区生活了六年而没有任何收获,那么"虽然没有明确的结论,但是我敢说,很有可能他是会下地狱的。"[2]

当然,和所有神学理论的发展一样,准备论在新英格兰的发展也不是没有反对意见的。胡克在准备论方面是走得最远的,他认为一个堕落的人只有充分地准备并让基督降临到他的身上才能获救,他强调个人的努力,并认为只要准备充分,恩典迟早必然会降临:"只有当圣灵灌注其心,但是只要其灵魂为此努力准备,就必然有恩典涌入。"[3] "如果你想要分享基督追求的拯救,如果你想要基督与你同住,如果你想要有益于己;要么为他的到来做准备,要么永远也别指望他的到来……因为基督很愿意降临,他只是在观察、在等待你的心已经准备好他的到来……如果你的心是驯顺而谦逊的,圣恩将即刻降临。"[4] 然而,对于像科顿那样谨慎的神学家,要做出这样大胆的宣言是很困难的。根据正统的加尔文神学,信仰的力量必然来自上帝,如果没有得到上帝给予的信仰之恩

---

1 Perry Miller, *The New England Mind: from Colony to Province* (Cambridge, Mass.: Belknap Press of Harvard University Press, 1983), P57.
2 *The Soules Implantation*, London, 1637, P77.
3 *Soules Preparation*, London, 1632, P155.
4 *The Soules Implantation*, London, 1637, P47.

典，拯救的恩典更无从说起。虽然科顿也认为如果一个人不能获救当然只能怪自己，但是他却不认为所有的人都可以准备，因为他还坚持传统的看法，认为罪人起码要受到一定的恩典才有能力开始准备，"那些仅凭自己的力量追寻和等待的人是无法得到永生的允诺的。"[1] 也许正是因为在准备论方面的分歧，导致胡克终于带领他的追随者向康涅狄格移民，但是就算在马萨诸塞，准备论的发展也是必然的趋势。

准备论的提出显然更多地出于政治目的而非宗教目的。一个人只要时时处于准备状态，自然会更注意使自己的行为符合道德规范和教会的要求，哪怕他最终还是要下地狱，对于这个神圣社会却毫无妨碍了，因为他的外在行为完全符合民族契约的要求。准备论尤其有效地遏止了山巅之城已经开始的分裂势头，那些本来已经绝望的人以及被清教神权排斥在外的人现在又得到一些安慰和许诺，只要他们愿意准备，天堂还是会有他们的位置。准备论实际上已经降低了标准，对于这些人而言，他们要达到的只是外在要求，也就是民族契约中的条款，只要他们安分守己、勤勤恳恳，不破坏圣城的整体形象就可以了。这里显然有一个双重标准的问题，牧师们一方面宣布圣徒的神圣身份是来自上帝的预选，而另一方面他们又不得不允诺普通人只要好好准备就有获救的希望。

这样的自我矛盾很难逃过许多人的眼睛，包括狂热地坚持"圣恩得救"的安·哈钦森，她认为这样大张旗鼓宣传的准备论无异于"事工得救"，当然这场论战的结果我们已经知道了。在英国，神学家们整天都在进行教义争论，对于什么是异端，他们的嗅觉格外灵敏。威廉·彭勃 (William Pemble) 就从托马斯·胡克的准备论中嗅出了阿明尼乌主义的气味，他指出胡克这样强调人人都要准备，都能准备，不是对人类自然能力的拔高，而是对上帝恩典的贬低。从前后关系上讲，人们的良好行为"不是皈依的前提，而应该是皈依的结果和皈依的一部分"。[2] 论战

---

1 *New Covenant*, P196-197.
2 Perry Miller, *The New England Mind: from Colony to Province* (Cambridge, Mass.: Belknap Press of Harvard University Press, 1983), P57.

的好处在于双方的观点会得到进一步的阐明,渐渐的,哈钦森一派的论点显露出了对社会发展不利的一面。哈钦森声称根据预定论,一个"圣徒",不管他在尘世表现多么恶劣,只要他命定是个圣徒,某一天上帝会直接宣布对他的恩典——这一点导致她被判异端——他自然会得救;相反,一个人如果不是上帝的选民,无论他表现如何良好,总会下地狱。总的来说,哈钦森一派的论调是:一个人"必须一无所见,一无所有,什么也不干,只需坚持不动,等待基督来为他做一切"。[1] 牧师们甚至不能呼吁圣徒注意自己的职责,因为任何对外部行为的强调都不是"救恩之约",而滑入了"行为之约"的泥坑。这种论点对经济建设、维护社会秩序和约束个人行为都很不利,也难怪普通法庭对哈钦森的判词是她的言论使人们"倾向怠惰,而放弃所有努力"。[2] 哈钦森和英国神学界对预备论的反对使它在新英格兰更受重视,显然,新英格兰觉得有必要维护新社会的神学发展,这不仅是因为准备论对新英格兰社会的发展意义重大,也因为新英格兰还没有准备抛开旧世界来独自建设一个新世界,因此,美洲实验的意义仍然必须由旧世界来判定,如果准备论被认为是异端,那么,不论新英格兰世俗社会多么繁荣,她的成功也将是可疑的,因此新英格兰神学界对准备论的合法性格外重视。

哈钦森被驱逐以后,殖民地重新统一思想,在这个阶段,最难过的是哈钦森的精神导师约翰·科顿。科顿是波士顿第一教会的教师(teacher),也是殖民地事业的主要辩护人。不幸的是,他却是一个迂腐的老学究,在准备论的问题上,他站在胡克和整个殖民地教会的对立面。哈钦森事件之后,长老们召开会议帮助科顿回到正统,从记录上看,科顿处于极度痛苦的精神状态。作为一个虔诚的清教徒和优秀的神学家,他不可能为政治目的放弃自己的信念,当他被逼迫得最厉害的时

---

1 Charles Francis Adams, *Antinomianism in the Colony of Massachusetts Bay* (New York: B. Franklin, 1967), P78.
2 Charles Francis Adams, *Antinomianism in the Colony of Massachusetts Bay*, P88.

候,他不禁大叫:"让加尔文为我作答!"[1]斗争是残酷的,罗伯特·贝里(Robert Berry)认为,科顿的同事们如此严厉地训诫于他,使他"倍感耻辱,精神上感到困惑和悲伤,这种情况他终生未能摆脱"。[2]长老会议提出的十六个问题以及科顿的回答在殖民地被封杀,却通过哈钦森的朋友在伦敦出版,十年间再版四次,对殖民地神学的正统性造成了创伤性的影响。但是就算科顿最后也屈服了,因为当局的意思很明显,如果他不转变态度,下场将和哈钦森一样。从那以后,在公开场合科顿仍然坚持皈依的第一步是由上帝而不是人做出的,但是他马上会补充说:"如果一个人生活在种种罪孽之中,而这些罪孽他完全可以通过自然常识辨认并避免,但他却拒绝这样做,那么上帝不会再引导他通向进一步的恩典",[3]而这正是准备论的核心内容。准备论在美洲被过分地强调是为了政治目的,对这场神学论战的处理也采取了政治的态度:这是一场路线之争。胜利属于更有实践精神,着眼于美洲现实的政治家,而不是像约翰·科顿那样不知变通的神学家和学者。

  从此以后,准备论在殖民地得到了更加广泛的传播,实际上取代了预定论的地位,成为马萨诸塞皈依教义的正统。托马斯·胡克多次重申:"罪人的灵魂应该时刻准备着基督耶稣的降临,然后才可能迎接他的到来。"[4]谢帕尔德生动地把它比作产妇的阵痛:"当她的阵痛来得频繁而强烈的时候才有生产的希望,而如果阵痛停止了,常常是胎儿死亡了,而她也活不长了"。[5]总之,"是你自己的意志决定了你的行为:你的双腿可以把你带向教堂,也可以带你去小酒馆;你可以读圣贤书,也可以读

---

[1] John Cotton, *Sixteen Questions of Serious and Necessary Consequence* (London: Printed by E.P. for Edward Blackmore, 1644), P19.
[2] James Truslow Adams, *The Founding of New England* (Boston: Simon Publications, 1921), P98.
[3] John Cotton, *The Way of Congregational Churches Cleared* (London, Printed by M. Simmons, for J. Bellamie, 1648), P58.
[4] Thomas Hooker, *The Application of Redemption* (London: Printed by Peter Cole, 1657), P96.
[5] Perry Miller, *The New England Mind: from Colony to Province* (Cambridge, Mass.: Belknap Press of Harvard University Press, 1983), P64.

闲书；你可以唱赞美诗，也可以唱小曲"。巴克利为所有这些比喻找到了一个总结性的意象：人应该谦卑地匍匐在上帝的脚下，祈求和上帝立约，"因为你很清楚如何与上帝立约"。[1] 准备论是面向所有殖民地人的："所有聆听福音的人都有责任信仰，所有信仰的人都会得救；并且对于那些时刻准备着的人也有均等机会，他们信仰，他们得救"。[2] 到第二代移民的时候，牧师们走得更远了。塞缪尔·维拉德 (Samuel Willard) 认定那种"让我们皈依之前必须等待"的说法是"撒旦最巧妙的诡计"。科顿·马瑟 (Cotton Mather) 更是径直宣布："不论你是否能提供最终的赞同都要不断努力，一旦你赞同，即获救！"[3] 加尔文主义中无所不在、无所不能、全凭莫测意愿行事的上帝变得理性化了。实际上，上帝的恩典简直就像按时停靠的公交车，永远不会让他的乘客失望，约翰·诺顿 (John Norton) 甚至把它的运行路线和每一站的站名都公之于众，他把准备阶段又细分为五个步骤："首先是信仰律法的神圣，然后是意识到罪孽的性质，学习基督的信息，理解悔悟的必要性，最后在契约的条件下等待福音"。[4] 到 1657 年时，理查德·马瑟 (Richard Mather) 对下一代移民的要求不过是乞求他们不要忘记他们与上帝之间的契约，他甚至不顾加尔文主义有关预定论的基本教义，保证只要孩子们不违约，上帝是一定会拯救他们的。

准备论是清教徒在美洲环境压力下对契约神学的进一步完善，虽然它不敢，也不会挑战上帝的终极权威，但在上帝的雷霆到来之前毕竟给世人一段自我掌控的时间。准备论使人们通过对契约的学习和自我完善为最后时刻的到来做好准备，它对在一个全新的社会建立普遍良好的行为规范意义重大。哈钦森理解和宣扬的预定论让人完全失去动力，变得

---

1 Perry Miller, *The New England Mind: from Colony to Province*, P65.
2 Perry Miller, *The New England Mind: from Colony to Province*, P66.
3 Cotton Mather, *The Principles of the Protestant Religion Maintained* (Boston: R. Pierce, 1690), P90.
4 Perry Miller, *The New England Mind: from Colony to Province* (Cambridge, Mass.: Belknap Press of Harvard University Press, 1983), P66.

麻木而且容易堕落，社会也会因此失控。相反，如果根据胡克的说法，人都有一种获救的愿望，这是上帝赐予人的，人们可以根据这种"天良"来培植善，为拯救做准备，则对社会的稳定和繁荣有莫大的助益。

准备论是日趋平等的美洲社会现实在神学理论上的反映：圣徒们恃以傲人的身份无非是他们得到神妙莫测的圣恩的眷顾，如今人人通过准备和努力都有可能达到拯救，皈依的过程由于被细分成无数清晰的阶段也变得不那么突然、不那么神秘了。准备论使契约中的上帝一方更明确地参加进来，在日益变长的准备过程中，上帝的恩典会一次次地得到证实，而不像预定论中那样深不可测，反复无常，实际上，只要人们表现良好，上帝总会守约的。世俗的表现得到了上帝的首肯，契约也更明确，更有保障了。准备论很聪明也很充分地解决了移民们在宗教热情下降之后保持信念和约束行为的问题，是加尔文神学适应美洲环境的结果，是清教社会世俗化的表现。在越拖越长的所谓"初级阶段"，或准备期内，人们越来越倾向于用事业成功与否、财富积累多少等世俗标准而不是用信仰的虔诚与否来预测上帝拯救的可能性，这必然导致社会的世俗化和上帝权威的削弱。但是对于一个在荒野中求生存的新社会，建设和发展才是最迫切的问题，准备论是务实而虔诚的清教徒对环境的一次妥协。

二 "半约"：契约神学的孩子们

米勒把契约神学叫做"清教主义的精髓"，是因为它涉及清教社会生活的方方面面，是新英格兰社会得以维系的精神支柱，是美洲荒野中移民们聚居生活的行为准则。如果契约神学受到冲击，那么整个社会的精神状态必然改变。反过来说，如果社会的精神状态改变了，必然也会影响契约神学，而这种改变在移民们踏上美洲土地的时候就已经开始了。但是在第一代移民中，这种改变是很缓慢的，而且多半是以对物质的过分关注为外在表现的，从神学上讲并不构成什么威胁。成为有形圣徒、教会成员是大家一致向往的事情,虽然程序繁琐,要求很高,但是从来没有出现成员短缺,甚至乏人申请的情况。然而,仅仅二十年后,第一代出生在美洲的孩子们长大成人,由于缺乏在旧世界受压迫的经历,自然也没有父辈那样的宗教热情,许多人根本没有皈依经历,也有人觉得当众陈述令人尴尬,总之,教会成员人数面临直线下降的危险。1645年的波士顿有421个家庭居住,其中128家夫妻两个没有一个是教会成员。更糟糕的是,这一代人也有了自己的孩子,清教社会鼓励生育,殖民地经济发展良好,这一批出生的婴儿数量很多,但是由于这一代人他们自己还没有成为教会的正式成员,理论上不能给他们的孩子施洗。教会承受很大的压力,焦虑的父母为出生不久的宝宝的灵魂着想,担心他们迟迟得不到洗礼会影响灵魂得救。这是当初设计山巅之城的时候绝没想到的难题,美洲的第一个婴儿潮使得各个教会的牧师们大伤脑筋。

半约(Half-Way Covenant)是指1650年代开始在新英格兰实行的一种新的教会成员制度。根据半约,所有受过洗礼的人成年以后,不论夫妻的一方或是双方有没有皈依经验,他们的孩子都可以接受洗礼。这样的人称为"半约教友",他们只拥有部分的成员权利,他的孩子可以接受洗礼,但是有的权利是不对他开放的,他不能参加圣餐。"半约"这个术语是18世纪才发明出来的,但是历史学家都用它来描述17世纪发生的这一现象。在1655年前后,新英格兰有的教会开始实行半约,为了统一思想,1657年普通法庭召开会议,讨论半约的可行性。大会建议所有受过洗礼的人成年以后只要宣誓加入教会契约,不论他是否有皈依经验,是否教会成员,他的孩子即有权受洗。此后,陆续有教会实行半约,但是是实行老式的成员制度还是实行半约,完全由各个地方教会自己决定,所以不能认为1657年以后全新英格兰都实行半约。实际情况恰恰相反,入会资格的两种标准同时在殖民地实行使得各个教会内部争执不休,因此,1662年,马萨诸塞普通法庭又召开了一次宗教会议来

"在基督的教会中重建和平".¹ 八十多名世俗和教会代表参加了会议，赞同半约的包括理查德·马瑟、约翰·诺顿和约翰·威尔逊，他们在会议中占主导地位，反对的人有理查德·马瑟的两个儿子，以利瑟（Eleazar）和英格里斯·马瑟（Increase Mather），当时哈佛的校长查尔斯·昌西（Charles Chauncy），但是最强硬的反对者约翰·达文波特（John Davenport）没有到会。会议支持半约，并把结果提交马萨诸塞普通法庭，法庭正式向所有新英格兰教会建议实行半约，但是由于各个教会都实行自治，是否实行半约仍然由会众自己决定。

达文波特的经历非常典型地反映了半约在殖民地的推广情况。达文波特是康涅狄格纽黑文的牧师，是最坚定的反对派。在康涅狄格，教会内部分为左、中、右三派，左派已经把成员资格授予"任何行为良好，同时信仰正确教义的人，不论他们的父母是否受过洗礼"。² 看到康涅狄格的情况已经无法挽回，达文波特于是接受波士顿第一教会的聘请来到马萨诸塞。但是哪怕在最保守的波士顿，在达文波特刚刚抵达之时就有一部分人要求实行半约，知道达文波特不会同意，他们分裂出去成立了波士顿第三教会。义愤之余，达文波特在1669年普通法庭的选举布道上呼吁会众抵制半约，称其为"对新英格兰方式纯洁性的侵害"。³ 一时之间，大会的情绪完全倾向了保守，甚至宣布重新讨论半约的合法性。不幸的是，达文波特于次年去世。在此之前，以利瑟·马瑟于1669年去世，1671年英格里斯·马瑟又转变了态度，半约的推广再没有遇到大的阻力。英格里斯·马瑟的经历恰好和达文波特背道而驰，论战开始的时候，马瑟正在英国，眼看在旧世界基督之路是没有指望了，马瑟满怀战斗激情回到美洲准备为维护新英格兰方式的纯洁而战。可是美洲的现

---

1 Robert Pope, *The Half-Way Covenant: Church Membership in Puritan New England* (Princeton, N.J., Princeton University Press, 1969), P89.
2 Edmund S. Morgan in "New England Puritanism: Another Approach," *William and Mary Quarterly*, Ser. 3, XVIII, 1961, P237.
3 Francis J. Bremer, *The Puritan Experiment: New England Society from Bradford to Edwards* (Hanover: University Press of New England, 1995), P148.

实很快擦亮了他的眼睛，他不得不承认："一个所有民族中最有改革热情、最虔诚的民族，居然很快大部分都不能受洗，这是荒谬的。好像他们不是基督徒，倒是异教徒"。[1]

但是在历史事实和文献之间总有一定的距离。清教社会的大部分文学作品和文献记录都出自教士之手，从文献上，我们往往只能看到教士们的意见，只有翻开相关的社会记录才能发现二者之间的互动关系。这其中的距离和教士阶层掌握知识和文化，而普通民众在思想观念上相对滞后是有关系的。虽然普通信众在理论上落后，但是在美洲各殖民地自治程度都很高，也许他们不会用宗教教义、相关术语来系统阐释自己的观点，但是他们却可以通过投票来表达意愿。例如在准备论的问题上，虽然是社会上先出现了一些僭越的行为，如穿着不合身份的服装等，促使教会进行改革，但在思想上，大众永远是追随传统的。如果只是按照逻辑推理，认为准备论既然对他们有利，他们就必然会支持准备论，就太简单化了，实际上，反对准备论的一派人数如此众多，殖民地几乎完全陷入了分裂。半约的情况也是如此，理论上，实行半约可以扩大教会基础，是向平等方向迈进的一步，应该得到民众的支持。但实际上，民间的保守习惯带有很大的惯性，很多地方教会根本没有采用1662年普通法庭的建议。民众的犹豫也有他们的道理：当初建立山巅之城的时候，牧师们说圣徒之治是最神圣的，是新世界和旧世界的根本区别，最重要的是，这个办法已经实行了这么多年，大家都习惯了。如今又是牧师们要改，那就是说以前的办法不好，如果以前他们会犯错，那怎么能知道这一次就不会错？既然没个准儿，那一动不如一静，老规矩总是方便一些。同时，很多历史学家都发现，虽然第二代和第三代移民中申请入会的人的确减少了，但这并不是因为他们不够虔诚，而是因为他们过于谨慎，觉得自己还不够资格去申请。其实申请受到拒绝的情况是非常罕见的，所以与其说是教会门槛太高，信众们无法跨进去，不如说是他

---

[1] Williston Walker, *Creeds and Platforms* (New York, N.Y.: C. Scribner's, 1893), P243.

们对自己的要求太高，在他们无法完全确信自己达到这个要求之前，决定暂时留在教会之外。在理查德·马瑟任职的多切斯特教会，虽然他多年来一直劝说会众实施半约，却未见成效。1668年，有一位泰勒夫人申请成为半约成员，这样她的孩子就可以接受洗礼了。马瑟把她的申请提交成员们讨论，成员们经过认真考察，认为泰勒夫人完全可以成为正式成员。马瑟把这个决定告诉泰勒夫人的时候，遭到了她的拒绝。她认为"她自己还没有资格参加圣餐，因此不能僭越，她只是希望自己的孩子能接受洗礼"。[1] 这是一个非常典型的例子，其实第二代移民还是非常虔诚的，他们是契约神学的孩子，生长在神圣的山巅之城，他们所受的正统清教教育使他们把宗教纯洁看得很重。长辈们的皈依经验说明，真正皈依的过程应该是触及灵魂、很激烈的过程。这种皈依的特征和第一代移民受到宗教压迫有直接的关系，却被第二代、第三代移民看作是真正皈依的必然现象，他们反躬自省，只要自己达不到这种"真正的皈依"，决不肯勉强成为教会成员。但是他们都生活在相对平淡的和平时期，没有压迫，自然也很难有相似的激情，如果不是因为孩子一定要接受洗礼，他们宁可一直等待，等到真正的皈依降临的时刻。

在这种情况下，半约的实施进展非常缓慢。1662年普通法庭正式建议采用半约之后，一直到1676年，新英格兰大部分教会并未采用半约。在有的教会，为了让某位德高望重的牧师高兴，大家同意采用，但是这位牧师一过世，教会又恢复以前的制度。这种情况的改观是因为来自外部的压力。1684年，英王收回了特许状，殖民地哀声一片，1692年新的特许状把新英格兰变成了皇家殖民地，把选举权授予所有达到财产限额的人。从此，世俗权力实际上已经和教会脱钩了，教会成员的资格已经没有任何政治意义。几乎是出于一种爱国主义的情绪，到17世纪末，五分之四的教会采用了半约。人们用行动表示对政治上失败的清教神权

---

1 Charles Pope, ed. *Records of the First Church at Dorchester; 1636-1734* (Boston, Mass.: G.H. Ellis, 1891), P55.

的忠诚,他们愿意成为教会的一员。在这个意义上,半约的确扩大了清教神权的统治基础,尽管这种统治已经不再是政治意义上,而只是精神和文化意义上的了。从1676年菲利普国王之战开始,殖民地经历了太多的苦难。马萨诸塞和普利茅斯半数以上的城镇受到印第安人的袭击,至少十个城镇被毁,在波士顿发生了两起大火灾、天花流行,当然最严重的打击是特许状被收回。所有第二代、第三代移民认为理所当然的东西:土地所有权、政治自治、圣徒之治全都面临严峻的挑战。这一系列的苦难,根据契约神学都是上帝的怒火,人们的不安全感和罪恶感使他们重新考虑自我和教会的关系。在此期间,不仅半约成员大大增加,正式成员也比殖民地成立以来任何时候都多。在战乱和动荡的年月,宗教给人们提供了唯一的避难所,教会本身也被迫重新寻找自己在殖民地社会的位置。既然圣徒之治已经成为历史,也就是说教会不能通过它的成员制度来影响殖民地政治,那么如果危机过去,宗教热情退潮,而正式成员还是那么少,则教会不仅没有政治权力,恐怕连生存也会受到威胁。所以,教会方面从1684年以后,也主动加强了对半约成员的吸纳。"在1635年,清教教会害怕的是玷污神殿;而1690年他们如果还想生存下去就必须让神殿里装满人"。[1] 在逐渐萎缩而亡和牺牲教会的纯洁以保住山巅之城的命脉之间,新英格兰选择了后者。教会不得不放下高高在上的架子,把目光转向他们曾经不屑一顾的非圣徒,他们必须布道一种新的福音,一种更平等的福音。从此,清教神权不复存在,但是清教教会却史无前例地扩大,通过集体承认契约和继续放宽半约的条件,实际上所有殖民地的成年人都可以加入教会。

做出这样让步的动机很明确:如果要求太高,达不到要求的人太多,那么"很快我们国家的大部分就会被抛弃,留给黑暗的异教了"。[2]

---

[1] Robert G. Pope, "New England versus the New England Mind: the Myth of Declension" from Vaughan, Alden T., *Puritan New England: Essays on Religion, Society, and Culture* (New York: St. Martin's Press, 1977), P321.

[2] Cotton Mather, *Magnalia Christi Americana* (New York: Russell and Russell, 1967, Book V, Part III), P212.

换句话说，清教正统固然纯洁，却一世而斩，在越来越小的范围内萎缩而亡，而后世子孙，广袤的荒野就回复到黑暗的异教、无教状态去了，这样的话，大移民的目标就完全失败了。所以米勒说，半约在这个意义上是对移入美洲的欧洲文化的挽救。这样做看起来没什么不好，条件放宽了，操作简单了，成员增多了，文明保住了，影响扩大了；但是有一点却过不了关，就是变味了。从教会的历史来看，半约的实施客观上破坏了新英格兰方式的纯洁性，分化了教会思想，开启了各式各样新的、更宽松的成员制度的大门，而教士阶层的地位随之下降，特权也随之减少。

  从神学理论的角度上讲，半约无疑也标志着新英格兰教会的重大改变。信仰之可贵正在于其纯粹，所谓"信则灵"，新教的发展也正是根植于马丁·路德对基督教基本信仰的坚定信念"因信称义"，也就是说只有信仰才能获得拯救，因此，纯粹的信仰是基督教会的基石。对于以建立"山巅之城"为最终目标的新英格兰清教徒而言，信仰的纯粹更是建立新社会的首要前提，在新英格兰实行的教会成员制度本身就是为了保证教会的纯洁，从而进一步保证美洲实验的神圣性。而半约的提出无疑是把绝对信仰变成了"半信半疑"，因为"半约"其实等于是把新英格兰教会一直努力结合在一起的"教会之约"与"救恩之约"再一次分开。因为这些半约成员本身并没有重生经验，也就是没有成为可见圣徒，允许他们加入教会也就意味着新英格兰的教会从此再也不能自诩为"纯洁的教会"，当然新英格兰社会是否还能成为"山巅之城"也就成为未知。一个很自然的结果就是，实行半约以后，教会之约就贬值了，它只是一种外部契约，而个人的灵魂得救更多地只能留给个人自己去解决，教会的功用和干涉都相应地减少了。

  在教会内部，半约的实行也带来了一些预想不到的后果。根据公理会原则建立起来的教会往往赋予牧师一种智力上的特权，可以说他"不是教会的普通成员，而是一个独立的力量，对民众有否决权。"按塞缪尔·斯通 (Samuel Stone) 的说法，公理会的牧师们是"建立在沉默的民主体制上的拥有发言权的贵族。"但是 1671 年的教会会议与此前的宗教会议不同，会议的决议与其说是教会的一致决定，不如说是普通法庭的一项政令。因此，当牧师们回到各自的教会并准备实施该项决议时，他们发现以前驯顺的教众开始出现了分裂。对于洗礼的理解是非常个人的，但同时又是涉及宗教信仰原则的问题，虔诚的清教徒不愿意仅凭世俗政府的一纸政令而行，他们认真地听从自己的良知。而当民众的良知和政府与教会的决议产生分歧的时候，大部分清教徒选择跟从良知，他们相信这是上帝的意旨，是高于任何世俗权力的声音。而从社会后果来看，半约问题引起的分歧客观上导致了新英格兰社会民主力量的增长。正如米勒所说："民主体制也许仍然保持着沉默，但他们已经不再驯顺。"

实际上，那些被排斥在教会权力外部的人，他们在美洲这块充满机会的土地上渐渐产生了自己的梦想、积累了力量和财富，如果不能合法地成为教会成员，从而成为政府官员，起码他们学会了运用个人的影响来使这个新兴社会向他们希望的方向发展。米勒因之很有见地地指出："一开始只是因为孙子辈的洗礼问题的争议最终演变成了两股力量的生死之争，一股代表了对旧秩序的坚持，而另一股则是新兴的、美洲本土产生的实用主义派，他们在公共场合仍然屈从于牧师们，但是关起门来，他们就会运用自己的力量以有利于他们的方式来操控教会。"[1] 因此，半约的纷争和新英格兰社会所发生的所有事件一样，是一个转型社会的典型事件，来自旧世界的清教徒们正在尝试建立一个新社会，而美洲独特的自然和社会环境正在以历史的逻辑越来越多地影响着这个新兴社会。清教徒们所尝试的社会制度并不是一个严密而僵化的体制，更没有军事力量相辅助和威胁，这就使得各种文化基因得以自然发展，它们相互博弈，最后达成一种成熟的平衡的时候，一种新的社会也就建立起来。

值得注意的是，诗人麦克尔·威格尔斯沃斯（Michael Wiggles-

---

[1] Perry Miller, *The New England Mind: from Colony to Province* (Cambridge, Mass.: Belknap Press of Harvard University Press, 1983), P110.

worth) 正是在 1662 年发出了他著名的哀叹 "上帝和新英格兰有了过节"，从此以后，新英格兰布道中哀伤的调子成为一种风格，哀诉布道成为美洲特有的文学形式。半约是神圣化的大扩展，教会下决心要把更大量的社会成员包括到神圣事业中来，但它也是神圣事业的大危机，因为上帝之城的纯洁随着半约教友的增多而下降。半约的实施和推广的确是新英格兰神学的一大转折，从此以后，教会更多的转向文学的方式，即预表法来支撑新英格兰的神学体系。而在教会制度方面，半约打开的大门再也不可能关上，像所罗门·斯托达德 (Solomon Stoddard) 那样欢迎所有的人来参加圣餐是历史的逻辑结果，什么时候出现只是时间早晚的问题。和准备论引起的争论不同，半约从根本上动摇了山巅之城的根基。不论是先准备还是先表现，准备论的辩论双方都赞同个人要注意行为良好，只是侧重点不同。但半约的辩论双方达成的共识要凄凉得多，他们都意识到契约神学不变是不可能了，甚至可以说，他们都意识到山巅之城的终结是不可避免的了。只不过赞同改革的人大部分都是年轻人，比起看到它的迅速萎绝，他们更愿意接受慢慢的改变，哪怕最后会变得面目全非。而反对派大多数是老年人，他们是第一代移民，他们不怕死亡，却害怕改变，害怕在教会的纯洁受到破坏之后才去见上帝。尽管他们有所有的理论和逻辑支持，有信仰纯洁的力量，但是他们受到非人的情感折磨，正如科顿·马瑟所说："不经过许多令人不安的忧虑，善良的老一辈怎么可能眼看着他们的子孙被排除在基督教的洗礼之外呢？"[1] 真是造化弄人，当初设计山巅之城的时候原指望子子孙孙都过上天堂般的生活，圣徒之治万年不变，谁知道到老了，连孙子的洗礼都要反对。这场祖辈和父辈为了孙子辈的洗礼问题展开的论战虽然有点滑稽，但谁也笑不出来，约翰·艾林 (John Allin) 更是仰天长叹："噢！什么时候我们才能摆脱这折磨人的非难，找到真正的基督之路？"[2]

---

1 Cotton Mather, *Magnalia Christi Americana* (New York: Russell and Russell, 1967), Book V, Part III, P209.
2 Perry Miller, *The New England Mind: from Colony to Province* (Cambridge, Mass.: Belknap Press of Harvard University Press, 1983), P95.

一个理想社会永远摆脱不了这种思想困扰：创立者们都是纯粹的高尚的人，他们的理想和原则是至高无上的，所以每一次对他们所制定的标准进行修订的时候，可怜的后人们总是有挥之不去的犯罪感。米勒把这叫做美国思想的基本模式：永远得同自己设定的一个框框作斗争。[1] 新英格兰世俗化的过程就是不断和创立者们所设立的制度、标准、乃至于梦想作斗争的过程。后代子孙迫于环境的压力，不得不对这些传统进行修正的时候，总是感到来自正统的压力，而由于这些改变都来自内部，这些改变的呼吁者也都是传统的传承者，他们往往对正统怀有负罪感。这种情绪在传统相对单一的新英格兰比在复杂、成熟的欧洲要强烈、明晰得多，一方面是因为人们明白地知道他们所背离的传统是什么，另一方面是因为他们正是在这种正统教育下长大的。但是原则越纯粹，理想越高尚，对环境的适应力越差，生命力就越弱，尤其是一个边疆性质的社会，生存和理论之间的选择天天都在发生，让步是不可避免的。

三　清教伦理与伪善论

新英格兰清教徒从来就不反对物质财富，这是源于他们对物质的一种奇特的精神化的看法，他们认为物质是上帝意旨的投影，甚至是上帝意志的直接表达。例如在1629年，温斯罗普正在认真地考虑是否要移民美洲的时候，东安格里亚发生了羊毛贸易危机，这一纯粹的经济问题被认为是上帝的警示，加上当年英议会被解散这一政治问题使得温斯罗普明确地认识到这是上帝以种种不同的方式指引清教徒们移民美洲。因此他们对物质的重视、物质财富的积累与世俗成功的合理性都来自于这种物质精神化的理解。对他们来说，物质和精神的对立是不可想象的，因为这种物质—精神的转化对他们来说是如此自然，实际上已经成为他们接受现实世界的一种方式。正因为他们可以通过物质精神化的方法把

1　Perry Miller, *The New England Mind: from Colony to Province*, P98.

物质追求合理化，新英格兰的清教社会实际上是一个非常务实的社会。首先在观念上，清教徒们就没有心存幻想，他们并不指望"新世界"对于旧"恶"是自然免疫的，相反，他们随时提高警惕，因为他们清楚，这个世界从人性上讲，一点也不"新"。美洲荒野也许是一块"处女地"，但是移民们却都是不折不扣的"旧人"，他们组成的社会也必定带有许多"旧"恶。但同时，每一个人对这个新社会又投注了巨大的热情，因为他们相信，从本质上讲，她将是对抗旧的恶世界的一个武器；一个全新的社会；一个对旧恶防御最为严密的"山巅之城"。可以说，新英格兰清教社会的迷人之处正在于她乌托邦式的理想和商人式严密算计的结合。但是美洲的生活现实完全超出了清教领袖们最初的估计，仅仅一代人之后，殖民地的世俗生活变得如此繁荣，虔诚的清教徒们开始对物质财富表现出令人担忧的过分关注。实际上，作为最长寿的第一代清教领袖代表，理查德·马瑟在他的临终训诫词中已经明确地意识到对清教新英格兰最大的威胁已不再是来自旧世界的国王和主教，而是新大陆日益繁荣的经济活动。

马克斯·韦伯（Max Weber）曾经专门研究了清教伦理和资本主义发展之间的关系，总的来说，根据清教教义，人们应该努力追求获利，但却不能受到利益的诱惑。这是一个典型的清教困境。在新英格兰，牧师们在布道中常常指责商人们"见利忘义"，但是他们却总是特别注意把责骂集中在罪人身上，因为"利"本身是应该受肯定的，他们责骂商人，却肯定商业活动。这是无法可想的，牧师们不得不鼓励人们"勤恳"（diligence），因为这是清教伦理的基本内容，但是勤恳却必然带来财富的积累和贫富差距的加大。另一方面，清教徒们相信，职业是一种"圣召"（calling），是上帝的安排，因此是非干不可的，不努力工作就是对上帝不虔敬。在清教伦理中也许隐藏着清教社会避免腐败和堕落的秘密，世俗生活和宗教生活一样需要坚定的信念。大部分乌托邦社会都不可避免地存在理想与现实脱节的现象，最后必然导致说假话和整个社会精神生活的崩溃，因为精神生活一旦失去物质支持，马上会变得虚伪、空洞，而乌托邦的社会性质又往往过分依靠某种理想的宣传，所以当其社会伦理不能支撑其世俗现实的时候，整个计划只能宣告破产。这种情况在人类历史上多有发生，但新英格兰清教社会却是一个例外，它不仅没有因为梦想破灭而导致堕落和腐败，相反，甚至在清教时代过去以后很久，美国社会的防腐败能力还是很强的，这不能不说是清教留给美国的一笔珍贵的遗产。

职业是上帝的召唤，并且上帝派给每个人的职业都不同，这种观念导致了两个相互关联的结果。一是每个人虽然从事的职业不同，但都是为上帝服务，这就有利于平等观念的产生和推广。第二，因为每个人的职业各有不同，所以必须相互合作才能共同为上帝服务，维持社会的发展，所以公益（publique good）在人群中是有共识的。清教神学家威廉·埃姆斯曾经用经典的三段论式来论证上帝和财富的关系："上帝是所有财富的唯一绝对所有人，因此，世人的个人财产只是一种暂时的托管物；并且世人作为暂时的受托管人，必须使他的托管物增值。"[1] 托管的概念在《圣经》中即有体现，我们在《圣经》中的《马太福音》可以找到让财富增值是上帝的旨意的例子：一个人将要远行，走之前把仆人们叫到一起并把财产委托他们保管。依据他们每个人的能力，他给了第一个仆人5个塔伦特（注：古罗马货币单位），第二个仆人2个塔伦特，第三个仆人1个塔伦特。拿到5个塔伦特的仆人把它用于经商并且赚到了5个塔伦特。同样，拿到2个塔伦特的仆人也赚到了2个塔伦特。但是拿到1个塔伦特的仆人却把主人的钱埋到了土里。过了很长一段时间，他们的主人回来与他们结算。拿到5个塔伦特的仆人带着另外5个塔伦来了。他的主人说："做得好！你是一个对很多事情充满自信的人。我会让你掌管更多的事情。现在就去享受你的土地吧。"同样，拿到2个塔伦特的仆人带着他另外2个塔伦特来了。主人说："做得好！你是一个对一些事情充满自信的人。我会让你掌管很多事情。现在就去享受

---

[1] Perry Miller, *The New England Mind: from Colony to Province*, P41.

你的土地吧。"最后拿到 1 个塔伦特的仆人来了,他说:"主人,我知道你想成为一个强人,收获没有播种的土地,收割没有撒种的土地。我很害怕,于是把钱埋在了地下。看那里,埋着你的钱。"主人回答道:"又懒又缺德的人,你既然知道我想收获没有播种的土地,收割没有撒种的土地,那么你就应该把钱存在银行家那里以便让我回来时能拿到我的那份利息。然后再把它给有 10 个塔伦特的人,给那些已经拥有很多的人,使他们变得更富有;而对于那些一无所有的人,甚至他们有的也会被剥夺。"这个仆人认为自己会得到主人的赞赏,因为他没丢失主人给的那一个塔伦特。在他看来,虽然没有使金钱增值,但也没有丢失,就算是完成主人交代的任务了。然而他的主人却并不这么认为。他不想让自己的仆人顺其自然,而是希望他们表现得更杰出一些。类似的故事在《圣经》中记载多年,却只是在清教徒的手中得到特别的强调,并逐渐发展成为完整的清教伦理。当英国清教徒移民到北美大陆之时,他们对于清教的工作伦理已经非常熟悉,同时由于要在美洲荒野兴建一个全新的社会,物质的匮乏更加强了人们对财富的渴望,宗教压迫成为往事,人们就更容易把注意力全部集中到经济方面。

移民们对物质的关注不可避免地影响到他们的精神生活,有意思的是,虽然牧师们常常慨叹"世风日下",但是为了使布道更加生动、更加贴合殖民地的日常生活,牧师们也常常借用经济用语来布道福音。塞缪尔·威拉德 (Samuel Willard) 在 1686 年做的布道名为"神圣的生意",整个布道全部借用经济用语,把宗教皈依比作是一场"生意":"精明的买家会检视他的货物,在购买之前先试用。"因此,世人就灵魂得救的"生意"一定会和上帝进行"讨价还价":"那些真正的买家首先会砍价,这是大家都知道的常识,谁都想要买得最便宜,价廉物美,这是每个买家的心愿。"因此,威拉德最后得出结论:信仰基督绝对是一笔"好买卖",那些看准的行情的人要"乘早付款。"[1] 没有人认为这是渎神,因为

---

1 Perry Miller, *The New England Mind: from Colony to Province*, P46.

这就是殖民地人的生活,也是他们看待灵魂得救的方式。实际上,第一代清教移民的领袖本身就是英国的中产阶级,他们对于物质财富一直都有着非常务实的态度。随着殖民地经济生活的发展,来自其他商人阶层的竞争压力越来越大,清教领袖们的子女相互通婚,温斯罗普家族和布莱斯特里特家族、达德利家族和萨尔通斯特家族,他们在殖民地形成了一个新的"贵族团体",后来赫尔姆斯博士把他们称为"布莱斯一族",他们不再是献身宗教事业的领导者,而更像是一个特权集体。虽然教会仍然为一些有才华的年轻人提供社会提升的机会,但是,"到了 1700 年,做牧师和经商一样,完全成为了一种谋生手段。"[1]

本杰明·富兰克林 (Benjamin Franklin) 在很多方面都继承了清教传统,他对金钱的"资本论"恐怕连最精明的商人也要自叹不如了,他说:"切记,金钱具有孳生繁衍性。金钱可生金钱,孳生的金钱又可再生,如此生生不已。五先令经周转变成六先令,再周转变成七先令三便士,如此周转下去变到一百英镑。金钱越多,每次周转再生的钱也就越多,这样,收益也就增长得越来越快。谁若把一口下崽的母猪杀了,实际上就是毁了它一千代。谁若是糟蹋了一个五先令的硬币,实际上就是毁了所有它本可生出的钱,很可能是几十英镑。"

为社会服务,把财富回馈社会的观念在清教徒中广为流传,这种文化传统直接影响到安德鲁·卡内基 (Andrew Carnegie) 等人的财富论,比尔·盖茨 (Bill Gates) 的裸捐在美国社会既不是什么新鲜事,也不是个别事件。清教伦理首先主张努力获取财富,然后主张把财富用于公益,这同时避免了导致懒惰的平均主义和为富不仁,也避免了贫富分化后社会性的堕落:富人对穷人的漠视和穷人对富人的敌视。清教徒相信,一个人财富的多少,在尘世的命运全凭上帝做主,比如生意失败是上帝的考验,而生意成功也不过是另一种考验。这样自然就比较容易抑制个人野心、使人虔敬而不落入放纵的地步。

---

[1] Perry Miller, *The New England Mind: from Colony to Province*, P50.

清教社会避免腐败的另一个微妙的制衡机制是历史学家佩里·米勒所谓的"伪善论"(hypocrisy)。伪善在宗教意义上讲，是"不是真诚的皈依，假装虔诚"的意思。根据加尔文神学教义，每个人都是罪人，而究竟谁能得到上帝的拣选只有上帝知道，任何人都不能妄自揣度上帝的心意，最后的拯救是由上帝独自而且是随意做出的，上帝无需做出任何表示或是解释。但是人们却必须解释自己的处境，所以清教教义中一向都有"可见"和"不可见"的分别。圣徒有可见的，也有不可见的，教会有可见的和不可见的，契约也是如此，有内在的也有外在的。既然不可见的部分是由上帝一手经办，无人可以置喙，那也就是说任何可见的圣徒、可见的教会、可见的契约以及任何可见的尘世的权威都是可以受到质疑的。毕竟，上帝的意志是不受任何约束的。不管世人做得多好，那也只是尘世的标准，完全可能得不到上帝的垂青。这样的上帝也许曾使神学家们颇伤脑筋，但是在建设美洲新社会的时候，他们却渐渐地利用神学的逻辑推导出一系列有利于社会发展的结论。

　　首先，他们毫不隐讳地承认，在由可见圣徒组建的教会中，很可能有一些可见圣徒是"伪善的"，他们根本没有达到他们声称已经达到的皈依的程度；或者也有可能他们的虔诚不是内在的，不是由上帝的恩典激发的，只是自己一厢情愿就冒冒失失地宣称的。但是他们更明智地承认，这种伪善、这种外在的虔诚对整个社会来说并不是坏事情，相反，它是起积极作用的。试想如果那些不是真正圣徒的人全都放弃努力，选择不伪善而真堕落，刚刚建立起来的社会就无以为继了。因此，清教社会就确立了一种看似矛盾，但却很实用的方式：它设立了一个纯洁教会和社会的最高标准，但同时却对人性保持高度警惕，在实际事务上并不追求完美，而更多地考虑到人的局限性。

　　由于清教教会是由可见圣徒组成的，而可见圣徒被认为是此世的圣徒，也就是说不一定就是真正的圣徒，只有不可见的圣徒，也就是上帝最终拣选的人才是真正的圣徒。所以在清教社会从来没有出现个人崇拜的问题，因为清教领袖们和其他可见圣徒一样，虽然从种种迹象看来他们很可能是上帝的选民,但是既然上帝的意志是完全自由的,谁也不能保证一个可见圣徒就一定能得到上帝的恩典。所以清教社会对他们的领袖不必崇拜,实际上他们对任何人都保持着清教徒式的观望态度,一切都要看证据,一旦有任何迹象表明某人的道德或是任何行为方面偏离了清教徒们公认的神圣的标准,那么不仅他的领袖地位会受到挑战,甚至他的圣徒身份,他作为好基督徒的身份也会受到质疑。因此清教领袖对自己的圣徒身份第一不敢自傲,毕竟,谁是真正的圣徒只有上帝才知道;第二也不敢傲人,因为大家都持相同的意见,而且在上帝的眼中,也许那些在尘世没落的普通人远比偶然在某一个特定时间和地点做了领袖的人地位为高。更遑论还有"伪善论"时刻质疑着每个人的虔诚是否是真实、是否来自上帝的恩典。正是因为预定论和伪善论是清教社会人人接受的基本原则,两相结合构成了遏制腐败和个人崇拜的绝好机制。

大部分乌托邦社会都难以避免腐败和堕落,究其原因往往是因为道德上的无限拔高和人性的局限性之间的矛盾。由于乌托邦社会对精神和道德要求过高,人们往往只能通过作假来迎合政治要求,而其领导集团由于处于众人瞩目的地位,则压力愈高,作伪愈甚,最后导致愚民政治、个人崇拜、制度性腐败和伪善的同时孳生。而清教教义中的性恶论、预定论和伪善论最为有效地预防了这种乌托邦的精神陷阱。首先,清教认定人性是堕落的,而不可见圣徒又是未知的,那么就无人能自称是完全正确的。人们提防着自己,也监督着他人,从根本上就承认一个教会或是社会是不可能达到完美境界的;而组成教会的可见圣徒们,既然他们也不敢保证他们就是真正的圣徒,他们唯一可以确信的也只有自己心中虔诚的程度。所以,从某种角度上讲,山巅之城的城基就是世人的诚信,当务实的清教徒渐渐尝试用种种法律和制度把这个城基越夯越实的时候,山巅之城也就不再是高入云端的无何有之乡了,新英格兰社会的乌托邦性质也渐渐剥落,终于成为最先进入现代社会的地区之一,成为新成立的共和国的一部分,并为美国社会的建设提供了宝贵的首创性的实验成果。

第三章
上帝与新英格兰有了过节

第一节 圣城哀歌:"哀诉"布道和美洲身份

一 "哀诉"布道:一种美洲文体

在早期的清教社会,没有任何文化娱乐活动,星期天的布道是整个社区重大的社会活动,所有居民必须参加。社会上有任何重大事件发生,思想上有什么新动向,尤其是组织上有什么最新指示,全都通过布道的方式向大家传达。虽然同是布道,但是从第二代移民开始,美洲的布道开始呈现一种特有的风格,和温思罗普、科顿等第一代移民坚定和笃定的布道不同,第二代移民的布道里普遍弥漫着一股哀伤的调子。他们的布道普遍采用《圣经·旧约》中先知耶利米书(prophet Jeremiah)的文体,充满了哀叹和哀伤的情绪,所以这类布道都可以称为"哀诉"布道(jeremiads)。

1640年代的英国各个教派争执不休,但是清教主义仍有希望,克伦威尔当政以后,许多人认为英国可能就是上帝选中的国度,美洲的清教徒纷纷回国。但是1660年王政复辟,查理二世发表承认"信仰自由"的宣言,他的弟弟即后来的詹姆斯二世,更是热诚的天主教徒。看来英国的情况是完全绝望了,有的清教徒又返回美洲,但是这次回到美洲的心情和第一次踏上美洲大陆的心情可谓大相径庭。1630年代的移民大部分都相信他们的美洲使命是短暂的，只要他们在美洲建成一个模范社会，上帝自然会使旧世界的情形改变，到时候旧世界向新世界学习，他们的使命也就胜利完成了。没想到清教在英国的统治只是昙花一现，漫长的黑暗年代好像才刚刚开始。美洲清教徒难以理解这个不合逻辑的现象，山巅之城已经建成，上帝为什么让英国改变了方向？难道是因为这个山巅之城还不够好？还是因为上帝根本没有和新英格兰人签约？作为契约神学坚定的信奉者和孝顺的儿孙，他们得出了一个结论：并不是上帝没有和新英格兰签约，父辈的事业也完美无缺，问题出在自己身上，是因为第二代、第三代移民不如第一代移民虔诚，是因为自己的堕落使上帝降下了惩罚。1671 年，理查德·马瑟的儿子，以利瑟·马瑟生动地表述了第二代移民的身份危机感，他把这一代人比作"被驱赶到海中的一群孩子，他们也许留在海里，也许能到达彼岸，但是沉下去和淹死的可能性更大"。[1] 他们越是回顾父辈的伟业，越是觉得自己渺小，在哀诉布道中，他们反复肯定父辈的道路是神圣的。1679 年，英格里斯·马瑟大声疾呼："世界上何曾有过任何地方比新英格兰更像新耶路撒冷？"[2] 尤利安·奥克斯 (Urian Oakes) 也认为马萨诸塞是"基督的王国在此世的一个样本"。[3] 牧师们不仅把刚刚过去的第一代移民的生活神化成一个黄金时代，而且痛切地指出当前的一代人正危险地背离了父辈的神圣传统，并且因此而受到上帝的责罚。英格里斯·马瑟在一次斋戒日布道中称，上帝"有时会降灾难于他的选民"，并预言人们如不悔过，将有大灾难来临。[4] 果然，1675 年菲利普国王战争爆发，许多移民死于印第安人的战斧之下，野蛮人的侵袭向来被认为是上帝的惩罚，马萨诸塞普通法

1　Eleazar Mather, *A Sermon Exhortation to the Present and Succeeding Generation in New England* (Cambridge: Printed by S.G. and M.J., 1671), P7.
2　Increase Mather, *A Discourse Concerning the Danger of Apostasy* (Boston: [s.n.], 1679), P56.
3　Urian Oakes, *New England Pleaded With* (Cambridge: Printed by Samuel Green, 1673), P23.
4　Mason I. Lowance, Jr., *Increase Mather* (New York: Twayne Publishers 1974), P150.

庭承认马瑟的预言已经应验，投票通过了一系列的法令来改革当前的堕落社会。[1]

但是，仅仅悔过是不够的，第二、第三代移民被一种空前的无力感所包围。最急迫、最困难，因而也是最英勇、最有意义、最能带来满足感、最能自我证明的工作已经由第一代移民完成了。全新的社会在荒野上建立起来了，新英格兰方式已经确立，契约神学的内涵得到了完全充分的阐发，就连像威廉斯和哈钦森那样的危机也成为了过去，第二代移民的工作只是按照前人铺好的路走下去。本来平淡的生活也未尝不是一种幸福，毕竟殖民地的经济发展迅速，大家的生活都有了很大的改善，只要上帝做出任何一点暗示，证明美洲的方向就是人类的未来，那一切就都完美了。但是旧英格兰的形势让他们沮丧，他们不得不承认山巅之城在什么地方出了问题——既然上帝不可能犯错，那当然是他们错了。但是最让他们烦恼的莫过于他们也不知道问题究竟出在什么地方。哀诉布道正是这种无名的烦恼和无边的压力的产物，牧师们的布道好像是一张弥天大网，他们谴责一切，从男人的假发到女人的裙袂，希望能通过这样的筛查最终找出问题所在。

哀诉布道一般由三部分组成：首先是"教义"（doctrine），从《圣经·旧约》中摘取一些段落用以说明人们对罪孽的执迷不悟。第二部分"原因"（reasons）是对民族契约的诠释，列举其术语、条件和责任等等。布道的重心是第三部分"应用"（applications）或"用处"（uses），这时布道者严正指出形势的严重性，一一列举人们如不悔改的话可能降临的灾难，往往充满了恐吓，语言生动而富于煽动性。布道都是围绕会众的日常生活和契约神学的关系展开的，美洲的清教移民是一个务实的团体，极少在布道中空谈教义。比如根据清教教义，"骄傲"是一种罪（sin），但是布道中不会空谈"骄傲"的罪过，更多的是列举当地会

---

[1] David D. Hall, *Faithful Shepherd* (Chapel Hill, Williamsburg, Va., by the University of North Carolina Press, 1972), P238.

众"骄傲"的表现,如对上级不敬,穿着不符合自己身份的服饰等等。为此,1651年在马萨诸塞甚至通过了一项法律,宣布"我们完全不赞成并且厌恶条件差的男人穿绅士服装,用金银饰边,膝部钉钮扣,脚登皮靴;同类女人头戴丝绸和亚麻帽兜,或围头巾。这只有在产业较多的人,或受过人文教育的人中间才能允许,在条件差的人中间是不能允许的"。[1] 教会之所以对人们的穿着如此锱铢必较,是因为人们服饰上的僭越往往正是内心骄傲的表现,更重要的是,这种骄傲往往又是对自己身份不满的表现,而对自己身份不满的本质是想逃避契约的约束。因为大家都处在一个公共契约之下,哪怕是一些平时可能只涉及个人的罪,也会连累其他人,使整个社会受罚。为了约束会众的行为,哀诉布道往往带有一种夸张的悲哀调子,喋喋不休地列举人们的种种不是,尤其因为新社会理论上应该是一个纯洁的"山巅之城",人们所犯的过失就显得愈加丑恶而不可饶恕。

1679年,普通法庭决定组织一次宗教会议(Synod)来全面总结一下新英格兰的罪,会议列出了十大罪状,由英格里斯·马瑟作为主要执笔人为会议做了记录。第一条是"各教会的成员中存在大量可见的堕落",这是问题的核心,根据大会意见,已经有太多的人"变节","尤其是在私下"。第二,这种内心蜕变的主要外在表现是"骄傲"。第三,"异端邪说",不仅是外来的贵格教徒和再洗礼教徒持有异端邪说,不少清教徒也"屈服于自己的胡思乱想和撒旦的诱惑"。第四是咒骂以及听布道时睡觉。第五是不守安息日,尤其是在星期日的晚上,当安息日结束的时候,堕落行为特别猖獗,"通常在周日的夜里堕落的行为特别多,比一周中的任何一天都多"。第六是家庭约束松弛,"父母溺爱孩子,让他们想去哪儿就去哪儿,尤其是在夜里",这一点后来终于在巫术案中酿成恶果。第七,人们之间缺乏兄弟之爱,不仅在教堂吵吵闹闹,而且

---

[1] Williston Walker, *Creeds and Platforms* (New York, N.Y.: C. Scribner's, 1893), PP409-440.

诉讼案件增多。山巅之城不欢迎律师，因为"他为了自己的利益，不论对错，总是欢迎大家打官司……只管自己获利，不管别人死活"。第八是有关性和酗酒。1672年，一位名叫爱丽思·托马斯(Alice Thomas)的人在波士顿开设了第一家妓院，虽然她后来被抓住并被鞭打，但是教会当局免不了担心，"还有多少暗地里的邪恶和淫荡的勾当？"第九是人们之间缺乏真诚，1673年，奥克斯就说过，太多的清教徒"成了马基雅维利主义者"。[1]第十条终于从神圣理想过渡到殖民地现实，那就是"人们过度地热爱世俗生活"，对这一条的注解详尽地描绘了一个重商主义、资本主义和竞争性的新英格兰社会。[2]从这些罪过的内容来看，这个新社会已经充满了"旧"的罪恶，和旧世界没有什么区别了。

通过一篇篇哀诉布道，尤其是宗教会议的记录，我们可以看到一份由官方认定的新英格兰社会世俗化的过程。一条新的罪恶一旦出现在布道中，虽说是受到谴责的，但也就算有了一个官方认定的身份，从此在新英格兰的生活中就不再是新鲜事了。牧师们唠唠叨叨的责骂，居然也就变成了一种对现实宽容的方式。这是一种复杂的心理机制，哀诉布道首先是一种别无他法的排遣方式，因为人们处于这样一种尴尬境地：他们知道自己有罪，但是他们却又无法改正，因为人性本身就是不完善的。这样，人们只剩下一条路可走，通过公开悔罪，起码可以获得这样一种心理安慰：我们错了，但我们悔过了，上帝自然还会让我们留在契约之内。

1657年，作为第一代移民的代表，理查德·马瑟认为死期将至，发表了一篇典型的哀诉布道"对新英格兰多切斯特教会及民众的告别劝诫"。其时，第一代移民中温思罗普、谢帕尔德已于1649年去世，胡克死于1647年，约翰·科顿死于1652年。随着他们的逝去，一个时代结束了。马瑟虽然活到1669年，但是1657年的这次布道已经宣布了第一

---

[1] 此处主要是指为达经济目的可以不择手段。
[2] Perry Miller, *The New England Mind: from Colony to Province*, PP34-36.

代人的最终遗言。布道有四大主题：一、精神生活和物质生活的平衡。二、坚持新英格兰方式，包括世俗和教会的权力方式，保持严格的成员制度和不宽容制度。三、传承第一代建立者的光辉思想。四、通过皈依的孩子们世世代代把教会秩序传下去。[1]

清教徒从来就不是反物质的，但是他们对物质的看法也从来都不是为物质而物质，甚至物质在他们眼中从来也不仅仅是"一些东西"。物质对于他们来说一直是精神化的，是上帝意旨的投影，甚至是上帝意愿的直接表达，他们对物质的重视、物质成功的合理性都源于这种物质精神化的理解。所以对他们来说，物质和精神的对立是不可想象的，难道人们在物质世界的一切努力不都是为了灵魂得救吗？但是殖民地的现实却使马瑟把这一点放在了布道的最前面。在神学正宗早已确立，没有外部宗教压迫的新英格兰，人们只要按部就班地工作和生活就由契约神学保证了灵魂得救。这种思想上的松懈使他们不再费劲地把物质精神化，而在一个蛮荒之地新建家园的经验使人们很容易对物质产生客观的认识。在一个物质匮乏直接等同于死亡，而物质丰裕又很容易获得，社会升迁和物质成功密切相关的地方，很难指望人们在面对物质诱惑的时候首先想到灵魂得救。马瑟毫无疑问已经认识到人们对物质的热情无可逆转，他只盼望人们在追求物质的同时不要忘了精神追求。要知道，这种扬基式的物质主义并不是突然出现的，它一直存在于清教社会内部，但是清教徒对他们在基督教事业中神圣地位的使命感一直是牵制和平衡这种物质主义的有力机制。如今旧世界不再需要新世界的这个样本了，宗教的使命感一旦淡化，其扬基的一面自然就凸显出来了。马瑟最关心的还是新英格兰方式是否能够继续，说到底，这才是第一代人所有心血的结晶，为了保证新英格兰方式永存，马瑟不惜宣布与旧世界分道扬镳，虽然这意味着美洲清教徒从此失去了宗教改革先遣队的身份。但是只要坚持新英格兰方式，山巅之城还在，那么哪怕旧世界走错了路，甚至以

---

1 Perry Miller, *The New England Mind: from Colony to Province*, P14.

后也不肯向山巅之城俯首称臣，起码这个神圣的社会还可以保持其纯洁性，上帝的事业还有一点希望。所以马瑟一再强调的是严格的教会成员制度和不宽容政策，一旦这两样被突破，新英格兰方式也就宣告破产。[1]为了在失去旧世界关注的情况下激励人们的使命感，马瑟开创了一个新的神话，这个神话将在他的儿子、孙子手中得到完善和发展。在这个神话中，马瑟通过神化第一代移民重写了新耶路撒冷预言，他撇开新世界对旧世界的责任，特别强调了美洲殖民地在未来的特殊身份。这在马瑟还只是一种模糊的暗示和本能的自我保护反应，在第二、第三代牧师的手中却得到了大大的充实和发展，终于形成日后的美国神话。

米勒指出："马瑟临终训谕很有意义是因为它是对本土力量的正式承认"。[2]在此以前，清教徒的目光总是跨越大洋，望着他们的战场；从此以后，美洲才真正成了他们唯一的家园。但是这种新生活的开始却奇特地伴随着一种哀伤的调子，因为山巅之城虽然已经建成了，但他们的成功不被旧世界关注，于是这种成功降格为一种失败，尤其是宗教热情的下降往往被看作是道德水平的降低，受到过分的哀悼。在整个社会蓬勃发展的同时，殖民地的布道坛上却奇特地哀声一片。

马瑟之后的哀诉布道有了一些新的特点。在第一部分"教义"中主要论证的是山巅之城的神圣性，引用《圣经·旧约》的目的往往是为了把第一代移民与旧约中的英雄相提并论，从而把"美利坚"与"以色列"并列，把"新英格兰"与"新耶路撒冷"并置。第二部分是对第二、第三代移民的谴责，直陈他们已经堕落了，但重点是和旧世界分道扬镳，他们必然追随新英格兰方式，绝不宽容。就算他们已经堕落了，也是美洲之罪，是上帝的选民之罪，是山巅之城的瑕疵，和旧世界的悖逆行径有本质的不同。第三部分是对将要到来的一系列灾难的预言。这一方面是因为灾难本身就是他们上帝选民身份的证明，若非如此，上

---

[1] 此时的马瑟没有想到，仅仅五年之后，"半约"就被提出来讨论，而出于对殖民地现实情况的考虑，他本人在1662年的宗教会议上是同意实施半约的。
[2] Perry Miller, *The New England Mind: from Colony to Province*, P15.

帝何以频频降灾以示警告？另一方面，根据千禧年理论，[1]在最后的日子里，灾难频降，天崩地裂，世人死伤无数，基督重临，带领上帝的选民重建盛世，统治世界一千年。所以，和科顿预言世界末日一样，哀诉布道对灾难的预言与其说是提醒人们规避，不如说是一种模糊的希望，希望在一系列的灾难之后，千禧年会接踵而至，那时美洲清教徒无疑将区别于宽容了异端的旧世界，将被证明为上帝真正的选民。正是从这个意义上，诗人麦克尔·威格尔斯沃斯1662年写道："上帝与新英格兰的争执"保障了殖民地的成功。因为，教士们解释说："上帝加诸的创伤犹如'锻炼之火'，意在净化和激励，或者像是慈父给予的惩罚，是他的特殊关怀的一个标志，其他任何地方的情形都不能与此相比"。[2]

哀诉布道的任务可以简单地归纳为要把世俗的美洲生活神圣化，而清教徒的美洲身份就是这一努力的结果。清教徒的美洲之行，原本是要完成一项神圣的使命，那就是要在人间重现乐园，建立一个纯而又纯的完美社会。这个社会的繁荣和人们生活幸福只是一个手段而非目的，因为建立这个社会的目的不在于该社会本身的福利，而在于用它的存在向旧世界证明"山巅之城"的优越性——这是所有乌托邦社会的共同点，它本身就是虚无的。如果福利不是自指的，那这个社会的存在价值就得由一个"非我"，一个他者来评定。这种"外向型"的社会就应该正确地被叫作乌托邦（nowhere），而生活在里面的人真可以说什么也不是（nobody），只是一个工具。一个人的一生只是一个样本，谁能长期忍受这样的身份呢？当初温斯罗普等人只是想要找一块地方，通过这个地区的繁荣和对他们神学信仰的实践来昭示他们道路的正确，重要的是按契约的步骤和要求来做，至于这块土地在什么地方完全无关紧要，它

1　千禧年（Millenium）：一译"千年王国"，源于《新约圣经·启示录》。认为在世界末日来临之前，基督将亲自为王治理世界一千年，这期间，信仰基督的圣徒们将复活而与基督一同为王；魔鬼暂被捆锁，福音将顺利传遍世界。千年期满，魔鬼又被释出，再次进行迷惑人的活动，最后即是世界末日。参见任继愈主编：《宗教大辞典》，上海辞书出版社1998年版，第610页。

2　〔美〕萨克凡·伯克维奇著，钱满素等译编：《惯于赞同——美国象征建构的转化》，第75页。

理论上可以是任何地方（anywhere），美洲不过是恰好被挑中来做这个实验。但是随着英国内战的发展，看来要让旧世界走上革新之路是不太可能了，美洲的重要性突显出来，如果美洲的实验也失败了，那这个伟大的事业即告终结。更重要的是，美洲实际上已经成为清教徒们唯一的家园。这时契约神学已经成为清教徒们精神生活的基本框架，他们通过契约神学把上帝之城这个虚无缥缈的乌托邦切切实实地落在了美洲大地上，而通过公开悔罪和哀诉布道的方式还原了他们作为人的本来面目。他们通过承认他们没有达到原来的期望来把它转化为一种对美洲现实缺陷的认可，这意味着一种宣言：我们也许是失败了，但这毕竟是"我们的"失败，我们虽然有诸多的罪恶和错误，但这样也比做一个虚无社会、一个样本要强。这样，移民们越是在布道中大声哀叹，斥责自己没有好好遵守契约，越是表达了他们对自己的信心，因为这正表示他们并没有失去遵守契约的勇气。渐渐地，"人之罪"（the sins of the people）变成了"地之罪"（the sins of the land），这些哀诉布道和忏悔之声竟然日益成为对美洲生活方式的一种承认，而移民们也不再是宗教改革派往美洲荒野的先遣队而拥有了自己的美洲身份，这个身份的确立，最终会成为新英格兰对美国文化的最大贡献，是清教徒留给美国的宝贵遗产。

二 预表法与美洲身份

1630年代的清教徒坚信大移民在基督教历史上意义非凡，约翰·科顿在送别温思罗普一行的时候，特意摘选了《圣经·撒母耳记》第七章第二十节作为送别布道的主题："我将为我的选民以色列指定一块土地，我将使他们安居于他们自己的土地上，不再迁徙。"[1] 托马斯·谢帕尔德也认为殖民地在基督教史上有特殊的地位，它的建立得到"所有以前的时

---

[1] John Cotton, *Gods Promise to His Plantation* (London: Printed by William Iones, 1620), P16.

代和民族的帮助，那些神圣和博学之士为我们树立榜样和规范，帮助我们建立宗教和正义、教义和纪律、教会和共同体"。[1] 在最初的二十年间，人们最热衷的是千禧年的到来，很多人相信，随着宗教改革的深入，新教和天主教的对抗已经进入最后阶段，人类正面临最后选择的关键时刻，在一系列的灾难之后，基督重临，统治世界一千年。在1639年至1641年间，科顿发表了一系列布道，他预测1655年将是上帝采取行动的一年。诗人托马斯·德勒姆 (Thomas Derham) 在一首题为"第一次看到新英格兰，1638年6月29日"的诗中说明新英格兰的意义在于人们抛家别业、离乡背井是追随耶稣的象征性举动，很快会得到永生的回报。

"啊，这神圣的土地，我主将他最真诚、最神圣的话语根植于此。

啊，幸福的人民，那些抛开朋友和财富，追随耶稣，为了拯救他们可怜的灵魂。

你们获得了神赐的承诺，真正的报偿，在天堂。

我听到上帝的羔羊如是说：来吧，跟随我，

那些为我离开你的国家，亲爱的朋友和财富，

那些冒险穿越大洋的激流的人，他们将拥有这块土地，永无烦忧"。[2]

根据当时的习惯，他还在这首诗的旁边加上了圣经注解："所有那些为我之名抛弃了房屋、兄弟、姐妹、父母、妻子或土地的人，将得到百倍的回报，并享永生"。[3] 迟至1654年，爱德华·约翰逊 (Edward Johnson) 还发表了热情洋溢的布道"新英格兰历史——锡安的救主在美洲创造奇迹的神意"。他坚信新英格兰就是基督重临的征兆，若非如此，那么"所有那些上帝赐予你判断力的人们，请你们判断吧，难道新英格兰

---

[1] Thomas Shepard, "Thomas Shepard's Election Sermon, in 1638," *New England Historical and Genealogical Register*, 24, 1870, P365.
[2] Quoted from Harrison T. Meserole, ed., *Seventeenth-Century American Poetry* (New York: New York University Press, 1968), P397.
[3] Matthew, 29:1.

人民不是基督军队的先遣队吗？你将听到的神迹难道不是上帝的意旨？难道不是上帝派遣这些人到荒野布道，并向所有国家宣布人们将要看到的最伟大的奇迹正在到来？你不相信一个国家可以在一天建成？新英格兰的现实与此多么接近，但如果你相信，将会有更伟大的奇迹出现，就在不久的将来"。[1]

  遗憾的是，基督的到来迟迟没有音讯，相反，英国本土的情况却越来越糟，这个时候，必须重新定义美洲的身份。从第一代充满自信、以末世论为基调的布道向第二代的哀诉布道转化的时候，牧师们开始更多地依靠预表法来建立一个宏大的清教象征体系。宗教和象征修辞有着天然的联系，在宗教中，人类用象征的方式思考，而掌握了这一微妙技巧的人将改变历史。基督史学家们早就注意到在基督教兴起的过程中，象征起到了关键的作用。在《约翰福音》中，耶稣行为的象征性得到了更多的强调。"他的第一个神迹不是为人治病，而是在一个婚宴上把水变成酒，约翰说这是耶稣的第一个'预示'（Signs）。"把水变成酒是一个意味深长的象征：正像婚宴上的劣质酒终于用尽而代之以耶稣的神奇的上等葡萄酒，许多世纪以来统治犹太人生活的摩西律法也已经陈腐失效，被耶稣的新的和更好的"美酒"——耶稣对犹太人的拯救所取代。[2]同时，耶稣开始使用一种象征性极强的语言："我是世界之光……我是好牧人……我是生命的粮食。"实际上，这意味着人类必须通过耶稣和上帝发生关连，"我"字的使用起了很大的作用，"我"成为世人和上帝的中介。现代神学家约翰·诺克斯（John Knox）在他的著作《基督之死》中曾说："《约翰福音》中的基督几乎是全神贯注于他的自我重要性，因而完全忽略了公正的神旨、博大的仁慈与天国即将来临等重大主题。"[3]正是因为只有这样把重心放在耶稣个人的作用而不是传统的"上帝的公义"等等概念上，才有可能形成一个新宗教，这个新宗教必然格

---

1 Edward Johnson, *History* (London, 1654), P32.
2 〔英〕汉弗雷·卡本特著，张晓明译：《耶稣》，工人出版社1985年版，第33页。
3 转引自〔英〕汉弗雷·卡本特著，张晓明译：《耶稣》，第35页。

外注重象征的力量，因为说到底，正是象征把耶稣由人变成了教主，由人变成了神。而现在清教牧师们要做的，正是重复历史，只是这一次他们要做的，是把美洲变成新迦南，而预表法正是基督教象征修辞的绝妙传统。

预表法（typology）是一种古老的圣经诠释方式，预表法认为，希伯来圣经中的所有事件、人物和地点都预表了新约中所说的耶稣基督的生平。"犹太人有个基本信仰，即任何重大事件的发生必是上帝所应许，并且都是在现在称之为《旧约》的作品中预见过。由于存在这种信仰，犹太作者便经常到《旧约》中去搜寻那些能作为最近的事件的预示的说法。这情形有时导致一种假定，即这些事件必定得发生，以便预言得以证实。"[1] 当然，有时事件被编造出来以证明预言的真实性，而在新英格兰，清教牧师们将创造性地"使历史发生，来使预言得以证明其真实性。"这是信仰和修辞的伟大成果。清教徒们发展了这一古老的学说，声称旧约不仅预表了新约，更预表了新世界的命运，预言一个"荒野"将被建成"盛开的玫瑰园"。这个荒野，毫无疑问就是美洲荒野，而清教徒们则是受到神的召唤来显示美利坚的命运。当科顿把美洲叫做"地极"的时候，[2] 他不仅是指它的地理位置，显然也暗示这是基督重临的地方，温思罗普也认为上帝"已经选中新英格兰做他的居所"。[3] 但是此时美洲式的预表法还远未达成共识，欧洲的新教徒认为这是彻头彻尾的渎神："这些持狂妄幻想的人，蜂拥到一个边远的荒野去找寻一个实施他们荒谬教义的自由空间"。[4] 在美洲持反对意见的是罗杰·威廉斯，他坚持经典的预表法，认为旧约故事只是预表基督生平，任何其他的解释都

---

1 〔英〕汉弗雷·卡本特著，张晓明译：《耶稣》，第24页。
2 语出《圣经》，参见《旧约·约伯记》28章24节等。
3 John Winthrop, letter of May 15, 1629, quoted in Peter N. Carroll, *Puritanism and the Wilderness: The Intellectual Significance of the New England Frontier*, 1629-1700 (New York, 1969), P19.
4 Nathaniel Ward, *The Simple Cobler of Aggawam in America*, (1647), ed. R. M. Zall, (Lincoln, Neb., 1969), P6.

是渎神:"美洲和欧洲,和其他任何地方一样,都是罪孽之所,死亡之地";而真正的圣徒,在尘世只是过客,"我们所有人,在任何地方,都是异乡人,是朝圣者",怎么敢把"天堂混迹于此世,教会混合于世俗政府?"[1] 但是反对的声音是微弱的,整个殖民地沉浸在神圣的英雄主义氛围中,旧世界的情况越是险恶,殖民地思想界就越是急于确立美洲的神圣地位。

1670年,塞缪尔·丹弗斯的选举日布道《简论新英格兰向荒野进发的使命》是一个最好的范例。在这篇典型的哀诉布道中,丹弗斯选择了《圣经·马太福音》第十一章第七节作为圣经依据,这是一段关于施洗者约翰(John the Baptist)的经文,他曾带领追随者去到荒野生活。丹弗斯揭示其教义的核心是:"就算那些抛弃了舒适的城市生活,来到荒野只为了崇拜上帝的人,他们的热情日后也会降低。但是上帝会教导他们认真彻底地自我检讨,他们为何来到荒野?他们不是出于一时轻浮,或是谄媚的浮夸,而是自愿追随福音和上帝之国"。所以在第二段"用处"中,丹弗斯也提请殖民地的人民,不要忘了"你们在上帝、天使和人们面前庄严宣誓,你们离乡背井、抛妻别子,来到荒野的目的是为了追随福音,为了以纯洁的方式不受干扰地崇拜上帝"。在第三段,他照例列举了一系列的灾难,包括干旱、洪水和地震这些新英格兰的确经历过的自然灾害。他一一列举这些灾难,不是像他的前辈那样暗示基督随后就会重临,而是以此证明殖民地的神圣身份:上帝用他的惩罚证明了他对殖民地的特殊关注,只要新英格兰人专心侍奉上帝,上帝必将"赐予他们神的庇佑和保护"。[2]

通过把新英格兰和圣经中的以色列进行类比,丹弗斯赋予美洲身份三重神圣性:首先,和以色列一样,清教徒们去往荒野是自愿追随上帝,以契约方式结成新的社会;和以色列一样,在这个社会中,宗教和

1　Roger Williams, *Complete Writings*, ed. Perry Miller, (New York, 1963), I, 76; III, P322.
2　A.W.Plumstead, ed., *The Wall and the Garden: Selected Massachusetts Election Sermons*, 1670-1775 (Minneapolis: University of Minnesota Press, 1968), PP61-67.

世俗领袖携手完成上帝的指令。第二，第二、第三代清教徒虽然不像他们的父辈那样可以媲美于旧约中的英雄，但是他们决心追随先辈的足迹，绝不向旧世界投降，绝不宽容异端，虽然新英格兰社会有了一些堕落的现象，但相比之下，它仍然是这个世上最纯洁的社会。第三，通过施洗约翰和丹弗斯本人的并列，阿拉伯沙漠和美洲荒野的并置，丹弗斯把清教徒的美洲使命和基督教历史上最初的荒野使命相提并论，正是这两次使命改变了历史：上一次使命发生在基督教的发端，而这一次，将是历史的终结。萨克凡·伯克维奇指出："在这个意义上，使命即是进步。它意味着教会逐步地征服撒旦的荒野世界，使它成为基督所有"。[1] 丹弗斯决定性地扩展了预表法，他不仅认为旧约预表了新约，并且认为道成肉身（Incarnation）之后的所有历史都导向基督重临。这是一种多重允诺，也是一种进步历史：从摩西到施洗约翰到温思罗普到丹弗斯，从旧世界到新世界，从迦南的以色列到美洲的新以色列。总之，历史将在此终结，美洲是希望之地。一旦类比成立，困扰第二、第三代移民的宗教热情衰退和社会道德下滑的问题也迎刃而解了。既然在摩西以及施洗约翰带领的荒野使命中，第二、第三代人也出现过下滑，"他们为了自己的世俗便利而忽视了上帝的法令"，[2] 那么在美洲的情形不仅不必担心，反而更证明了美洲使命的确是基督教史上的又一次重要使命，重要的不是目前的下滑，而是历史的相似，是历史已经由第一、第二，现在进入了第三次使命，这才是历史的进步。丹弗斯毫不怀疑："我们拥有上帝的承诺"。[3]

在继续扩展预表法，确立美洲身份方面，科顿·马瑟做了大量的工

1　Sacvan Bercovitch, *American Jeremiad* (Madison, University of Wisconsin Press, 1978), P12.
2　Increase Mather, *The Mystery of Israel's Salvation* (London, Printed for John Allen in Wentworth-Street, near Bell-Lane, 1669), P52.
3　Samuel Danforth, *A Brief Recognition of New England's Errand into the Wilderness* (1670), in *The Wall and the Garden: Selected Massachusetts Election Sermons*, ed. A. William Plumstead, (Minneapolis, 1968), P65.

作。作为殖民地显赫的两大家族科顿和马瑟家族的后裔,英格里斯·马瑟的长子,科顿·马瑟从小就充溢着特殊的使命感:"邪恶天使对这个国家的攻击是特别冲着我来的,是对我所做出的种种微薄努力的挑战","异乎寻常的事情是为我做的,但这是不能讲述的。我只能说,天堂里的天使在为我工作"。[1] 他常常自比为耶稣:"我看见自己被钉在十字架上。我的精神已接受这一条件;我表示欢迎,我的救世主命令我服从他,有其光荣的计划";"我应该被继续钉在十字架上,成为一个景观,让光荣的上帝愉快地从天国俯视我"。[2] 1692年春天,马瑟开始撰写《基督在北美的辉煌》,这时教会国家已经废止,马瑟的目标就是要用言辞来对抗现实,重铸历史:"他们用石头袭击这本书,我将以此为材为自己建立一座丰碑。不论新英格兰实际上能否在其他地方存在,它必须以文字和精神形式存在于我们的历史上!"[3] 也难怪帕林顿把马瑟称为"正朝扬基方向转变的波士顿中最原始的清教徒",[4] 他下定决心,永远只从预言和神圣历史的角度去看待殖民地现实。1692年,塞勒姆巫术案的时候,他首先引用的是《启示录》:"因为魔鬼知道自己时间不多,就气忿忿地下到你们那里去了"。所以,在这样一个悲剧性事件中,马瑟看到的居然是:"上帝选民,特别是新英格兰上帝的选民,我有福音要传达。魔鬼从未像今天这般猖獗。这一点证明:千年王国已近在咫尺。亲爱的主啊,你曾说过:'快了。'啊,这话叫人多开心!我或许会和摩西一样,面对荒野叹息:我们被你的愤怒所吞噬。但是,如果上帝有计划选择这里作为他美好事物的地点,上帝曾亲口提到过的美好事物,上帝之城啊,那么,新英格兰啊,你离最美好的时光只有一步之隔。我们的主

---

[1] Cotton Mather, *Diary*, I, I, 200-201; (The Marrow of the Gospel, Boston, 1727), P19.
[2] Cotton Mather, *Diary*, I, I, 200-201, I, P515, 583.
[3] Cotton Mather, *Magnalia Christi Americana; or, the Ecclesiastical History of New England, from its first planting, in the year 1620, unto the year of our Lord 1698*, in seven books, ed. Thomas Robbins, (Hartford, 1853), I, P27.
[4] Vernon Louis Parrington, *Main Currents in American Thought* (New York: Harcourt, Brace and Company, 1927), P100.

耶稣将拥有地球的绝大部分。最后的一个将会是第一个。正义的太阳刚刚升起，光芒四射照亮苍穹"。[1] 马瑟沉浸在自己对新英格兰历史的创造性解读中，对于他来说，新英格兰就是新以色列。而他一生的工作就是要说服世界，使他们认清历史的必然趋势；尤其是劝诫殖民地的人们，不要放弃他们的神圣事业，因为他们命中注定要承担人类历史上最伟大的使命。1700年，他发表题为"感恩的栋梁"的选举日布道，"对于一个民族，如果做出如下陈述：噢，主啊，你所种植的这株葡萄藤蔓，你把它从异教中拯救出来，你种植了它，使它深深地扎根，使它充满大地……我的听众听到此处将无法分辨，这一陈述是关于旧以色列还是新英格兰：因为他们是如此惊人地相似！"[2] 时常，马瑟会情不自禁地发出感叹："啊，新英格兰锡安，穿上你最漂亮的衣裳，啊，美洲的耶路撒冷！"[3]

马瑟不仅在书斋里创造美洲历史，凭着一个优秀牧师的直觉，他抓住"服务"这个概念，把新英格兰的神圣理想和世俗现实结合起来。"服务"是基督教道德的基本构成因素，约翰·科顿就曾说过："我们生活在对我们职业的信仰中，我们的信仰是，通过服务上帝，服务世人；通过服务世人，服务上帝"。[4] 结合殖民地不断世俗化的现实，马瑟在重复这样的教导时悄悄加入了一种把善行制度化的口吻："做好事最多的人最长寿。能够增进人类幸福、减少人类苦痛，就是给上帝增添光彩"。[5] 为此，他在1710年专门撰写了《善行》一书，为"善行"和"服务"的性质和意义做了经典定义，敦促全社会的人好好工作，为上帝和

---

1 Cotton Mather, *The Wonders of the Invisible World. Being an Account of the Tryals of Several Witches Lately Executed in New England* (London, 1693), P69, 77.

2 Cotton Mather, *A Pillar of Gratitude* (Boston: Printed by B. Green & J. Allen, 1700), P4.

3 Cotton Mather, *Midnight Cry*, P59.

4 John Cotton, "Christian Calling," in *The American Puritans*, ed. Perry Miller, (New York, 1956), P176.

5 George L. Kittredge, *"Cotton Mather's Election into the Royal Society,"* (Publications of the Colonial Society of Massachusetts, XIV, 1913), P103.

社会服务，同时也要多做善事，因为"尽管我们被证明是对的，但仍然要求我们去做善事，以此来证明我们的信仰是对的"。[1] 在《善行》中，马瑟把每一件善事都提到"最后审判"时个人在上帝面前的重大证据的高度，实际上，"他提出善行是看得见与看不见之间的桥梁"。[2] 善行不仅是"一件能带来回报的事"，不仅是"你有力而永久的证明"，[3] 更重要的是，它是个人和社会联系的一种方式。"善行"和"服务"在18世纪新英格兰的神圣社会日益松动的时候，起了一种替代作用，马瑟希望能用基督教道德来凝聚一个教会契约已然松散的社会。马瑟首先通过重写殖民地历史，把预表法应用到美洲的一切现实历史中；另一方面，在现实持续世俗化的压力下，他转向一种普遍的社会道德来替代人们已经厌倦的神学术语，使神圣历史和世俗现实接轨。

清教神学家常说的一句话是："预言是历史的预演，历史是预言的实现"。[4] 对于17世纪的清教徒来说，没有单一的历史事件，没有单独存在的人，一切的一切在开始以前已有定论。正是这种融为一体的历史观使温思罗普成为摩西，使新英格兰成为新耶路撒冷。总之，语言反映了思想，修辞加强了信仰，它使人相信新英格兰就是上帝之城，而历史只是一个循环往复的预言，所有的一切，《圣经》早已言明。虽然这种把历史和预言混为一谈，借《圣经》以拔高自我身份的做法在17世纪运用广泛，但是在实际操作中却有不同的命运。路德本人曾经相信德国是上帝选中的国度，而加尔文有他的日内瓦，克伦威尔时期的英国也曾经被寄予厚望，当科顿·马瑟创作《基督在北美的辉煌》的时候，在英国也出现了大批类似的书籍。但是到19世纪的时候，这些书籍全都湮没在历史陈迹之中，回头看的时候，人们只有苦涩的记忆：历史无情地证

---

[1] Cotton Mather, *Bonifacius: An Essay upon the Good,* ed. David Levin, (Cambridge, Mass., 1966), P28.
[2] 〔美〕萨克凡·伯克维奇著，钱满素等译编：《惯于赞同——美国象征建构的转化》，第113页。
[3] Cotton Mather, *Bonifacius: An Essay upon the Good,* ed. David Levin, P17, 61.
[4] Nicholas Noyes, *New-Englands Duty* (Boston, Printed by Bartholomew Green, and John Allen, 1698), P43.

明他们的历史只不过是世俗历史的一部分。相反，在美洲，神圣历史观在民众中广为接受，在殖民地与旧世界的关系日益疏远之后，美洲本身的地位日益受到重视，殖民地的身份渐渐由宗教改革的先遣队转变为上帝真正选中的民族，新以色列。《基督在北美的辉煌》早年在英国出版，读者反映冷淡，但是 1820 年在美国出版以后却大受欢迎，1853 年又再版，人们从马瑟的作品中读到了自己民族命运的预言，人们对美洲神话的信心并未随着美洲现实的世俗化而减少，相反，美洲的神圣身份日益成为一种共识。哈莉特·伊丽莎白·比彻·斯托夫人 (Harriet Beecher Stowe) 深情地回忆了儿时和父亲共读《辉煌》的情形："（父亲）在书架上又添置了新版两册科顿·马瑟的《辉煌》。多么奇妙的故事！并且是有关我自己的国家的故事。这些故事使我觉得我所站立的土地是由上帝的神意特别眷顾的地方，是多么的神圣……我强烈地感受到一种英雄气概，这是从我的清教先祖们一代代传下来的"。[1] 这种"炉边学习"的记忆恐怕是大多数美国中产阶级家庭所共有的，这也说明《辉煌》以及其他类似的书籍在铸造"美国人"这一新兴民族的过程中所起的作用：用一个神话凝聚了一个民族，新铸了一个文明。美洲的神圣身份一旦确立，"'Americanus'便成为一直保持多重含义的一个象征：它是一个联合身份，不仅和拯救大业密切相关，而且内在于逐渐展现的类型和原型之中，它本身就是一个有待实现的预言"。[2] 从 17 世纪早期清教徒移民北美大陆开始，世代的美洲人拥有一种奇特的类同于古代以色列人的宗教传统，正如犹太人的安息日聚会不仅仅是宗教崇拜仪式，同时也是对犹太人的历史的教导和训练一样，北美人在日常的生活中、在每周的教会布道中、在特别强调预表法的基督教中创造了一种类似于美国民族的宗教，随着这个民族的凝聚和壮大，这种民族宗教和美洲实验的历史纠

1　Stowe, quoted in Edmund Wilson, *Patriotic Gore: Studies in the Literature of the American Civil War* (New York, 1962), P8.

2　Sacvan Bercovitch, *The Puritan Origins of the American Self* (New Haven: Yale University Press, 1975), P89.

结在一起，事实上成为一种"历史的宗教"。这对于没有多少历史、民族和文化背景的美国文化而言是一个非常强大的影响。

美洲式的预表法是把神圣时间和现实时间接轨的一种努力。基督教和其他宗教一样，都强调独立于世俗时间与空间的另一维度，一个神圣国度。在那里时间循环往复、无始无终，是灵魂的安居之所，它与尘世平行并置，它们同时存在，却永不相交。但是新英格兰的神圣历史从一开始就走上了努力使这圣界与尘世交融的道路。从契约神学的提出到预表法的扩展，新英格兰为了证明自己的神圣性，不得不在圣界与尘世搭建桥梁。这座桥梁看上去是向后搭建的，让新英格兰的历史连接上圣经旧约的故事，但它的作用却是通向前方的，是为了使神圣化境、千年盛世与美洲的未来合二为一。就像"半约"一样，新英格兰人坚持他们的圣城是建在灵界圣境与世俗尘世之间的某个"中间地带"，是伊甸园第二，是"物质化的以色列"，是新迦南。它虽然不是天堂，但和普通的尘世也有绝大的区别——新英格兰是千禧年的入口。预表法在旧世界是一种圣经诠释方法，而在新世界却成为一种应用广泛的修辞手法。新英格兰世俗化的过程同时也是预表法无限扩展，由神学领域渐及世俗政治、文化和社会生活的过程。这种修辞手法就像仙女手中的魔棒，点到之处，全都罩上了神圣的光环，在旧世界完全属于世俗领域的东西，在新世界也是和神圣事业密不可分的。实际上，在新世界的现实日益世俗化的同时，从修辞上看，在新世界却并无世俗这种东西，一切都是神圣的。美洲身份是世俗化和神圣化的交融点，从此世俗化竟然可以以神圣的名义进行，总之，美洲身份既为神圣，则无不神圣——世俗化在深入，而神圣化在扩展。

历史将会证明，预表法以及美洲身份的确立对日后美国的发展产生了巨大的影响，伯克维奇认为："它为移民和他们的孩子建立了一个独特的地区传统，为他们提供了一种目的感、方向感、连续感，社会纪律和自我批评模式,以及在动荡的过渡时代给他们一种对未来的确定"。[1] 在后来的历史中,他们甚至还"用圣经中迁徙和征服的神话来为既成事实前的帝国主义正名"。[2] 使用圣经人物、圣经故事从来都是西方文化的传统,但是使用圣经人物、圣经故事来证明美国的神圣身份却是一项清教发明,并且经由清教牧师的反复布道、清教徒的深信不疑和清教文化在美国文化中的发展和渗透,已经成为美国文化的传统,哪怕是在现当代的流行文化作品中,也不乏这样经典的清教文化元素。在好莱坞的大片《爱国者》中,马丁上尉的儿子有一个旧约味十足的名字:加百列。对于熟知《圣经》的西方观众来说,这是完全无需加注的一个名字,加百列正是向处女玛利亚预先宣布其即将向圣灵受孕的天使之名。在《路加福音》中,玛利亚对天使加百列优雅大方地回答说:"愿你的话成就在我身上。"而纯洁的加百列正是《爱国者》一片中全新美利坚的预言者,他不仅预言了美国的诞生,更是为了她的独立而战,当染满加百列鲜血的星条旗在爱国者手中招展的时候,全剧达到高潮。天使的预言必将成真,以色列的加百列预言了救世主的降生,而美利坚的加百列预言了美国的独立、新迦南的诞生。

虽然在哀诉布道中美洲的神圣身份得以确立和巩固,在修辞上教士们获得了节节胜利,但在现实生活中世俗化进程仍在继续,精神和物质世界持续分裂,牧师们在精神世界获得的胜利也伴随着他们在世俗事务中的节节败退。驱巫案是这一矛盾的外在表现,而天花事件更是民间反牧师情绪的大爆发。驱巫案使人们意识到,把"幻觉证据"当真不仅是荒谬的,而且是危险的,牧师们应该把精神和物质世界分清楚,而且应该把神学的影响限定在精神范围之内。

---

[1] Sacvan Bercovitch, *American Jeremiad*, P80.
[2] 〔美〕萨克凡·伯克维奇著,钱满素等译编:《惯于赞同——美国象征建构的转化》,第31页。

第二节 圣城阴影:塞勒姆的女巫和天花的启示

一 塞勒姆的女巫:无辜者的血玷污了它

塞勒姆驱巫案发生在马萨诸塞殖民地塞勒姆镇一个偏僻的村子里。从 1691 年冬天开始,一些小女孩出现了种种幻觉,包括有人向她们扔东西,还有人掐她们、咬她们等等。当时的牧师塞缪尔·帕里斯 (Rev. Samuel Parris) 采取了一些常规的办法来处理,他尝试让病人忏悔,并且宣布斋戒,但是毫无效果。孩子们越闹越厉害,直接指控邻居,在发作的时候屡屡提到他们的名字,村民们开始公开地怀疑有人使用巫术。1692 年 2 月,第一批三个女人被捕,参与审判的就有约翰·霍桑 (John Hathorne),拉撒尼尔·霍桑 (Nathaniel Hawthorne) 的曾祖父,在《红字》的前言中,霍桑对这位残酷的曾祖父在驱巫案中的表现深恶痛绝,这种哀伤的调子笼罩着《红字》全书,所以《红字》虽然写的事情和驱巫无关,读者却奇特地在这本书中最真切地感受到 17 世纪驱巫案的血腥气息。3 月 24 日,村子的前任牧师德欧达特·罗森 (Deodat Lawson) 发表了题为"基督的忠诚是抵御撒旦之恶的唯一盾牌"的星期四布道。实际上,罗森本人也遭到攻击,他死去的妻子和女儿频频出现在幻觉报告中,罗森很清楚,在村子里刚刚发生了许多激烈的争吵,不管二者之间是否有直接的联系,有关巫术的控告都是很危险的。他在布道中强调,好人的外形也可能被魔鬼利用,所谓"幻觉证据"也就是产生幻觉的人的口头指控,一定要有别的旁证才能给人定罪,否则会带来极大的混乱,而恶意也会肆虐。布道完全采用标准的哀诉布道风格,没有任何特殊的地方,在布道的最后,罗森敦促殖民地当局加紧调查。因为这一段话,有人认为罗森的这次布道无异于是煽风点火,1867 年查尔斯·阿

普汉 (Charles W. Upham) 甚至在文章中说，罗森在回塞勒姆之前就谋划着要煽动混乱。[1] 其实这是 1684 年以后哀诉布道的老调子了，因为特许状被收回，教会一直担心从此政府不像以前那样听话，那样乐于和教会合作了，所以在布道的最后，总是会再次督请政府的协助。6 月 2 日，成立了以威廉·斯坦顿 (William Stoughton) 为主席的特别听审法庭，法庭认为无辜的人在上帝的庇护下是不可能出现在别人的幻觉中的，也就是说那些被人控告使用巫术的人都有罪。事态急剧恶化，6 月 10 日，布莱吉特·毕夏普 (Bridget Bishop) 被吊死，成为塞勒姆事件中第一个因巫术罪被处死的人。受到指控和审查的达数百人，在一个小小的村子里出现这么多巫师、巫婆，社会情绪完全到了歇斯底里的程度，人人自危，看谁都像巫师。7 月 19 日又吊死了五个，受到控告和审判的人越来越多，看上去好像是撒旦本人正式出击，在塞勒姆森林招募了一批巫师，而塞勒姆村以前的牧师乔治·布罗斯 (George Burroughs) 被认为是撒旦的同伙，是塞勒姆事件的首犯，他于 5 月初从缅因被抓回来，8 月 19 日和另外五个人一起被吊死。从布罗斯以后，塞勒姆驱巫案呈现出一种与其他驱巫案不同的特有情况，许多人都供认和魔鬼"签有契约"，而在他们招供的同时，总会供出另一些同谋，往往是自己的家庭成员。这显然和法庭所采用的审讯方式有关，在一份请愿书上，当地人说法庭使用"天主教式的残酷手段"。[2] 9 月，法庭又对十五人提起公诉，吊死了其中八个，一时之间，塞勒姆阴风惨惨，驱巫案又蔓延到邻近的几个村子，事态发展到了难以控制的地步。早在 6 月，塞勒姆事件已经引起了一些外界关注，6 月 15 日，马萨诸塞总督威廉·菲普斯 (William Phips) 正式向教会咨询意见，这是马萨诸塞历史上最后一位行政长官向教会征询意见。同日，教会做出答复，虽然也指出魔鬼可能会以无辜者的外形出

---

1 Charles W. Upham, *Salem Witchcraft: With an Account of Salem Village* (Mass., Corner House, 1971), P192.
2 George Lincoln Burr, *Narratives of the Witchcraft Cases* (New York: C. Scribner's Sons, 1914), P52.

现，但最后却又软弱地做出让步，态度暧昧。直到 10 月 3 日，英格里斯·马瑟出面发表"良知事件"一文，明确谴责所谓"幻觉证据"，菲普斯命令暂停审判。1693 年 1 月，重开法庭，又判处三人死刑，驱巫案宣告结束，一共有二十二人因此丧命，另外八个由斯坦顿已经判处死刑的人由菲普斯宣告无罪，其余关在牢里的人也被赦免。4 年以后，马萨诸塞宣布斋戒一天为无辜的死者祈祷，从那以后新英格兰再没有因为巫术罪处死过人。[1]

有关塞勒姆驱巫案最特别的地方是人们对待它的态度。1692 年以后，除了当时出版的几本书提到了驱巫案，其他所有文献、布道对此讳莫如深，直到 1721 年天花事件反对牧师的一方终于又旧事重提，整整 28 年，在殖民地历史上没有任何文献提到驱巫案，好像它从来没有发生过一样。牧师们在哀诉布道中预言种种可能降临的灾难，从地震、天花到火灾、沉船，但就像约好的一样，没有一个人提到巫术。这种集体沉默正好说明驱巫案在人们心中留下的阴影和伤痕。这也是理想社会常常会碰到的尴尬局面之一，因为在一个永远正确的理想社会里，对所谓阴暗面的压制是非常厉害的，往往以道统名义做出令人发指的极端酷行。而事后道统为了粉饰太平，对当日的狂暴发作只字不提，历史中这样湮灭的事件往往比那些大书特书的事件更能体现那个时代的精神。

巫术是在中世纪欧洲普遍存在的东西，但是清教徒对巫术特别厌恶有一个特殊原因，因为它和圣徒重生的方式完全是一样的，只是方向不同。都是通过契约的形式，圣徒们是与上帝签约，而巫师们是与魔鬼签约。所以双方是正面对垒的死敌，不像其他的罪孽，只是人类自身的弱点。巫术是和魔鬼有直接关联的，所以要严酷地镇压。对巫师的惩罚从殖民地初建就有，新英格兰各个殖民地对惩办巫术罪都有明文规定。1641 年马萨诸塞法律规定："任何巫师或巫婆（鬼魂附体或与鬼魂交流）

---

[1] David D. Hall, *Witch-hunting in Seventeenth-century New England* (Boston: Northeastern University Press, 1991), PP258-262.

均应处死"。[1] 普利茅斯、罗得岛、纽黑文、康涅狄格和新罕布什尔都有一模一样的法律。巫术对于 17 世纪的人们来说完全不是什么抽象的东西，大家都知道一些有关巫术的"知识"：巫婆身上有一个特殊的乳头；小鬼或是中了魔的动物夜里会来吮吸这个乳头；一些会变形的动物如猫、鸟、狗、蛇之类是魔鬼的侍者或是魔鬼的化身；巫婆和魔鬼签有契约等等。同时，社会上也流传一些驱巫的法子：在门口钉一个马蹄铁可以阻止巫婆进屋；把中了魔法的东西烧掉可以让巫婆现身等等。据统计，1692 年塞勒姆事件之前，新英格兰地区驱巫案超过百起，仅 1648 至 1663 年间就有 15 人因巫术罪被判死刑，驱巫在 17 世纪的新英格兰是一直都存在的现实。[2]

一个人被指控使用巫术有多种原因：爱与人争吵、难以相处或是生活习惯与众不同。总之，被控使用巫术的人通常被认为是以某种方式挑战社会秩序，威胁既定权威，而对他们的惩罚也有杀一儆百的作用。在 17 世纪的新英格兰和在欧洲其他地方一样，每个人都知道，如果他行为出轨，为社会所不容，那他往往更容易成为巫术的受害者，或者被指控为巫师。在现实情况中，巫术案往往涉及家庭和邻里关系，成为一些人泄愤、报复的工具。1669 年，康涅狄格的莎拉·迪伯 (Sarah Dibble) 控告丈夫虐待她，他否认指控并且说莎拉·迪伯身上的青紫是因为"她是一个女巫。"[3] 虽然法庭驳回了双方的控告，但可见在 17 世纪的新英格兰，如果女人脱出社会常轨，或是与家里的权威发生冲突，巫婆往往成为一个现成的罪名。不仅是不听话的妻子会被控使用巫术，独居的女人、寡妇或是无子的中年妇女，尤其是那些因为没有兄弟而继承了遗产的独身女人，都很容易被人叫做巫婆。总之，驱巫制度作为一种文化因素，和其他社会权力方式一样，起着约束社会成员行为，稳定社会秩序的作

---

1 John D. Cushing, ed. *The Laws and Liberties of Massachusetts, 1641-1691* (Wilmington, Del.: M. Glazier, 1977), 3, P701; 2, P11.
2 David D. Hall, *Witch-hunting in Seventeenth-century New England*, P14.
3 David D. Hall, *Witch-hunting in Seventeenth-century New England*, P22.

用。它是一种权力话语，受指控的人都是处于社会权力核心之外的边缘人。然而塞勒姆事件却打破了这一传统，它是由社会权力体系中最底层的人——女孩们发起的。而受到指控的都是有权有势的人，邻居家凶悍的大婶，平时只知道心疼孙子的爷爷，高高在上的牧师，甚至还有人控告了总督菲普斯的夫人，尽管显然她根本没见过夫人，只是听说过她的大名。审判中有一个叫考雷太太的女人，面对指控者，她简单地指出她们发疯的原因："她们只是些精神错乱的孩子，没人拿她们的话当真"。[1] 这种家庭内部的怨怼可谓由来已久，新英格兰社会从来就强调人人各有其位，社会权威的建立有赖于家庭权威的巩固，1679年的宗教会议还再次强调要加强家庭内部的管教。具有讽刺意味的是，正是牧师叮嘱家长们要好好看管的那些人：老婆、女儿和女仆们在驱巫案中成了主导者，往往因为她们的一句话，一家之主就上了绞刑架。而且她们现在以正统自居，真理在她们手上："是你在攻击我，不是我在攻击你"。在塞勒姆事件中，这些弱势个体表现出强烈的反抗权威的激情，一个名叫伊丽莎白·纳普(Elizabeth Knapp)的小女孩在发作的时候，企图杀死自己的父母、邻居和前来为她祈祷的牧师。[2] 对于一个似乎无懈可击的社会结构，破坏它的方法也许正像这些无权者出于本能所干的那样：从同一个方向把它推向极端。等高热过去以后，结果渐渐显现出来：宗教变得更理性了，而政治权力也变得更抽象了。

驱巫案中出现的另一个问题是：在哀诉布道中成功运作的一种社会心理机制，即忏悔和赎罪，被轻率地用于逃避惩罚。几十年来，契约神学在殖民地运转良好，其标准程序是：一个人签约，如果他有罪，他受罚，他忏悔，惩罚结束，他又重回契约内部。但是在1692年8月，一个名叫玛格丽特·雅格布(Margaret Jacob)的女孩认罪以后又指控她的

---

1 George Lincoln Burr, *Narratives of the Witchcraft Cases* (New York: C. Scribner's Sons, 1914), P156.
2 George M. Waller, ed. *Puritanism in early America* (Lexington, Massachusetts Toronto, D.C.Heath, and Company, 1973), P185.

祖父是巫师，法庭因此吊死了老人，谁知道雅格布又反悔了，她说是因为法庭威胁她，"所以说了与良心和事实相反的话"。¹ 到驱巫案结束的时候，共有五十人承认自己是巫师以免于死刑。一个叫吉尔斯·考雷 (Giles Cowley) 的人拒绝辩护，被一块块石头堆起来压死，因为他不辩护就无法证明他是巫师，也就无法用标准的处死巫师的办法——绞刑来处死他，但是他起码保住了家产，因为如果证实他是巫师，不仅他要被吊死，家产还要充公。正是因为法庭使用了粗暴而残忍的手段来迫使人们就范，所以以往循规蹈矩、不敢滥用忏悔和赎罪手段来脱罪的老实人也被迫采用这种方法以求自保。事实明摆着，如果不肯撒谎，就会被吊死，而忏悔一下就可以保命，在这样的环境下，怎么可能指望大家还严肃地对待这件事呢？而一旦有人开始不严肃地对待忏悔和赎罪，整个机制就蚁穴溃堤，土崩瓦解了。

牧师们在此事件中扮演的角色最为尴尬，一开始当村子里有人出现幻觉时，牧师们尝试着对他们进行精神治疗，但是失败了，反对巫术既然是正统观念，而对于种种莫须有的指控又很难澄清和判断，事态进一步恶化时，牧师们只能被公众的恶意牵着鼻子走。但是，牧师们很快就会发现，他们的麻烦事儿还远不止如此。"良知事件"本来起到良好作用，促使驱巫案结束，但是在文章最后，英格里斯·马瑟特意附上一段话，说明他并没有指责任何法庭成员的意思，"他们都是智慧而正直的人，并且一直遵照他们的良知办事，本着一片善心，免使事态恶化"。²并不是马瑟愿意说瞎话，实在是教会和政府的关系早就不像从前了，和法官们搞好关系，维护法庭的威信太重要了，马瑟不可能站到法庭的对立面去。但是最大的难题还是落到科顿·马瑟的头上。事后，公众情绪强烈反对法庭和那些胡乱指控导致驱巫案的人，英国方面也表示关切，在这样的压力下，科顿·马瑟写作了《隐形世界上的奇迹》一书，为殖

1　William E. Woodward, *Records of Salem Witchcraft* (New York, Da Capo Press, 1969), P197.

2　Perry Miller, *The New England Mind: from Colony to Province*, P199.

民地辩护。这本书把科顿·马瑟的名字和驱巫搅和在一起，几乎到了遗臭万年的地步。马瑟本人并非意识不到这种后果，但他还是写了一大本书为驱巫案辩护，这是因为他作为殖民地的代言人，太急于把驱巫事件纳入契约神学和哀诉布道的范畴。《隐形世界上的奇迹》花了大量的篇幅来论证殖民地的特殊地位，尤其是殖民地受到的种种磨难，从天灾到人祸，都证明了上帝对它的特殊关注，而巫术无疑是上帝最严峻的考验。他极力想要证明巫术事件的政治意义："这件事意义重大无比，超过已往时代的奇迹，"这场战争"至关重要，如果我们能安然度过，很快就可以将地狱的兀鹫踩在脚下，享受太平岁月"。[1]至于说到具体的驱巫，马瑟不得不承认确有过火之处，但是，当他好不容易写完了具体过程，立刻进入了一种千禧年狂喜状态，宣称："从此恶魔被击退，圣城之内再无恶魔"。[2]马瑟的反应充分表现了殖民地教会从1684年特许状被收回之后的焦灼状态：英王收回了特许状，新英格兰变成了皇家殖民地，成为众多英国殖民地中的一个，这从根本上否认了新英格兰"山巅之城"的特殊身份。殖民地五十多年的历史眼看就要重写，更要命的是如果新英格兰根本不是"山巅之城"，殖民地历史和上帝的计划毫无关系，不仅马瑟的精神世界会轰然坍塌，整个教会的地位都会摇摇欲坠。驱巫案中疯狂的民众对权威的挑战更是让马瑟害怕。《隐形世界上的奇迹》颠三倒四的风格正好体现了马瑟的矛盾心情：他不得不为殖民地法庭辩护，又不肯违背自己的良知。但最重要的是，他一定要在第一时间把殖民地所发生的一切大事纳入到契约神学和哀诉布道的框架中来，他一定要证明新的特许状什么也没有改变，新英格兰仍然是他钟爱的"上帝之城"，新英格兰方式一定会通向不朽的千禧年。

但是现实不以马瑟的愿望为转移，驱巫案是新英格兰社会的一个大

---

[1] Cotton Mather, *The Wonders of the Invisible World. Being an Account of the Tryals of Several Witches Lately Executed in New England* (London, 1693), P15.

[2] Thomas J. Holmes, *Cotton Mather: A Bibliography of His Works*, 3 Vols. (Cambridge, Mass. Harvard University Press, 1940), P1259.

裂痕、大伤口。从驱巫事件中人们看出清教神学驾驭这个社会有困难，在此以前，政治事件的决策都是采用神学论证。最典型的例子是1645年代表们弹劾温思罗普的案子，当时，温思罗普"站在法庭上，逼着那些自由民宣布他无罪。然后，他陈述了几条有关契约神学的简单真理，使代表们的愚蠢暴露无遗"。[1] 神学上的正确足以证明政治上的清明。但是在驱巫案中这一招不灵了，疯狂的指控者和牧师们一样熟悉这一套，他们就是在这种体制下长大的，他们在神学上无懈可击。实际上，驱巫案的特点正在于它并没有挑战正统的清教神学，它的意义完全在于它的现实性：没有教义之争，完全是民事纠纷。巫师们都是按照世俗罪行被吊死，而不是以宗教异端罪被烧死。在驱巫案中，牧师们感到委屈是因为他们找不到自己的位置，说白了，他们根本就使不上劲，他们既无法在精神上影响民众，又不能在权威上左右法庭，他们没有决定权。最后牧师们提出的实际上是一种司法建议："幻觉证据"一定要有旁证，死刑罪要有两个以上的证人——这些都是世俗事务。不少人因为驱巫案指责牧师，这的确是冤枉他们了，大部分牧师一开始就反对完全依赖"幻觉证据"，英格里斯·马瑟对结束驱巫案还起到了积极作用。人们之所以责怪牧师而不是法官，完全是出于对清教神权的认可和信赖，人们习惯了由牧师来解决政治和民事案件。但是在驱巫案中，事实是法官而不是牧师做出了判决，实际上，牧师们想要施加影响却没能办到——他们已经没权干涉非宗教事务了。人们很快就会意识到这一点，铁板一块的清教神权出现了一个大裂缝，它注定会加宽、加大，最终导致政教完全分离。

巫术案的另一个重要意义在于，它显示出塞勒姆的问题出在清教家庭和社会内部，这虽说不是新英格兰独有的现象，却并非舶来品，是从新英格兰现实中产生的。在一个号称神圣的地方出了这样狂暴的黑暗事件叫人心里直犯嘀咕，无辜者的血玷污了它，驱巫事件在大西洋彼岸产

1　Perry Miller, *The New England Mind: the Seventeenth Century*, P425.

生了极其恶劣的影响,不论马瑟怎样信心百倍、巧舌如簧,也无法抹去二十二个无辜者的血迹,留在英格兰的清教徒对大洋彼岸的实验产生了根本性的怀疑。在殖民地,长期以来人们从未怀疑自己从事的事业是神圣的,牧师们的教导是唯一真理的体现,但驱巫案完全是权威理论的逻辑发展,如果神圣事业居然会通向这样黑暗的结果,那是不是新英格兰与上帝的契约本身就有问题呢?这样的想法在民间滋长,1699年,出现了一本名为《隐形世界上更多的奇迹》的书,这是驱巫案以后仅有的几本有关这次事件的书籍之一。作者是罗伯特·卡立夫(Robert Calef),自称"商人"。书中卡立夫指出,巫术的确在《圣经》中多次出现,但是巫师们和魔鬼签约却是新英格兰的发明,在《圣经》中无据可查。更糟糕的是,他由此置疑"圣徒之治"的合法性——巫师和魔鬼的契约有问题,圣徒和上帝的契约也不那么可靠。卡立夫是新英格兰日益崛起的商业力量的代表,他们对"圣徒之治"早有微词,虽然1692年英王已将自由民的资格从符合信仰标准改为达到财产要求,但是卡立夫的书是从神学角度挑战"圣徒之治",它产生于殖民地内部,随着"圣徒之治"成为历史,清教神权也日薄西山了。

二 天花的启示:反牧师情绪的蔓延

要正确理解1721年的天花事件,必须先了解当时波士顿的医疗状况。波士顿当时的人口为11,000人,全城只有一名受过正规医学教育的开业医生威廉·道格拉斯(Dr. William Douglass);几个只读过几本医书,经验不足的"内科医生";几名药剂师,他们最常用的药物是烟草和大麻;再有就是几个产婆。

作为殖民地神学界的代表,科顿·马瑟深感自然科学对神学的威胁,这种压力促使他格外卖力地学习新科学,并入选了英国皇家科学院。道格拉斯带到殖民地的几本《记录》(*Transactions*)是当时最前沿的科学杂志,很长时间里也是殖民地唯一的几本现代读物。马瑟如饥似渴地阅读了《记录》，其中的两则报告给他留下了深刻印象。报告称土耳其人用人为手段使人感染轻微天花，从而产生免疫力。马瑟为此致信英国皇家科学院，询问为什么这种方法没有得到推广，并表示如果遇到天花流行，他本人一定会"立刻敦促医生实施接种"。[1]

根据清教理论，天花一向是上帝怒火的表现，是惩罚罪人最严厉的手段之一，牧师们常常用天花来吓唬信众。科顿·马瑟的父亲英格里斯·马瑟在1720年9月就发出了严正警告，说是天花将至。说来也巧，1721年5月底就陆续有病例报告，到6月6日，已经证明是流行病。当天，科顿·马瑟就向所有医疗从业人员发了一封信，信中附录了他阅读《记录》的笔记，并建议他们考虑采取接种，当然，他在信中也强调说实施接种一定要"慎重"。这次只有一个叫哲伯戴尔·勃利斯顿(Dr. Zabdiel Boylston)的"内科医生"接受了他的建议，而他所采取的慎重态度就是先在自己的孩子和两个奴隶身上进行实验。

疫情发展很快，人们开始恐慌。6月27日，总督塞缪尔·苏特(Samuel Shute)采取了传统的方法，宣布斋戒和忏悔，希望能平息上帝的怒火。这是波士顿近百年来应对疫情的标准方式，两相比较，也难怪公众对勃利斯顿私下进行的实验充满了恐惧，认为他在科顿·马瑟的怂恿下有意地传播疾病。勃利斯顿于7月17日在《公报》(Gazette)上自辩，声称在家人身上所作的实验很成功，说明《记录》所载完全可行。可是仅仅过了一个星期，道格拉斯医生就在报上说，接种这种方法还未经实验证明其安全性，像勃利斯顿这样莽撞行事可能会把疾病传遍整个社区。这样的辩论对消除公众的恐慌毫无帮助，疫情还在扩散，辩论也在升级。7月31日，英格里斯和科顿·马瑟召集其他几个教会人士在报上发表声明支持勃利斯顿，而辩论的另一方则是道格拉斯和本杰明·富兰克林的哥哥詹姆斯·富兰克林。从8月7日开始，他们把富兰克林的报纸《信使》(*Courant*)作为喉舌，开始了大论战。天花事件使民众对

---

1 Thomas J. Holmes, *Cotton Mather: A Bibliography of His Works*, 3 Vols., P125.

牧师的反感表面化了，由疫病引起的恐惧加上对特权阶层的愤怒，使天花事件成为新英格兰历史上最直白、最狂暴的反牧师情绪大爆发。冬季降临，疫情开始稳定下来，直至1722年2月，波士顿每月的死亡人数为18人，而论战一直持续到第二年夏天。

按现代观念，预防接种当然是科学的、进步的，但是在当时民众的眼里，马瑟提倡的接种跟塞勒姆法庭在1692年驱巫案中采用的"幻觉证据"没什么两样，都是出于牧师们的奇思异想，没有任何证据和经验的支持，而这种联想使牧师在民众心目中的形象更差了。煽动家们甚至说，在1692年，牧师们因为一些无法证实的指控就吊死人，现在又用这种靠不住的法子来害人，不就是想报复这个他们已经控制不了的社会吗？的确，看看辩论双方，一方是半吊子的"内科医生"和"业余爱好者"马瑟，另一方则是受过专业训练的开业医生和殖民地知识分子代表，民众会站在后者一边也就不奇怪了。

牧师一方说接种之所以合法是因为他们认为接种是"安全的"。如果有谁怀疑的话，有关什么是渎神，什么是不虔诚，难道还有谁比波士顿的牧师更清楚？他们说接种是安全的，那就说明接种肯定是神意的表现。但是牧师们的论点对自己很不利，用"安全"来证明神意是很不明智的，安全不安全是医疗水平的问题，说到底是"人"的才能，是自然科学领域的事情。如果神意由此决定，以后再发生别的天灾，牧师便很难说服民众那是神意使然，更难使民众认为天灾是因为自己的罪引起的，是罪有应得，只有诚心忏悔才能平息上帝的怒火。

相反，道格拉斯却表现出真正的职业道德和良好的个人修养，后来他成为著名的历史学家，并且在收集到足够的证据之后，接受了接种。但是在1722年，他郑重地提出目前尚未有安全接种的案例，而勃利斯顿的方法既可疑又危险，不仅会危及病人的生命，他周围的人的生命也会受到威胁，因此，道格拉斯要求牧师们提出权威证据来证明接种的安全性。对这一要求，马瑟们的回答是，接种者的行为是正义的。富兰克林兄弟对细菌学也许所知不多，不过对于如此明显的逻辑毛病却不会放过，他们在报上大书特书："我们留给全世界来判断，是不是一些人毫无根据的臆断就足以胜过正确的理性、充足的证据以及人民的安全和福利？"[1]

可笑的是，牧师们还得面对虔诚的会众正统的质疑，他们毫不费劲地就论证出勃利斯顿的做法是渎神：上帝怎么可能在用天花惩罚罪人的同时，又允许罪人们用接种的办法逃避惩罚呢？1721年11月14日，有人把一颗炸弹扔进科顿·马瑟的房子。真是风水轮流转，现在轮到疯狂的人们指控马瑟传播天花，致人死命了。老实说，当年对巫师们不利的证据远不如对马瑟的不利证据多。1722年1月，道格拉斯在《信使》上发表的文章更加尖锐了，他指出，两篇《记录》上的文章根本不足以成为接种的理论依据，因为《记录》上许多文章纯属臆想，而实施接种必须要有技术、要慎重。像马瑟和勃利斯顿这样的人，连"传染性疾病"和"传染病"都分不清就贸然实施接种，道格拉斯说：其结果是"我们很快发现疾病蔓延，很多人死于接种时的感染，他们的死亡很大程度上应由接种者负责"。[2] 这篇文章击中了天花事件的要害：接种是否传播了疾病？如果是，那么它就说不上"安全"，而如果它不安全，那么触犯上帝的是谁，该死的又是谁？道格拉斯表现了真正的科学精神，他的问题很实在也很专业：就算大部分接种后的人最终康复了，谁又能保证他们不出现推迟的不良反应呢？其他并发症和身体衰弱是否会缩短他们的寿命呢？马瑟和勃利斯顿能否提供相反证据呢？

从神学上讲，牧师们也很难自圆其说。首先，他们预言了天花灾难，然后，他们祷告上帝，希望他能结束灾难，当上帝不肯这样做的时候，他们采取的手段不是继续忏悔，而是接种以逃避灾难，而因为手段粗暴，缺乏技术，反而加重了灾难。就算凭着牧师的权威，他们可以把这叫做信仰，但是在他们自己的神学体系中也找不出如此自以为是的先

---

[1] Perry Miller, *The New England Mind: from Colony to Province*, P355.
[2] Francis R. Packard, *History of Medicine in the United States* (New York: Hafner Pub. Co., 1963), Vol. I, P76.

例，如此傲慢的推理，简直视上帝为无物，还谈何上帝的权威呢，如果连上帝都没权了，牧师还有什么权力可言呢？

疫情结束以后，勃利斯顿发表了一份统计数据，证明接种是有效的，马瑟父子也发表了一个单行本证明自己的正确性，如果事情如此结束，牧师们总算挽回一点面子。但是敌对情绪已经被煽动起来，马瑟父子深深地感到有一股陌生的力量脱离了他们的掌控，不安和恐惧促使他们把论战升级，一定要把辩论的对方说成是渎神，是大逆不道。辩论至此完全脱离了科学讨论的范畴，成了人身攻击。英格里斯甚至在《公报》上说，如果有什么厚颜无耻的新英格兰人胆敢跑到苏格兰去（道格拉斯是苏格兰人），做出道格拉斯这样的事来，当局肯定是要拿他戴枷示众的。一年以后论战平息，科顿·马瑟提到此事时说，整个事件是由一伙"保王党、野心家"策划的，他们反对接种完全是为了玷辱牧师们的权威，后来马瑟们干脆把《信使》报叫做"地狱之火俱乐部"。

另一方也毫不示弱，1722 年 1 月，道格拉斯发表"在波士顿实施的天花接种"一文，詹姆斯·富兰克林在前言中说，新英格兰每隔三十年总要出点儿"可耻的怪事"：1659 年迫害贵格教徒，1692 年吊死巫婆，1721 年自己传染天花，言下之意这些"可耻的怪事"都是牧师们在作祟。在此以前，人们对迫害贵格教徒是一件可耻的事也许并未达成共识，对驱巫案更是讳莫如深，如今被富兰克林一语道破，公众心里跟明镜似的，也难怪马瑟气得发狂了。

天花事件给清教主义以重创，从此牧师们再难说服公众他们所受的磨难是因为自己的罪孽导致的，而只需在牧师的带领下向上帝忏悔就可以解决问题了。他们自己介绍了一种新方法，但由此产生的理论混乱却没那么容易解决。一篇题为"乡村来信"的文章生动地说明了这个困境：文中一个淳朴的乡下人感到疑惑，为什么在天花蔓延的时候牧师们没有像以前一样带领大家忏悔，这种方法曾经伴随殖民地渡过了那么多各式各样的灾难；相反，他们带着瓶瓶罐罐，到处做什么接种，到处传播病毒。看到慈爱的父亲居然要毒害自己的孩子，乡下人着实吓了一跳，他质问道："怎么可能一个人早上让全家感染病毒，晚上又向上帝祈祷不让病毒蔓延呢？"[1] 对于这样的疑虑，仅仅保证接种是安全的是远远不够的。天花曾经是上帝的怒火，是审判，是惩罚，如果可以轻易闪避，那岂不是变成了挠痒痒？再说，"就算我们不是向上帝祈祷不让天花蔓延，我们祈祷接种成功，那不也一样是祈祷不要审判吗？"[2] 按照这样的逻辑推下去，新英格兰的基石——契约神学很快就摇摇欲坠了。派里·米勒因此指出在殖民地为什么很难客观地讨论科学问题：在旧世界，总有那么一伙异端，他们在社会上有自己的位置，因此"异端邪说"也有它的容身之所；但是在新英格兰却不同，他们签订的是"民族契约"，社会的每一分子都被包括在内，每个人的行为都会影响整个社会的命运。一旦出现争端，不论是神学的还是科学的，论战双方最后都免不了采取人身攻击的手段，指责对方是异端，是不虔诚，因为大家都想争取正统地位，跟上帝同一阵线是最安全的，但是这样基本上就取消了客观讨论的可能性。[3]

天花事件反映了清教主义在理论和现实两方面的困境：在现实方面，无论是传统的斋戒，还是现代的接种都无法在民众充满怀疑的眼中再找到往日的权威；在理论方面更是自相矛盾。在 17 世纪，清教主义还可以大方地接受牛顿物理学，实际上，他们特别欢迎地心引力理论：地球悬在空中，如果不是上帝的力量，它早就掉下来了。但是天花事件却使他们意识到清教理论和现代自然科学是不可能和平共处的，如果不对清教主义做根本改变，它就很难再兼容现代科学，也就意味着它不能再发展，只能日渐衰老，走向死亡；而如果对它进行根本性的改变，则意味着提前它的灭亡，因为如果清教理论从根儿上改变了，还能算是清教主义吗？一个理论不是想与时俱进就能与时俱进的，如果与时代进步发生了根本性的冲突，就说明这个理论应该被淘汰了。

---

1 Reginald H. Fitz, "Zabdiel Bolston, Inoculator, and the Epidemic of Smallpox in Boston in 1721," *Johns Hopkins Hospital Bulletin*, XXII, 1911, P318.
2 Perry Miller, *The New England Mind: from Colony to Province*, P359.
3 Perry Miller, *The New England Mind: from Colony to Province*, P361.

第四章
更多的尘世，更少的天堂

第一节 启蒙时期的清教徒

一 乔纳森·爱德华兹和第一次大觉醒

乔纳森·爱德华兹（Jonathan Edwards）的家谱里出现了殖民地历史上几乎所有显赫的姓氏：他的外祖父是著名的"西部教皇"所罗门·斯托达德，父系的祖辈里包括了温思罗普和马瑟家族，而在母系方面，则有托马斯·胡克和约翰·达文波特，可以说，在爱德华兹的血液里就流淌着正统清教的激情。他的父亲迪莫塞·爱德华兹（Timothy Edwards）也是一位牧师，乔纳森·爱德华兹出生在康涅狄格，不到13岁就进入耶鲁学习，毕业以后又留在学校学习两年，在第二年经历了宗教皈依。在一个小教堂做了两年牧师以后，他又回到耶鲁做了两年导师。之后，所罗门·斯托达德让他到北安普敦做助理牧师，1729年斯托达德去世以后，爱德华兹继任为牧师。在1731年波士顿的一次公开演讲中，听众们开始领略到爱德华兹惊人的口才和他们久违的正统清教教义。从17世纪中后期开始，尤其是进入18世纪以后，清教布道开始越来越多地涉及自然科学，强调逻辑和推理，再加上准备论的广泛传播，人们越来越习惯于那些"讲道理"式的布道，而对于早期正统的清教教义反而生疏了。当爱德华兹再一次强调上帝无所不在的威力以及人对上帝无限的依赖的时候，大部分听众居然觉得是件新鲜事。然而这一点却很对普通信众的胃口，因为他们和哈佛毕业的牧师们不同，他们对牛顿的物理学不感兴趣，实际上，他们早就需要一种适当的形式来抒发自己的宗教热情。

爱德华兹本人是狂热的清教徒，他在日记里清晰地记录了他的心路历程。宗教狂喜一旦体验之后，对于一个虔诚的信徒简直就像吸毒一样不能自拔。在日记里，爱德华兹生动地记录了他如何想尽办法保持良好状态，或是摆脱低迷，记录了巅峰状态的狂喜和低谷时的沮丧和绝望。就算他是比较突出的个案，这种精神状态在当时应该也是普遍存在的：乌托邦臣民的身份本身就是一种压力，它意味着你一定要比其他地方的人更神圣、更纯洁、更高尚，更应该时时处于上帝恩典的狂喜之中，否则，你就是一群白羊中的黑羊，是圣城的弃子，是光明中的黑暗。难怪有人在"大觉醒"普遍狂喜的气氛中自杀：试想别人都是神圣的，只有自己迟迟得不到上帝的眷顾，这个压力太大了。

所谓"大觉醒"首先得有两个前提，第一是曾经和普遍的宗教虔诚，如果本身就没有，谈何"觉醒"呢？第二是世俗化程度持续加深。实际上在很长时间内世俗化成为殖民地的主旋律，"八十年来教士们一直在哀叹宗教虔诚的衰退"。到了 1730 年代，"普遍认为需要一次'觉醒'来拯救人们的灵魂并救治堕落的社会"。[1] 大觉醒运动同时在大西洋两岸展开。1720 年代在新泽西的一些荷兰改良新教教会，西奥多·J. 弗里林海森 (Theodore J. Frelinghuysen) 的讲道非常成功。受他影响的有威廉·坦南特 (William Tennent)，1735 年，他在宾夕法尼亚的内沙米尼创建了一个简陋的学校，批评他的人讽刺地称为"圆木学院"。"圆木学院"维持不到十年，却培养出了一批热忱的青年传教士。在英国，1738 年年轻的传教士约翰·卫斯理 (John Wesley) 感到他的心"奇怪地热乎

---

1 Richard L. Bushman, *From Puritan to Yankee: Character and the Social Order in Connecticut, 1690-1765* (New York: Norton, 1970), P183.

起来"。他走出教堂,在工厂和旷野向人们宣讲福音,开始了卫理公会运动。卫斯理的朋友乔治·怀特菲尔德 (George Whitefield) 从英国来到美洲,掀起了大觉醒的高潮。1739 年,他访问了费城,并开始了宣讲福音的旅行,这次旅行包括纽约、马里兰、弗吉尼亚和南北卡罗来纳,最后是佐治亚。所到之处受到热烈欢迎,他特别擅长大型户外布道,每次参加布道的人数往往超过两万。1740 年,他来到波士顿和新英格兰的其他城镇布道,受到爱德华兹甚至哈佛和耶鲁的教授们的欢迎。在这样的氛围中,出现了一些更狂热的传教士。约翰·达文波特的曾孙詹姆斯·达文波特 (James Davenport) 把新英格兰人分为新光派 (New Lights),也就是支持信仰复兴的人,和旧光派 (Old Lights),也就是不支持信仰复兴的人。他的布道极为狂热,前言不搭后语,充满了尖叫和谩骂,他在台上旋转并把上衣完全脱掉。不过更糟糕的是他布道的内容,他宣称精神是唯一重要的,知识是精神的敌人,有一次他甚至在新伦敦组织烧毁了几百本书籍。宗教史学家艾德文·高斯达德 (Edwin Gaustad) 说他"伪称自己能够分辨上帝的选民和罪人,他公开称呼前者为教友,而称后者为邻居。他对其他传教士怀有特殊的敌意,毫无根据地称他们为不知悔改的人,瞎眼的导师和披着羊皮的狼"。[1] 1742 年,康涅狄格当局把他驱逐出殖民地,同年马萨诸塞法庭宣布他精神错乱并驱逐出境。虽然最后达文波特深自忏悔,但影响已经造成,大觉醒运动从此给人留下了疯狂、歇斯底里的印象。

在新英格兰出现了许多巡回传教士,他们在各地传教,不拘形式和地点。他们布道的基本特点是针对信众的心灵而不是头脑,语言煽情,往往现场效果很好,信众人数众多,群情激昂,会场充斥着高声的忏悔、叹息和哭泣。许多人当场悔改,宣布皈依。但是正统的牧师们越来越觉得大觉醒不是一种帮助,而是一种威胁。波士顿的查尔斯·昌西 (Charles Chauncy) 和耶鲁的托马斯·克莱普 (Rev. Thomas Clap) 就尖

---

1 Edwin S Gaustad, *The Great Awakening in New England* (New York, 1957), P228.

锐地批评大觉醒。他们指出巡回传教士的做法破坏了以前牧师和会众之间稳固的关系,这种关系是清教社会的基础,牧师们可以相互交流,统一思想,然后到各自的教区贯彻下去。如今教区的划分被打乱了,牧师对信众的影响力就更弱了。同时,作为哈佛和耶鲁的代表,他们对巡回传教士攻击知识、蔑视文化的做法也很担忧。在很大程度上,新光派和旧光派之间的划分,所依据的是社会阶级的界线,比较穷和受教育程度低的人反感旧光派牧师们的老一套,急切地响应新光派福音传教士激动人心的讲道。他们在新的团体和新的布道方式中找到了自己的位置,发现了自己的价值。旧光派强调社会秩序,而新光派强调在上帝面前人人平等。巡回传教士常常蔑视传统,在当地牧师未加邀请的情况下便召开集会,纳尔逊·曼弗雷德·布莱克(Nelson Manfred Blake)认为"在这种对既定权威的挑战中,一种新的民主精神是显而易见的,这种精神最终将从宗教领域扩展到政治领域"。[1] 大觉醒发展到后来,新英格兰不仅随处可见巡回传教士,还有许多非神职人员也在各地布道,他们宣称仅凭上帝的恩典就足以证明他们有资格布道,教会受到沉重打击。不仅如此,因为各传教士的立场各不相同,大觉醒在各教区都造成严重分歧,"数百人离开了老公理会,参加浸礼会和循道宗,因此自然而然地不想为他们不赞成的教会纳税。简言之,一场小规模的革命已经发生,其结果将是教区体制的彻底瓦解"。[2]

无论大觉醒中出现了多少有趣的人物,真正代表大觉醒运动精神的始终是乔纳森·爱德华兹。他是狂热的清教徒,更是启蒙时代的知识分子,在大多数北美人听说洛克或牛顿之前,爱德华兹就已经仔细阅读过他们的著作。在大觉醒狂热的气氛中,爱德华兹也发表过一些煽情的布道,其中以《愤怒的上帝手中的罪人》最为著名。早在1735年,爱德华

---

[1] 〔美〕纳尔逊·曼弗雷德·布莱克著,许季鸿等译:《美国社会生活与思想史》,商务印书馆1994年版,第153页。

[2] Vernon Louis Parrington, *Main Currents in American Thought* (New York: Harcourt, Brace and Company, 1927), P144.

兹就在北安普敦宣讲了一系列强有力的布道，三百多人宣布了皈依。但是爱德华兹作为大觉醒的代言人并不是因为他的布道特别狂热，相反，他的领导地位主要建立在他对18世纪清教状况的深思，以及他为使清教理论跟上历史发展潮流而做出的智性方面的努力。爱德华兹在几方面代表了大觉醒的精神：首先，他敏锐地感到来自民间的压力。在新英格兰一直都有着深厚的清教传统，但大众的宗教热情受到两方面的压抑，一方面是殖民地持续世俗化的日常生活，另一方面是强调理性和知识的牧师们在进入18世纪以后更多地针对人们的理性和头脑进行布道。实际上，在民间积蓄了大量的宗教热情需要表达，爱德华兹早期的布道正是代表他们发言。第二，爱德华兹与大觉醒期间随波逐流的巡回传教士不同，他并不满足于帮助民众释放热情，满足于宗教表面的繁荣，他和哈佛的神学家们一样清楚启蒙时代对整个清教理论的威胁。和大部分牧师一样，他想尽办法使二者调和，正是在这一点上他表现出过人的才华。科顿·马瑟之辈只能在布道中加入一些新名词，如万有引力证明了是上帝使悬在空中的地球不掉下来之类，以此表明新科学只会更好地证明上帝无所不在的威力。爱德华兹不愿也不屑于纠缠在具体的科学新发现上，他要从根本上更新清教理论，使它恢复生机。除了大众情绪上的"大觉醒"，爱德华兹更追求清教理论的"大觉醒"，他要所有的最新哲学为清教服务，他要清教回复到100年前的状态，实现清教从理论到实践的大繁荣、大复兴。爱德华兹的作品也因此主要分为两类，一类是为大觉醒辩护，一类是理论建构，这是他对清教的最大贡献。为大觉醒辩护的著作包括《上帝的奇迹的叙述》（1736）和《论宗教的钟爱之情》，在这些文章里，爱德华兹记叙了大觉醒对新英格兰日常生活造成的影响，感叹上帝的神力。他为大觉醒辩护，认为它不仅是上帝的工作，而且是"非常伟大的、神奇的和极其光荣的工作"。相比之下，查尔斯·昌西却只会写《关于宗教状态的合时宜的想法》（1743）未免就过于迟钝了。

但世俗现实是顽固的，它残酷地粉碎了爱德华兹全面复兴清教的梦想。1750年,北安普敦解除了他的牧师职务,他只能在马萨诸塞的斯托克布里奇为印第安人传教。在此期间,爱德华兹潜心著述,完成他全面更新清教理论的心愿。1754年,他出版了《仔细严格地探讨有关意志的自由的现代流行观念》,在这本书里,爱德华兹运用了洛克和牛顿式的科学方法来探讨自由意志。他说:"意志并不在它自己的任何一个行动里确定它本身;但是,意志的一切行动,选择和拒绝的每一个行动,都取决于某个先前的起因,而且和这个先前的起因有必然的联系"。归根结底,所有事件的起源都是上帝的意志。爱德华兹的结论是:"上帝确实果断地……规定了道德行为者的所有意志"。[1] 在《为有关原罪的伟大的基督教教义辩护》(1758)一书中,爱德华兹不厌其烦地列举了人类堕落的大量证据,目的在于保持清教理论的基础不被动摇。无论科学和理性如何发展,都无法改变人是堕落的、原罪是存在的这一基本事实,而只要这一基础牢不可破,清教理论也就永世长存。爱德华兹笔耕不辍,1758年去世之后留下几部手稿,其中《论上帝创造世界的目的》和《真正美德的性质》于1765年出版。从内容上看,这些都是他全面更新清教理论宏大计划的一部分。虽然历史的车轮不会倒转,但是爱德华兹的努力也不是毫无效果,布莱克指出:"爱德华兹的威望是这样大,以至他使新英格兰的精神活动恢复了原先的某种活力"。[2]

殖民地人对千禧年的信仰从前论向后论的转化也突出地在大觉醒时期表现出来。1630年代大移民的清教徒都是千禧年前论(Pre-Millenarianism)[3]的信奉者,千禧年前论认为基督必将重临凡世,亲

---

[1] Edward Hutchins Davidson, *Jonathan Edwards: the Narrative of a Puritan Mind* (Boston: Houghton Mifflin, 1966), P166.

[2] 〔美〕纳尔逊·曼弗雷德·布莱克著,许季鸿等译:《美国社会生活与思想史》,北京,商务印书馆1994年版,第152页。

[3] 千禧年前论(Pre-Millenarianism),基督教神学末世论学说之一。与千禧年后论相对,认为基督将于千禧年之前复临世界。千年太平盛世也即因他的复临而建立,千年之中,由基督亲自为王。千年期满后,即为世界末日,所有灵魂皆受审,有罪者下地狱,无罪者进天堂。古代基督教凡相信千禧年主义者,不论异端教派或早期教义,大都相信此说。参见任继愈主编,《宗教大辞典》,上海辞书出版社,1998年,第610页。

自为王，统治世界一千年，此后天崩地裂，为世界末日，罪人受到审判，圣徒即升天堂。到了 17 世纪后期，出现了千禧年后论 (Post-Millenarianism)，[1] 后论中没有明确指出千禧年开始的标志，总之在一千年的盛世之后，基督重临，世界末日，大审判进行等等。千禧年后论反映出世俗生活和启蒙时代的影响给宗教造成了极大的压力，人们已经不愿苦苦等待，基督重临太过清晰，很难操作，他不来，人们盼望的千禧年也来不了，久而久之，这个梦想就会失去魅力。千禧年后论显然是为了改变这种被动的局面应运而生的。在后论里，千禧年何时开始是虚化的，操作起来方便多了，牧师们可以随时宣布千禧年近在眼前，帮助信众保持信念。但是到了大觉醒时期，好像虔诚的人们突然失去了耐心：在这个显然越来越世俗化的世界里，牧师们预告了多年的千禧年王国究竟还会不会到来？如果不会来了，难道殖民地 100 年神圣的历史就这么随着世俗的脚步无奈地走下去，直到像旧世界那样混沌一团？如果它必然到来，那么它究竟何时到来？牧师们被逼到了这样一个悬崖边上，要么他向愤怒而焦虑的人群宣布一个确切的日期，要么他被直接抛下山谷；而且，眼见着人们就会转身离去，转而向理性和科学求助，100 年的梦想眼看就要化为泡影。在这样的情势之下，对千禧年的预告越来越近，越来越实在了。千禧年不再是一个抽象的概念，它就在下一个社会计划实现之后，它就在触手可及的地方。

世俗社会的发展并没有因为大觉醒运动而停滞，它还在按照自己的轨迹运转。英法战争结束以后，民族独立已经提上了议事日程，美利坚民族正在形成，它急需一面旗帜来统一思想，号召民心，千禧年的预告和新时代的到来一拍即合。什么是千禧年？温思罗普做梦也想不到千禧

---

[1] 千禧年后论 (Post-Millenarianism)，基督教神学末世论学说之一。与千禧年前论相对，认为基督将于千禧年之后复临世界。在千禧年时期，魔鬼受到捆锁，福音将较易传遍天下，为基督的再次降临准备更好的条件。然后基督复临世界，届时一切已死者皆复活受审，罪人下地狱受永罚，乃实现天国降临人间，成为新天新地。此说流传于近代新教中，首先由英国神学家丹尼尔·惠特比（Daniel Whitby, 1638—1726）提出，后在英美一些较小宗派中流传。参见《宗教大辞典》，第 610 页。

年最终被宣布到来的时候，完全是一个世俗的新时代。爱德华兹的矛盾在于他的勇敢，对于他来说，只要是符合清教复兴大业需要的，都是他的神圣职责。不论这些活动最终导致了怎样的实际后果，在爱德华兹投身进去的时候，只是为了上帝的荣光。萨克凡·伯克维奇认为千禧年后论在美洲"关于这一使命的最后一幕脚本被爱德华兹改变了，他把全部进程熔铸成一个有机的人－神整体。那是他的贡献。他为美国千禧年主义的发展输入了重大的文化意蕴"。[1] 1740年，爱德华兹在回顾1630大移民时说："尽管预言……已经得到了辉煌的实现，但与这个千年相比，那只是先驱者们的准备工作"。他进而宣布，基督将"选异教徒为他的继续者"，一个"民族将要诞生"，清教主义的美利坚定会成为另一个、而且更伟大的圣山，"美丽如提查，体面如耶路撒冷，威严如旌旗招展的大军"——"穿上你美丽的华衣，啊，美利坚，圣城！"[2]

　　大觉醒时代正是美利坚民族和国家主义形成的年代，巡回传教士们在各个殖民地宣讲同样的福音，宗教认同感帮助形成民族认同感。越来越多的人相信，千禧年王国一定会建立在美洲大地上，爱德华兹是这样说的："这个新世界这时被发现大概是因为，上帝在地球上的教会新的和最光荣的状态可以在这里开始；当上帝创造新天地的时候，他可以在这里开始一个精神方面的新世界"。[3] 不论爱德华兹的初衷为何，他想要把清教主义全面现代化的努力，其结果是"使他本来不屑一顾的此岸世界神圣化了，他支持一种将美利坚奋斗与经文预言、经济改革与精神工作、意志自由论的理想与新耶路撒冷的来临相联系的意识形态。于是，他使用的广告形象和他的世俗布道术成为扬基忠诚论的主要内容"。[4]

　　当初，教会要求要有重生经验的人才能成为教会成员，而只有教会

---

1 〔美〕萨克凡·伯克维奇著，钱满素等译编：《惯于赞同——美国象征建构的转化》，第141页。
2 Isaac Watts and John Goyse, Preface to Edwards, *A Faithful Narrative, in The Great Awakening*, vol. IV of Works, ed. C.C.Goen, (New Haven, 1972), P133.
3 Edwards, *A History of the Work of Redemption*, vol. IX of Works, ed. John F. Wilson, (New Haven, 1989), P479.
4 〔美〕萨克凡·伯克维奇著，钱满素等译编：《惯于赞同——美国象征建构的转化》，第146页。

成员才有选举权和被选举权，这样就保证山巅之城的大权一定掌握在有形圣徒的手中，而神圣社会决不会变质、变味，走上邪路。可惜的是，有形圣徒变得如此之少，只好又搞了"半约"，后来改为达到财产限额的人都有选举权，教会反而必须让步，以保证大部分的社会成员可以加入教会，以便施加教会的影响。如今，爱德华兹如此执著，又要恢复要求有重生经验的人方可入会，教会肯定会大大缩水，社会事务就更是与它无关了，政教分离就在眼前。很有意思的是，过了整整100年，爱德华兹还是走上了和罗杰·威廉斯一样的道路，一样是从维护教会的纯洁出发，一样得出了政教分离的结论。

正因为爱德华兹把上帝的事务和世俗事务分离开来，在社会问题上，他完全站在民众一方，代表了历史发展的潮流。1748年，爱德华兹的叔叔，他在这个世俗社会的保护人约翰·斯托达德上校去世了，当地权贵聚集一堂，听爱德华兹发表了葬礼布道。在布道中，爱德华兹从对老一辈清教领袖的怀念开始，正面阐述了他对身为领导的必备素质的看法。在爱德华兹看来，像温思罗普那样从神学的角度论证领导的特权以及人民的自由现在已经行不通了。温思罗普当年正是这样开创了新英格兰的传统：他雄辩地论证，新英格兰的一切都是为了光荣上帝，因此，领导的责任是奉上帝的召唤以确保神意的实现；而民众的自由只能是从事正确、正义和诚实之事的自由。爱德华兹提出了一个全新的标准：一个领导，必须要具备"管理公共事务的超凡能力"，他必须要清楚"公共福利和社会灾祸的构成因素何在，他必得有能力提高公共福利而避免灾祸"。爱德华兹认为做领导最重要的素质包括"对人情世故的深刻了解，对人性的充分认识，以及把这些知识运用于公共事务管理的手段"。[1] 在所有这些条件中，爱德华兹最看重的是"经验"，是一个领导和他的民众共同生活的经验。这是轰轰烈烈的大觉醒运动在世俗权力方面

---

[1] David Lyttle, "Jonathan Edwards on Personal Identity," *Early American Literature*, VII, 1972, P165.

要求的体现:"从此那种欧洲式、学究式的权力概念对新英格兰和美洲思想的统治结束了,因为人们再也不像以前那样对自己的福利一无所知了"。[1] 从此,社会问题从抽象的道德规范和神学讨论中脱离出来,转向技术、判断和美洲经验所提供的解决方案。在大觉醒运动中,爱德华兹和民众都更深刻地意识到殖民地经验的重要性,难怪米勒把"大觉醒"运动叫做"荒野开始接管对清教任务的目标的定义工作"。[2] 它是美洲荒野觉醒的转折点,从此以后,美洲的政治生活日益本土化和世俗化。

二 第一个美国人:本杰明·富兰克林

作为十七个孩子中的第十五个,富兰克林好像从人生的一开始就进入了社会,在这个大家庭中,富兰克林培养了一种独特的社交方式,既保持和每一个人的亲切关系又和每一个人都保持着一定的距离,好像是天生的外交家。出生在马萨诸塞的波士顿,富兰克林的父母希望他长大以后成为一名牧师,这是一份体面、受人尊敬的工作。但是富兰克林似乎天生不适合这份工作。首先,他出生在星期天。按照当时的传统,出生在星期天的人多少和恶魔逃不了关系。第二,他是个左撇子,这在当时也被认为是恶魔的标记。小时候,只要发现富兰克林使用左手扔球或是写字,他的父亲总要严厉地惩罚他。但是没有用,富兰克林一辈子都是左撇子,而且他也从来没有想要做牧师。

在很年轻的时候,富兰克林就显示出过人的才智,这首先体现在他逃离了清教的波士顿,来到精神氛围远为宽松的费城。年轻的印刷工如何迅速成功的故事已经广为人知,对美国历史更有意义的是富兰克林在致富的同时积极参加社会活动。年轻的富兰克林是共济会的活跃分子,他和费城的其他青年商人组织了一个秘密团体(Junto Club),其目的是

---

[1] Perry Miller, *Errand into the Wilderness*, P166.
[2] Perry Miller, *Errand into the Wilderness*, P153.

提高自我修养和促进社会进步，他们定期聚会，朗诵诗歌并宣读论文。在那些爱冷嘲热讽的人眼里，富兰克林的小团体和巴比特的中产阶级俱乐部相差无几，但是对于成长中的富兰克林，这是他唯一上过的大学，他在此展示了非凡的组织才能，并为他热情服务社会的一生定下了基调。

富兰克林是一个典型的"多才多艺"的人。他从印刷工学徒做起，开办了自己的工厂，发行了自己的报纸，自己撰写新闻和社论，并印刷出版著名的《穷查理的年历》，这些年历使他扬名殖民地，甚至连欧洲人也听说了这种美洲土产智慧。1744年，他发明了著名的宾夕法尼亚火炉，并配上广告，四处发售。同年，他被指派为费城的邮政局长，这个职位特别的好处是他可以免费运送他的报纸。他被选入下议院兼做议会秘书，这样他又成为殖民地的公文承印人。1746年，富兰克林开始了他对电的研究，这项研究后来给他带来了世界性的声誉。1748年，他的生意已经如此红火，四十二岁的富兰克林宣布从商业中退休，把余生献给为公众服务以及对科学和哲学的爱好。

有关富兰克林和电学的故事，起码有三方面需要说明。首先是富兰克林对电学究竟有何贡献？其实，在富兰克林之前，欧洲的物理学家早就开始对电学有所研究，不过身处僻远，富兰克林并未读到过相关的论文，于是他就根据自己的观察大胆地得出结论：电是一种"单质流"，不随它在其中产生的物质的不同而变化。依据他所设想的流动方向，他又把电的两种形式简单地称为"正"极和"负"极。还有就是他用著名的风筝实验证明了闪电和电是同一性质的。这就是为富兰克林带来世界声誉的伟大发现。约翰·亚当斯（John Adams）声称，富兰克林的名声"超越莱布尼兹和牛顿，胜过弗雷德里克和伏尔泰"。查塔姆勋爵在英国上议院说："所有欧洲人都敬仰他的学识和智慧，认为他可与波义耳和牛顿这样的伟人并驾齐驱"。约瑟夫·普里斯特利（Joseph Priestley）把这一发现称为"自伊萨克·牛顿（Sir Isaac Newton）爵士的时代以来最伟大的发现"。¹而布尔斯廷的说法显然更为客观:"富兰克林是天生的幸运儿,他正巧碰上一门相宜的学科:在这门学科的研究中,缺乏数学知识并未构成障碍,学识不足反倒成了一大优点,而出于好奇的随意摆弄竟能有所成就"。²第二是电学研究为富兰克林带来的好处。在18世纪的欧洲,自然哲学已经替代神学成为知识阶层和上流社会锻炼脑力和业余消遣的首选。所以电学为富兰克林带来的声名不仅使他的朋友圈扩大到整个殖民地和欧洲的所有知名科学家,并且"为富兰克林赢得了费城第一家庭的吝啬声望"。³如果不是富兰克林有着如此高雅的成就,他不可能成为英国皇家科学院的成员、法兰西科学院的院士,在独立战争时期,他在巴黎的外交也就不可能如此成功。第三是富兰克林本人对电学的态度。诚然,富兰克林对自然科学一直保持浓厚兴趣,因为在自然界,他总是能找到客观规律,而不像他讨厌的抽象理论,看不见摸不着。为此不少批评家认为富兰克林应该为美国性格中反抽象思维的倾向负责,"每次富兰克林一发现智慧的小径越过了地平线,或是伸向迷雾重重的山谷,他就认定走进了死胡同。他总是宁愿走上常识照亮的简单、平坦的大道"。⁴实际上,美国在实用科学上虽然有所建树,但是"整个19世纪,在理论科学方面,美国完全依赖欧洲"。⁵富兰克林是否能为所有这些负责姑且存疑,他本人对电学的最大兴趣却是找一个办法把它用起来。这是一种典型的清教徒的做法,根据清教理论,任何没有"用处"的东西都是邪恶的、不道德的。比如说,休息和娱乐都是好的、道德的,只要这样做的目的是为了第二天更好地为上帝工作;但如果只是为了娱乐而娱乐,那就是坏的、不道德的。爱情也是如此,如果是为

---

1 〔美〕丹尼尔·J·布尔斯廷著,时殷弘等译:《美国人——殖民地历程》,上海译文出版社1997年版,第334页。
2 〔美〕丹尼尔·J·布尔斯廷著,时殷弘等译:《美国人——殖民地历程》,第339页。
3 Vernon Louis Parrington, *Main Currents in American Thought*, P148.
4 Paul K Conkin, *Puritans and Pragmatists: Eight Eminent American Thinkers* (Bloomington. London: Indiana University Press, 1968), P79.
5 Paul K Conkin, *Puritans and Pragmatists: Eight Eminent American Thinkers*, P79.

了繁衍后代，那性爱就是好的、道德的；但如果只是为了满足欲望和快感，那性爱就是坏的、不道德的。实际上，因为"没有用处"，柏拉图式的爱情也是不道德的。总之，富兰克林急于为他的新发现找到一种用途，一开始，他的朋友们试图证明电击而死的鸡的肉比普通鸡肉好吃，后来又有人证明电击是一种万能灵药。富兰克林的常识使他避免了这些陷阱，而美洲多雷电的气候帮了他的忙。1749 年，他提出了避雷针的想法，并把具体方法写入了 1753 年的《穷查理的年历》，很快避雷针就在殖民地广泛使用。有趣的是，富兰克林难得一次屈从于清教传统，一定要找到电的"用处"，但牧师们却并不领情。1755 年，波士顿发生了严重的地震，托马斯·普林斯牧师(Thomas Prince)认为这和避雷针的使用有关，在他的布道《地震：上帝的伟力和义愤的象征》的附录中，他是这样解释的："地球上用以吸收大气电质的铁尖树得越多，地球不得不积蓄的电量也就越大。在新英格兰，波士顿树起的尖铁针最多，它所受的震撼也最可怕。啊，上帝的巨掌是人们无法逃遁的！我们若想在空中避开它，就必定在地面上受罚：是的，它可能招致更多的死亡"。[1] 幸好务实的美洲人从实践中发现了这些尖铁针的用处，避雷针在殖民地的使用比在英国要早二十年。

对富兰克林来说，和科学实验一样，实际生活中最重要的是经验。这种务实的精神，尤其是主动回避抽象思考的倾向使他和清教的波士顿格格不入。他曾在《穷查理的年历》中嘲讽道："牧师们长篇大论的教义论战大多可以概括如下：是这样，不是这样；是这样，不是这样"。[2] 穷查理有两大敌人：律师和教士，而这两种人就是玩弄智力、长于诡辩的代表。对宗教，富兰克林持有一种在当时很罕见的中立态度。许多人站在不同的立场上用同一种罪名苛责于他，那就是宗教上的伪善。大部分人得出这个结论是因为他们认定富兰克林和当时的大部分科学家一

---

[1] 〔美〕丹尼尔·J·布尔斯廷著，时殷弘等译：《美国人——殖民地历程》，第 342 页。
[2] *Poor Richard's Almanac*, 1743, in Leonard W. Labaree and Whitfield J. Bell, eds., Benjamin Franklin, *Papers*, New York, 1959, II, P373.

样,是自然神论者。那么,他所表现的对自然神论的疏离,尤其是对其他教派的宽容显然是出于伪善,甚或是懦弱。因为当时自然神论还被视为异端,他既不敢当众为自己的信仰辩护,对别的教派又唯唯诺诺,难免会给人留下虚伪的印象。其他人又把他看作是持自由、宽容观点的基督徒,信仰一种建立在普遍接受的信仰和道德观之上的普救主义。但在他们看来,富兰克林为此所做的贡献也不尽如人意。之所以有这样种种的误解,是因为富兰克林远远地超出了他的时代,在他所生活的环境中,还找不到一个适合他的标签。生活在虔诚的清教徒中间,如他的母亲和妻子,又结交了许多自然神论者朋友,而自己又深深地觉得信仰何种宗教教义完全是主观和个人化的,根本和现实世界、客观真理没有关系,富兰克林对所有的信仰都一视同仁。说到底,他的宗教观可以说是实用主义的,因为他发现几乎所有的宗教都有利于社会安定和个人向善。基于这一观点,富兰克林做出许多惊世骇俗的举动。他和大觉醒中的风云人物乔治·怀特菲尔德保持着终生友谊,并在费城帮助兴建了"新光派"长老会的会所,在大觉醒退潮以后,这所房子又成了费城学会的所在地。1735年,费城长老会的牧师们审查并暂停了一位年轻教士的职务,理由是宣传异端。这位塞缪尔·汉菲尔(Samuel Handfield)显然是倾向自然神论,并反对一些加尔文主义的教义。富兰克林很喜欢汉菲尔的布道,对富兰克林来说,仅仅为了一些不知所以的教义就让一个好人停职是荒谬的。他呼吁这个教会的成员拒付会费,以此对抗不公平和心怀恶意的教士们,以保持"真理、常识、普遍的仁慈、兄弟之爱、和平和安宁。正如基督的福音所教导我们的,我们这个稚嫩、成长中的民族要坚决抵抗那些人,他们的手段简直会颠覆和毁灭一切。没有什么可以阻止我们成为一个幸福、欣欣向荣的民族,但是我们一定要警惕,不能让教士们骑在我们的背上,就像骑在他们自己的马上一样,想去哪儿就去哪儿"。[1] 1747年,为了组织民团保卫费城不受法国人和印第安人

---

[1] "The Publisher to his Lay-Readers," *Papers*, II, PP66-67.

的袭击,富兰克林说服市议会宣布斋戒一天,让市民祈祷并反省自我处境。贵格教徒占主导地位的费城一向是和平主义和反对服兵役的,而且贵格会也从来没有什么集体斋戒的传统,这完全是富兰克林从波士顿的经验中借来的。可以说,富兰克林对宗教的态度如此豁达,"如果他偶然在市场大街上碰到上帝,富兰克林一定会和他握握手"。而他如此不惮于把宗教用于世俗目的,"不是富兰克林谦卑地为耶和华服务,而是一个奇异的、训练有素的、驯顺的上帝为本杰明·富兰克林建造了全宇宙来取悦他!"[1] 在他去世前几个星期,富兰克林回答了耶鲁大学校长伊兹拉·斯代尔斯(Ezra Stiles)有关宗教信仰的询问。富兰克林说:"对于拿撒勒的耶稣……我有些……怀疑他的神性,虽然我不会武断地评论这个问题,因为我还没有研究过,而且也觉得没有必要现在就忙着研究这件事。我期盼在不久的将来会有机会不费什么麻烦就知道真相。不过我觉得,如果这个信条会带来好结果的话,那么相信它也没什么害处。"[2]

  只在一点上富兰克林还保持了清教波士顿对他的影响,那就是他完全接受了清教的世俗道德观。富兰克林弄不明白,为什么神学家们花了大量的时间和精力写那么多书籍和论文去讨论那些无关紧要的神学教义,而不肯踏踏实实地写一本人人都能看得懂、做得到的关于道德的实用手册呢?牧师们长篇累牍地要人们为善,却没有一本书教人们如何建立良好的习惯、应该掌握哪些做人的技巧以及怎样努力工作之类。富兰克林决定自己来完成这项道德普及工作。1732年,他开始创作《穷查理的年历》。虽然年历内容庞杂,从看云识天气到纯粹的幽默故事无所不包,但是无可否认,它更是一本每年发行的普通人道德手册。一直到1758年,《穷查理的年历》连续出版26年,每年能卖出一万份,为殖民地人树立了一个基本的日常道德行为规范。在新英格兰,人人都能说上

---

[1] Paul K. Conkin, *Puritans and Pragmatists: Eight Eminent American Thinkers*, P79.
[2] 〔美〕布鲁斯·雪莱著,刘平译:《基督教会史》,北京大学出版社2004年版,第353页。

几句穷查理的格言，直至今日，学习英文的中国小朋友也会随口引用："God helps them that help themselves"（自助者天助之）。当然，年历只是小试牛刀，富兰克林一生都在为此做准备，1784 年，终于出版了他的杰作《自传》。

《自传》的基本出发点是美洲的现实生活，富兰克林是一位世界公民，但是对家乡的热爱使他在旧世界的身份始终是美洲的大使。对比大西洋两岸的现实，富兰克林坚信人并不是天生堕落的。爱德华兹收集古往今来的证据来证明人性的堕落，而富兰克林却用自己成功的经验来说明人是可以不断进步的。他常常把旧世界的问题归结为社会制度的腐败，但是对于新世界，他把希望寄托在有德行的个人身上。固然，他的道德教诲在有的人看来，有一种沾沾自喜的臭味，尤其是因为富兰克林毫不掩饰道德最重要是"有用"。对于他来说，"美德是生活幸福和商业成功的女仆"。[1] 在自传中，富兰克林阐述了自己的宗教立场，回忆了青年时代参加的乏味的布道。对于青年富兰克林来说，当时的布道完全不能满足他的精神需求，牧师喋喋不休地强调的不过是一些形式主义的东西。第一要守安息日，二要读圣经，三要参加布道，四要参加圣餐，五要尊敬牧师。[2] 从此富兰克林决定用自己对道德完美的追求替换这种空洞的宗教形式，他把美德列举为十三种，从勤俭节约到真诚待人，包括了日常生活的方方面面。这并不是富兰克林的个人行为，实际上在新英格兰，"道德日益被接受为虔诚的对等物，正在把行省从清教的变为扬基的"。[3] 陈腐的清教教义再也不能吸引年轻的一代，他们需要的是简洁、实用的精神指导，富兰克林的《自传》正是这种时代要求的产物。

然而这种物质气息浓厚的道德教条后来大大地激怒了像 D.H. 劳伦斯 (D. H. Lawrence) 那样的艺术家，而且他指责富兰克林个人的道德倾

---

[1] Paul K. *Conkin, Puritans and Pragmatists: Eight Eminent American Thinkers*, P99.
[2] Max Farrand, ed., *The Autobiography of Benjamin Franklin* (Berkeley: Univ. of Calif. Press, 1949), P101.
[3] Larzer Ziff, *Puritanism in America: New Culture in a New World* (New York: the Viking Press, 1973), P307.

向加上清教泛道德化的传统严重地影响了日后美国的道德氛围和艺术趣味并不是完全没有道理。实际上，富兰克林的《自传》的确是科顿·马瑟所开创的清教道德时代的延续。有的格言谚语虽然出于马瑟之笔，但是如果未加说明，很多人会认为是富兰克林的作品，比如："一个人花的比挣的多，或者使他的支出超过他的收入，这通常是一种罪过，而且终将成为耻辱"。¹ 面对契约神学的全面崩溃，马瑟开始把清教主义的影响从社会体制向道德领域转移。这种全方位的道德化社会可以从戏剧在新英格兰的命运得到生动体现。和柏拉图的"理想国"一样，演员在新英格兰是不受欢迎的。1762 年，一个伦敦剧团企图在新英格兰一个远离清教中心的小镇纽波特上演《奥赛罗》。广告做得非常小心，《奥赛罗》被说成是一个"道德的对白，分五个部分，描写妒忌和其他不良情感的坏影响……假定幸福只能从美德的追求中产生"。并且保证这个对白将在十点半钟结束，这样"每一个观众可以在清醒的时刻回到家里，并在上床休息之前，反思他所见到的东西"。尽管如此，罗得岛的议会也没有被蒙蔽，他们通过了一项新法令，禁止戏剧的演出，并规定每个演员罚款 100 英镑。² 劳伦斯生动地把这张道德的大网比作"带有倒刺铁丝网的畜栏"，³ "穷查理"们像肥羊一样在里面自得其乐。而像米歇尔·福柯（Michel Foucault）那样的思想家却发现，一旦这样的泛道德标准在社会上通行起来，那些想要自行其是的人往往会被当作精神病患者或变态者，最起码也会像这些演员一样，被吠叫的道德牧羊犬挡在理想国的外头。在美国，一直要等到超验主义的大潮到来时才能冲破这张大网，虽然樊篱还会被重新树立，但是总有一些天生不是绵羊的异类每过一段时间就会对此进行一次冲击。不过这不是富兰克林的性格，富兰克林一生都致力于建设，他认为破坏是浪费行为，是应该尽量避免的。

---

1 Perry Miller, *The New England Mind: from Colony to Province*, P199.
2 〔美〕纳尔逊·曼弗雷德·布莱克著，许季鸿等译：《美国社会生活与思想史》，第 183 页。
3 D. H. Lawrence, *Studies in Classic American Literature* (New York: the Viking Press, 1923), P23.

对比阅读富兰克林的《自传》和爱德华兹的《自述》是一种奇妙的经验：爱德华兹把一切都归因于上帝，献给上帝；而富兰克林则把一切归功于自我奋斗和运气，他把自传献给社会是为了帮助其他俗人在俗世和他一样成功。最奇妙的莫过于 18 世纪的美洲人坦然地同时阅读二者的作品，并没有什么时代错误的感觉，他们并不觉得爱德华兹落后于时代，就像他们并不认为富兰克林领先于时代一样。这正是 18 世纪新英格兰既虔诚又世俗的社会状况——它仍然是山巅之城，但是它的海拔好像一直在下降，如今再也不是以前云雾缭绕，天上人间的幻境，而完全是一副热闹的人间景象。富兰克林的《自传》说明了他和爱德华兹不同的根源在于他"出生和成长在贫困和微贱之中"。[1] 正如出生牧师世家的爱德华兹天生的使命是复兴清教一样，出生商人家庭的富兰克林的使命是改变商人、俗人在北美的地位。

在英国担任殖民地代表的经验彻底地改变了富兰克林对母国抽象的尊敬和依恋。如果不是有这样绝好的机会近距离地体验旧世界的腐败，他也很难下定决心把新世界从这个大泥淖里彻底地解脱出来。对旧世界，殖民地人的情感是复杂的，一方面，他们以山巅之城圣城臣民的身份自傲。18 世纪前来旅行的英国人惊奇地发现，殖民地人坚信在某个即将来临的"命运时刻……美利坚将为所有世界立法"。[2] 但同时不得不承认，这种自傲多少带有一种外省的狭隘，骨子里，殖民地人在面对欧洲的时候，免不了产生一种乡巴佬式的自卑情绪。荡涤这两种不健康情绪，而建立新的民族自尊和自我认同感是富兰克林这位大使的职责。而他也不辱使命，出色地、甚至超出所有人期望地完成了这项艰巨的工作。帕灵顿这样评价道："他出席议会与绅士们一起议事的事实无言地否定了绅士们拥有的迄今无人置疑的特权。这是罕见的人格征服；但意

---

1 Max Farrand, ed., *The Autobiography of Benjamin Franklin* (Berkeley: Univ. of Calif. Press, 1949), P54.
2 Michael McGiffert, *The Question of '76* (Williamsburg, Va., 1977), P10.

义还远不止如此：这是一个上升阶级和一个新的社会理想的胜利"。¹ 本杰明·华格汉 (Benjamin Wagham) 致信富兰克林说："在你身上发生的一切，都和一个正在崛起的民族的性格和情况息息相关"。² 在富兰克林以及他的同代人身上，我们看到这种民族自尊心和自信心的生长。它是一个微妙的转变过程，对新英格兰的民众来说，更是一个神圣理想世俗化的过程。宗教的千禧年王国预言和政治上的独立同步进行，使美国独立革命披上圣战的迷人外衣，保卫家园的责任感和保卫圣城的使命感交织在一起，虔诚的清教徒正是爱国的扬基。

1784 年，面对新成立的共和国，旧世界的贵族们不无轻蔑地说："那么，这种新人，所谓的'美国人'在哪儿呢？"³ 富兰克林用他生机勃勃、多才多艺的美洲生活实践最好地回答了这个问题。说到底，一个"美国人"和其他人，尤其是提出这个问题的"旧世界"人，有什么本质区别？在富兰克林身上，我们看到了什么"美国性"？首先，富兰克林恰好富于象征性地出生在清教的波士顿，虽然富兰克林很难说是一个清教徒，但是早年的清教主义教育深刻地影响了他的道德价值观。从"无可救药的道德主义者"富兰克林身上，我们看到一个和腐败的旧世界截然不同的道德化的美洲。这个主题将会在亨利·詹姆斯 (Henry James) 的作品中得到充分探讨。而美洲生活的边疆性质所培养起来的最重要的品质：自治、自立和自律成为富兰克林成功的法宝。许多人认为这不过是陈词滥调，埃斯蒙德·怀特 (Esmond Wright) 却诚恳地指出："的确，殖民地边疆的教训就是：要么你学会自律，要么死亡。在对付科德角咆哮的海浪或是森林中的印第安部落时，稍有疏忽就会丧

1　Vernon Louis Parrington, *Main Currents in American Thought*, P156.
2　Verner W. Crane, *Benjamin Franklin and a Rising People* (Boston: Little, Brown and Company, 1954), P188.
3　From Esmond Wright, "Benjamin Franklin: A Tradesman in the Age of Reason," in *History Today* (Peter Quennell and Abn Hodge, eds., Vol. Ⅵ , No.7, July, 1956), P439.

命"。¹富兰克林深知个中厉害，商场如战场，在《自传》中，他坦率地承认，要成为一个成功的商人，一定要有良好的形象。"为了树立我作为商人的信誉和形象，我留意不仅实际上勤奋和节俭，而且绝不在表面上与此稍有差池。"²出走费城是富兰克林对清教主义的突围，不论弗吉尼亚还是波士顿，从本质上讲仍然是贵族体制的，出生和背景仍然是成功的要素。富兰克林只是一个商人，一个商人的儿子，他的成功是布尔乔亚在新世界崛起的标志。杰斐逊害怕城市，认为城市是罪恶的渊薮，是农业民主的威胁，而富兰克林却是一个城里人，他帮助铺好了费城的街道并安装了照明系统，让弗吉尼亚人和新英格兰人大开眼界。他是邮政局长，又组织了消防队，发起了图书捐赠和流通，建立研究院，总之，富兰克林本身就是美洲进入现代的标志。同时，富兰克林还是世俗版"美国梦"的第一个主角，是破衣迪克³的原型，从"印刷工到大使"是"从圆木小屋到白宫"的预演。通过他的《自传》和他的成功，富兰克林布道着世俗版的美国信仰：依靠常识、勤奋、节俭和自立，每一个人都可以实现物质富裕和精神平衡。从这个意义上讲，富兰克林是"所有扬基人之父"。⁴

1　From Esmond Wright, "Benjamin Franklin: A Tradesman in the Age of Reason," in *History Today*, P442.
2　Max Farrand, ed., *The Autobiography of Benjamin Franklin* (Berkeley: Univ. of Calif. Press, 1949), P99.
3　霍瑞修·爱尔杰是 19 世纪末美国著名教育家和小说家。爱尔杰毕生创作了一百多部以"奋斗与成功"为主题的小说，塑造了一系列出身寒微，但靠着自身的信念、勇气和进取精神顽强奋斗，终于获得成功的男孩形象。其作品影响了好几代美国人，至今畅销不衰。《穿破衣服的迪克》是霍瑞修·爱尔杰作品中的代表人物，也是世俗"美国梦"的经典阐释。
4　From Esmond Wright, "Benjamin Franklin: A Tradesman in the Age of Reason," in *History Today*, P447.

第二节 走向共和与清教主义的遗产

一 权柄易手:走向共和

托克维尔曾说:"美国人的最大优势是,他们无需经历一场民主革命就实现了一种民主形态;他们生来就是平等的,而非后来才变成平等的"。[1] 在殖民地,除了普遍的宗教虔诚之外,社会生活最大的共同点就是对物质财富的追求,从一开始此二者就是并行不悖的。路易斯·哈茨(Louis Hartz)就认为美国是一个"单一"政治传统的国家,既缺少封建主义传统,也缺乏革命的动力。他指出,在美国,受挫的不是平民和中产阶级,而是"贵族",而这些所谓的"贵族","既不能激起对欧洲古代有衔贵族们的那种'爱',也不能激起那种'恨'",实际上,他们只不过是一些"有贵族派头的人",而非真正的贵族,"在美国各地,甚至在乔治·华盛顿的弗吉尼亚,都迫使他们为了生存要依靠自己敏锐的能动性参与资本主义竞争"。[2] 这是一块平民的乐土,威廉·伯德(William Burd)不无骄傲地说:"这是一个摆脱了人类三大祸患——教士、律师和医生——的地方……这里的人民太穷,无法供养这些有学问的绅士"。[3] 的确,绅士和任何其他特权人物在这里都会感到不自在。首先,他们不得不自己养活自己,同时,由于生活的边疆性质逼迫人们成为多才多艺的人,那些"绅士"的学问不是嫌多就是嫌少。总之,和旧世界不同,在这里,"有学问的绅士"丧失了对学问的垄断,也丧失了他们传统的

---

1 〔法〕托克维尔著,董果良译:《论美国的民主》,商务印书馆1991年版,第629页。
2 〔美〕路易斯·哈茨著,张敏谦译:《美国的自由主义传统》,中国社会科学出版社2003年版,第45页。
3 〔美〕丹尼尔·J.布尔斯廷著,时殷弘等译:《美国人——殖民地历程》,第251页。

特权和地位。相反，在清教社会中一向都有自治的传统，"五月花"号还未抵岸，清教徒们即已签订了"五月花公约"；马萨诸塞的清教神权虽然被称为"寡头政治"，但是总督还是每年通过民选产生。1691年马萨诸塞得到新的特许状，但是英王出面改变了殖民地只有教会成员才有选举权的状况，改为以财产条件为依据。这样一来，原本已经世俗化的社会得到官方的认可，原先在清教神权时期建立的制度平稳地移交给平民代表，权柄虽然易手，运作还是一样的顺畅。在新世界，渐渐产生了一个新的民族，不是新以色列而是"美利坚人"；把他们凝聚在一起的，不是创建"上帝之城"的梦想而是实实在在的幸福生活。德·克莱弗克尔（J. Hector St. John Crevecoeur）在《美国农民书札》中写道："这里的一切，新的法律，新的生活方式，新的制度等等，都使他们的精神大为振作，在这里他们享有了人的地位……过去他们的名字……从来不曾入过任何正式名册，但在这里他们的身份却是公民。……这美利坚人乃是一种新人"。[1]

殖民地人长期以来一直享有广泛的自治权。根据特许状或国王准许，各个殖民地都有自己的议会。虽然理论上他们制定的法律需经英国殖民地政务会的同意，总督还有绝对否决权，但是英国忙于自己的内政外交，加上交通不便，殖民地送交的文件往往在一年甚至更长的时间以后才到达母国，而英国的官僚体系运作不畅也给了殖民地更多的自由。至于国王的总督们，他们更多地听命于投票表决其薪俸的当地机构而不是远在天边的英国政府。对于英国强加给他们的法律，殖民地人多半采取不予理睬的态度。走私、公然运输禁运品以及和英国的敌国做生意在殖民地是司空见惯的事实，守法的殖民地人并不认为这样做有何不妥。从一开始，殖民地人就认定不合理的立法本身就不合法，因此这些法令没有约束力也就不奇怪了。在独立战争前的大辩论中，殖民地人一开始

---

[1] J. Hector St John de Crèvecoeur, *Letters from an American Farmer* (London, J.M. Dent & Sons; New York, E.P. Dutton & Co. 1912), P125.

诉诸英国宪法，后来发现英国宪法只存在于传统和惯例中，在操作上有很大的困难。于是他们转向一百年前洛克的政治理论求助。洛克的理论灵感来自于牛顿的万有引力定律：在社会科学领域是否也能发现类似的自然法呢？洛克的《政府论》发表于1690年，是为英国1688年光荣革命辩护的。在殖民地，洛克的理论特别容易被接受是因为那些传播它的人有意把它解读为：殖民地人的权力并不是靠国王和英国议会授予的，而是由上帝赋予的。约翰·迪金森(John Dickinson)是这样表述殖民地人的权利观的："我们是从更高的源头——从列王之王和万物之王那里获得这些权利的。我们不是根据签字盖章的羊皮纸文件得到的。它们是按照神的旨意归属于我们的，神意建立了我们的自然法则。这些权利同我们与生俱来，存在于我们身上，而且任何人力也不能从我们身上夺走，除非要了我们的命。"[1] 这种思想由于特别契合一百多年来在殖民地广为传播的清教理论，因而特别受欢迎。亚历山大·汉密尔顿(Alexander Hamilton)在1775年写道："人类的神圣权利不是能从旧羊皮纸文件或发霉的记录中查找出来的。它是由上帝之手像是用一束阳光写在人类本性的全书中，永远不会被人类的力量擦掉或掩盖"。[2] 这种理论落在肥沃的土地上，在新英格兰，"他们从不为尘世的国王祈祷"。[3] 人们很容易就接受了天赋人权理论，干脆而彻底地摆脱了国王和英国议会。

天赋人权理论和国家主义在殖民地的兴起是同步的。在新英格兰，"他们的天堂既不是怀旧的，也不是原始的，而是一系列历史改良的结果，因此既是社会规范的实现，也是精神规范的实现。……对于美国人而言，它们也在提醒人们世俗之事在这里是与目的论意义分不开的"。[4] 清教徒们一直努力把圣经历史、殖民地建设和教徒个人的灵魂得救结合

---

[1] 〔美〕伯纳德·贝林著，涂永前译：《美国革命的思想意识渊源》，中国政法大学出版社2007年版，第187页。
[2] 〔美〕伯纳德·贝林著，涂永前译：《美国革命的思想意识渊源》，第188页。
[3] Samuel A Peters, *A General History of Connecticut, Appendix* (London: Selbstverlag, 1781), P290.
[4] 〔美〕萨克凡·伯克维奇，钱满素等译编：《惯于赞同——美国象征建构的转化》，第147页。

起来，这项工作甚至在他们还未踏上美洲土地之前就已经开始了。温思罗普在"阿贝拉"号船上的讲话为殖民地事业的特殊性定下了基调：它首先是基督教历史上关键的一步，而殖民地的建设必定欣欣向荣，参与其事的清教徒处于三重契约之中，几乎可以保证灵魂的获救。相同内容的布道在新英格兰以不同的形式传播了一百多年，逐渐形成了一种特殊的修辞方式。在殖民地现实日益世俗化的过程中，这种清教修辞却在稳步地扩大和成长，最终将成为人们熟悉的"美国神话"。在独立革命期间，人们越来越多地把"我们的锡安山"和"我们殖民地"在完全世俗的意义上联系起来；越来越多地使用"美利坚"和"美利坚人"；越来越多地赞美"创业先父们，他们"为了在一个"新的自由的迦南"享受到"自由的幸福"而"离开英国"。[1] 马萨诸塞的移民成了民族英雄，清教徒们一向征引《出埃及记》来佐证自己的使命，如今，"一个自由的迦南！"成为民族独立的口号。"自由是横跨大西洋的先父们的崇高使命"，"为了自由"，他们"敢于蹈海，敢于揽月，不畏妖怪，不惧野人，不怕暴君，不怕恶魔"。[2] 总之，清教先父们越来越成为所有美国人的先驱，而清教的神圣梦想也越来越成为美国独立的序曲，即将建立的共和国的历史毫无疑问将会成为这个梦想的继续而不是与此毫无关联的世俗历史。大卫·雷姆塞(David Ramsay)是研究独立革命的专家，他是这样描写新英格兰的教会人士的："那是一个人数众多、学问渊博、受人尊敬的团体，他们驾驭着听者的心灵。他们把宗教与爱国主义结合起来，他们在布道和祷文里把美利坚的事业说成上天的事业"。[3] 托马斯·杰斐逊于1774年恢复了斋戒日仪式后，发现"斋戒日在全殖民地引起的效应，好像一次电击，把所有人都惊醒了，使他们振作起来"。[4] 这是一次有益

---

[1] Paul Varg, "The Advent of Nationalism, 1758-1776," *American Quarterly*, ⅩⅥ, 1964, P180.

[2] Samuel Haven, *Joy and Salvation* (Portsmouth, N.H., 1763), P28.

[3] David Ramsay, *The History of the American Revolution*, ed. Lester H. Cohen, 1789, (Indianapolis, 1990), I, P185.

[4] Jefferson, *Autobiography*, in *Writings*, ed. Merrill Peterson, (Library of America, New York, 1984), P9.

的经验，不光是杰斐逊，几乎所有独立时期的思想家，尽管他们政见不一，但是无一例外全部使用了这种清教修辞以及诉诸民众宗教热情的方式。"他们从军营里、从书斋里、从政治讲台上发出吁求统一的声音，认定相同的使命类型：希伯来的出走，新英格兰的使命，美利坚的命运"。[1] 这种清教修辞普遍地反映在当时最著名的一些爱国篇章中，如尼古拉斯·史特里特 (Nicholas Street) 的《美国各州在荒野中扮演起以色列之子的角色》(New Haven, 1777)，塞缪尔·朗顿 (Langdon Samuel) 的《以色列人共和国是美国的榜样》(Exeter, N.H., 1788)，阿比尔·艾伯特 (Abiel Abbot) 的《美国人民与古代以色列人的相似特征》(Haverhill, Mass., 1799) 等等。有的人甚至干脆宣布共和国的诞生就是千禧年的开端："美利坚合众国的独立不仅在时间过程中开辟出一个新纪元，而且的确是事物新秩序所由开始的一种终结。它是人类历史的一个分界点，是世界获得政治新生的时刻"，"美国革命是人类历史新时代的开始"。[2] 由早期清教徒开创的这个神话至此得到了完美的演绎，新英格兰的成就由共和国成功地继承下来，并迅速被确立为国家神话。爱德华兹的外孙提摩西·德怀特 (Timothy Dwight) 在他的史诗《迦南的征服》中，最好地阐释了这一模式："另一个太阳将在千禧年冉冉升起，它不无可能将完成自己的进程……想一想上帝如何用鹰的翅膀把你们的先父带到这块土地吧。回想一下他们做出的无数业绩……一项工作就这样开始，就这样进行，它本身就证明这工作是不会被懈怠的"。[3] 托马斯·潘恩 (Thomas Paine) 虽然刚到殖民地不久，却很快学会了这种修辞方式，并创造性地将这一神话继续深化和世俗化"旧世界到处是压迫横行。自由在全球一直受到迫害。亚洲和非洲早已把它驱逐，欧洲则把它视为陌路，英国已发出警告要它离开。噢！请接受逃亡者，并及时为人类准备一个收容

---

1 〔美〕萨克凡·伯克维奇著，钱满素等译编：《惯于赞同——美国象征建构的转化》，第 151 页。
2 Wesley Frank Craven, *The Legend of the Founding Fathers* (New York, 1956), P71.
3 Dwight, *A Discourse on Some Events of the Last Century* (New Haven, 1801), P42.

所".[1] 正是因为殖民地人早已熟悉并接受"美洲是世界的希望、新世界将指引旧世界"的观念,潘恩的《常识》才能迅速地为殖民地人接受,当年印刷 25 次,三个月内发行 12 万册,在一个人口仅 250 万的殖民地里,可能总共售出了 50 万册。他只是说出了殖民地人还不好意思如此明确而直接说出的心里话:北美殖民地从来不是仅供英王牟利的蛮荒之地,从一开始,新英格兰就是"山巅之城",而经过一个半世纪的自治,北美殖民地早已在制度和民情方面远远领先于旧世界,人类的未来,属于美利坚。爱德蒙·伦道夫 (Edmund Randolph) 注意到《常识》给殖民地带来的影响:"数周之前还……战栗发抖的公众……现在已经所向披靡了。"

新英格兰在缔造共和国的过程中,还在世俗政治实践方面做出了独特而影响深远的贡献,那就是所谓的"新英格兰方式"。这种在殖民地时代由实践培养起来的民主自治经验对共和国弥足珍贵。布尔斯廷说:"在新英格兰以及新英格兰人的制度得到支持的任何地方,市镇议会进一步扩大了自治的机会。这样,北美的联邦主义就从殖民地经历中发展了起来。"[2] 而在共和国制定宪法的过程中,新英格兰再次成为其他殖民地仿效的样本。实际上,1780 年马萨诸塞的宪法是 1787 年联邦宪法最有影响的蓝本之一。1777 年 5 月 5 日,马萨诸塞立法机关的两院向各城镇建议授权选出代表来制定一部宪法,这部宪法如果为成年男子中三分之二的人所通过,就将成为该州的基本法。1778 年春,一个文件被提交各城镇批准,然而却遭到否决,147 个城镇反对,只有 31 个城镇赞成。尽管战事正酣,甚至缅因的大部分落入英国人手中,但是马萨诸塞州议会还是决定重新启动制宪程序。1779 年 2 月 19 日,州议会要求市镇行政管理委员会向选民提出两个问题:第一,他们是否愿意此时制定一部宪法?第二,他们是否愿意授权代表在来年投票召开专门的制宪大会?结果 6612 票赞成,2639 票反对。于是,市镇行政管理委员会召开市政

---

[1] 〔美〕M.D. 康韦编:《托马斯·潘恩文集》,1896 年,第一卷,第 100 页。
[2] 〔美〕丹尼尔·J·布尔斯廷著,时殷弘等译:《美国人——建国的历程》,第 618 页。

会议选举代表，这次会议所有自由的成年男子都有投票权。这次会议的特殊性在于它是在向一个比立法机构更高的权威——人民——直接征询意见。一直到 1779 年 9 月 1 日马萨诸塞州的制宪会议召开之前，该州还在沿用 1691 年修改过的英国特许状。按照这一特许状，无论是选举还是担任公职都有财产资格限制，但是，制宪会议代表的初选以及后来对新宪法的批准，都被委托给所有的自由成年男子。制宪会议代表人才济济，最后负责宪法起草工作的是约翰·亚当斯。在新宪法的序言中，亚当斯这样阐释了他的观点：

> 国家是通过个人的自愿联合组成的：这是一种社会契约，全体人民与每个公民以及每个公民与全体人民借以相互保证，为了共同的利益，所有的人都将受到某些法律的约束。因此，在制定政府宪法中人民有义务除了对法律提供公正解释和忠诚执行外，还要为立法规定一种公平的模式。使任何人在任何时候都可以从这些法律中找到自己的安全保障。
>
> 因此，我们马萨诸塞人民，衷心地感谢伟大的宇宙立法者的恩惠，感谢他在普施神恩的过程中赐给我们一个机会，使我们彼此从容而和平地，没有欺诈、没有暴力、没有意外惊骇地缔结了一个独特、明确而庄严的契约，使我们为自己及后代制订了一部世俗政府的宪法；我们虔诚地祈求他对一个如此费尽心机的设计给予指导，我们一致同意、制定并永久接受下列权利宣言和政府体制作为马萨诸塞州的宪法。[1]

从序言中我们可以看出，在马萨诸塞，上帝的权威已经正式让位给法律的权威，虽然上帝的恩典还是作为一种抽象的文化背景出现在文中，但是契约一词已经完全世俗化了。序言从修辞和历史作用两方面正好说明了马萨诸塞的清教历史与共和政治现实的关系：正是在清教神权

---

[1]〔美〕丹尼尔·J.布尔斯廷著，时殷弘等译：《美国人——建国的历程》，第 642 页。

中契约神学的全方位实践启发和导致了世俗契约关系在北美殖民地的广泛建立，并最终导向了共和。历史现实为这部宪法加上了有力的注脚：在召开制宪会议的时候，马萨诸塞已经有三百多个正在发挥作用的地方议会和市镇会议网。后来新宪法正是在这些地方逐条加以表决、修改和通过。约翰·亚当斯说，马萨诸塞人民是"第一个花费了如此大量的时间来审议政府体制的人民"，他宣称这开辟了"社会发展史上的一个新纪元"。¹ 经过了独立战争的洗礼，民主共和的原则得到了全民认同，1780年的马萨诸塞宪法，和其他州的宪法一样，明确规定了政教分离的原则。至此，新英格兰的社会形态已经走完了从政教合一的清教神权到民主共和国的全部世俗化过程。

二 清教主义的遗产

当我们这样讨论"清教主义遗产"的时候，好像清教主义已经死亡，不复存在了似的，但事实并非如此，实际上只要人们还相信灵魂不朽，甚至只要美国的历史不会突然中断，清教主义及其影响总是会继续存在的。所谓"遗产"只是一种方便的说法，指的是清教主义作为早期美国历史上最有影响的政治、宗教形态留给共和国多方面的影响。

美国文明历来被看作是移入的欧洲文明和美洲荒野相互作用的结果，如果没有美洲荒野，美国文明固然不可能建立起来。但是试想一下，如果当时移入美洲的不是以清教主义为主的英国文化，结果又会如何呢？对比一下南美洲的情况，我们不能不承认清教主义在北美殖民地起到了积极作用。从政治上讲，在17世纪的英国，清教徒是站在议会一边主张限制王权的，他们认为除了上帝的权威，其他一切权力都应受到限制。"他们认为人类过于罪孽深重，不值得托付太多的权力"。² 人们对一个权力集中的中央政府一直持怀疑态度，更勿论君主制或是其他任

---

1 〔美〕丹尼尔·J·布尔斯廷著，时殷弘等译：《美国人——建国的历程》，第644页。
2 Sydney V. James, *The New England Puritans* (New York: Harper & Row, 1968), P164.

何形式的专制主义了。在人民的坚持下，1787年的宪法也是在加入《权利法案》之后才获通过的。在美洲人们普遍接受洛克的政治思想，统治者的权力来自于受治者的授权是他们的共识。契约神学思想在新英格兰广泛传播，托马斯·胡克认为，在自然状态下，没有一个人有权凌驾于他人之上，"只有双方自愿同意通过契约的方式让渡有限的权力"，而这种契约关系表现在所有人际关系中间，"包括夫妻之间、主仆之间等等"。[1] 契约神学虽然不是清教徒的创举，但是清教徒在世俗政治和宗教两方面广泛运用契约神学在美国历史上的影响是决定性的，加上清教徒从英国传统带来的对普通法的尊重，为美国法制社会打下了坚实基础。在新英格兰，公理会派清教徒认为上帝的选民自愿结成一个团体，建立自己的教会是最合理的，各个教会之间是完全平等的，没有主教，也不存在上级教会。牧师是由教区人民选举产生，如果不满意，也可以罢免他，这自然是一种"民主"色彩很浓的方式。同时因为恺撒的事和上帝的事不应混淆，还有由议会两院组成的世俗政府。虽然殖民地早期历史上教会和政府常常合作，例如安·哈钦森案便是一个成功的案例：教会宣布她为异端，政府再把她驱逐出境。但是毕竟存在这样的机构和制度，所以在社会日益世俗化的过程中很容易过渡到民主共和的现代政治形态。新英格兰乡镇自治就是这种政治制度的成功实践，从一开始，马萨诸塞的法律就规定："所有人，包括居民和外国人，自由民和非自由民，都有权参加所有公开法庭、市镇议会或会议"。[2] 在实际操作中甚至更加民主，有关投票的财产限制被扔在一边，马萨诸塞最后一位皇家总督托马斯·哈钦森 (Thomas Hutchinson) 抱怨说："只要披着一张人皮，什么货色都可以参加投票"。[3] 甚至在具体的政治运作方式上，美国政治

---

1 Thomas Hooker, *A Survey of the Summe of Church-Discipline* (London, 1648), Part I, P69.
2 Clifford K. Shipton, "The Locus of Authority in Colonial Massachusetts" in George Athan Billias, ed., *Law and Authority in Colonial America* (Barre, Mass.: Barre Publishers, 1965), P70.
3 Thomas Hutchinson, *History of Massachusetts Bay*, Vol. III , (London, J. Murray, 1828), P255.

也留下了许多清教主义的痕迹,如 19 世纪的政治集会就很容易让人联想起早些时候的野营布道会。

从经济上讲,马克斯·韦伯关于新教伦理和资本主义发展关系的研究表明清教主义客观上会促进资本主义的发展。帕林顿清晰地概述了该理论:

> 清教精神充斥于上升的商人阶级,激发了它的雄心,给了它恰好适于需要的一种伦理。它不断灌输工作乃神圣使命的学说,用现代的生产态度取代了中世纪的生产态度。它拒绝旧的为生计而工作、为消费而生产的概念,取而代之的是为工作而工作、为利润而生产的理想。它含蓄地谴责中世纪英国悠闲、嬉戏、愉悦的生产活动,取而代之的是单调的有劳有获的理想,把物质繁荣作为生活标准,把盈利的买卖作为生活的合理目的。承认这样一种伦理,财富就成了社会欲望的第一目标;而这种理想,虽然迎合了上升中产阶级的雄心,却是在宗教的权威之下传播的。人们相信肩负上帝的使命勤奋地劳动就是在上帝的注视之下劳动,相信一定得到永久的回报。[1]

殖民地社会的边疆性质更促进了自由贸易的发展,道德拘谨的清教徒之所以可以成为精明的商人正是得益于这种宗教支持。美国经济在内战后的迅速崛起也证明了这种经济形态在其发展过程中得到了文化的支持而不是阻碍。

从宗教上讲,马丁·路德所倡导的宗教改革是基督教世界信仰自由的开端,虽然路德本人、约翰·加尔文以及前往美洲的清教徒全都热烈反对宗教宽容,但是他们的事业客观上促进了信仰自由的发展。在新英

---

[1] Vernon Louis Parrington, *Main Currents in American Thought* (New York: Harcourt, Brace and Company, 1927), P235.

格兰，罗杰·威廉斯所开创的罗得岛尤其为宗教自由做出了贡献。但是从历史的角度上讲，必须要澄清新英格兰的领袖们，包括威廉斯，都坚信真理只有一种，也就是他们的宗教良知所认定的那一种，其他的都是异端，应该铲除。只不过在马萨诸塞是立刻罚款、鞭笞和驱逐，而在罗得岛是留待死后由上帝来惩罚。但是美洲广袤的土地为持不同宗教观点的人提供了居所，信仰自由在不同的区域得到了实行，从政治上承认这一现实只是时间问题。

清教徒信奉加尔文主义的原罪说，认为人是生而有罪的，但是他们也是文艺复兴思想的继承者，他们强调人是按照上帝的形象被塑造出来的，认为人身上毕竟还是保留了一定的神性。清教思想承认人是有理性的，人们可以根据自己的理性来判断正误，从而主动地趋善避恶。清教教义里包含了强烈的个人主义成分，每一个人都必须自己争取灵魂得救，单独面对救主。在旧世界，一个人想要加入教会，只需遵从特定的教义教规即可；在马萨诸塞，要想成为教会成员却必须用自己的陈述证明自己个人和上帝的沟通，证明自己得到了上帝的恩典。这种给予个人的关注，以及对思想自由的强调是清教主义所特有的。为了在第一时间察觉上帝恩典的到来，清教徒可能是这个世界上出现过的最密切关注自己精神状态的人，他们远不止"日三省乎吾身"，可以说是时时刻刻都在反省，这种习惯不可避免会导致强烈的自我意识。清教徒认为每个人的职业都是上帝的"召唤"，他们瞧不起游手好闲的欧洲贵族，认为他们的生活是堕落、渎神的。工作不分贵贱都是为上帝服务，这种思想既增进了平等的观念，又有助于个人对自我价值的肯定。在殖民地，人们以高度的自治能力、改造自然以及社会的能力，证明了自我的可完善性以及世俗社会结构逐步改善的可能性，把解决问题的关键放在"个人"身上，而不是乞灵于上帝或是任何超人、非人的东西。正因为每个社区的人口有限，每一个公民因此必须积极或是被迫参与到当地的政治生活中去，因为这些问题无一不直接影响到每个人的生活。这是一种边疆生活的特点，它客观上促进了个人的责任感，同时也极大地提高了个人的地位。这种对个人的重视很早就体现在新英格兰的法律中,克力弗德·西普顿 (Clifford K. Shipton) 盛赞 1648 年马萨诸塞的法律汇编《一般法律和自由权》的"编撰者们本着良知去发现上帝的意志,明智地选择,如果需要的话就创造,他们制定的这份文件是个人自由权利史上的里程碑"。[1] 在殖民地,很早就确立了"不以思想获罪"的原则。1753 年 8 月 2 日,威廉·利文斯通 (William Livingstone) 在《独立思想者》中重申:"世俗政权对公民的宗教情感和意见没有审判权,直到这种思想变成为害社会的行动,此时,我们惩罚的对象是行为而不是思想"。[2]

清教徒是非常注重教育的。如果说在清教内部存在反智和支持知识的两个派系的话,那么就算反智的这一派起码也支持学习和研究一个文本——《圣经》,考虑到《圣经》内容丰富,相关知识更是包罗万象,仅仅学习这一本书也可以遏制不少反智的恶果了。而清教的正宗从来都是鼓励学习、强调知识对于灵魂获救的重要性的。清教主义反对没有理智的宗教狂热,约翰·诺顿 (John Norton) 曾说:"对于那些只按自己狂热行事的疯子,只能用绳子捆起来,因为他们不受任何其他约束"。[3] 马萨诸塞移民在清教徒中又是文化程度相对较高的一个群体,在移民之初,他们就了解并赞同当局的神学立场,这本身就需要有足够的知识和文化水平才能做到。清教徒的学习动机只有一个,那就是灵魂得救。托马斯·胡克生动地说明了二者的关系:"一个无知的罪人就像一个留在药铺里的病人,虽然所需的药品近在咫尺,但由于他的无知,他不仅不能治好自己的病,反而会越来越严重,甚至死去"。[4] 清教牧师是世界上最勤勉的教师,在 17 世纪的新英格兰以及克伦威尔的军队里,普通民众

---

1 Clifford K. Shipton, "The Locus of Authority in Colonial Massachusetts" in George Athan Billias, ed., *Law and Authority in Colonial America* (Barre, Mass.: Barre Publishers, 1965), P71.
2 George M Waller, Ed. *Puritanism in Early America* (Lexington, Massachusetts Toronto, D.C.Heath and Company 1973), P214.
3 John Norton, *The Heart of N-England Rent at the Blasphemies of the Present Generation* (Cambridge, 1659), P39.
4 Thomas Hooker, *The Application of Redemption* (London, 1659), P89.

的神学知识非常丰富，在波士顿的炉火边，在英格兰旷野的篝火旁，大家谈论的话题往往是有关"预定论"、"善功得救"还是"因信称义"等等高深微妙的神学问题。但是，17世纪的新英格兰人是很本分的，他们从不认为一个人只要诚实、正直就能和哈佛毕业生一样好地理解周日的布道。他们自愿从微薄的收成中拨出一部分来资助哈佛的老师和学生，以便在他们的牧师"长眠于地下"[1]之后，他们以及他们的孩子可以得到有知识的牧师的教诲。大移民之后仅六年，1636年10月，由马萨诸塞普通法庭决定筹措400英镑——即当年税收的四分之一——兴建了哈佛学院，1701年在康涅狄格又开办了耶鲁学院。在建国前，殖民地一共兴办了九所学院，其中大部分都是清教的各个教派创办的。不仅是神学教育和高等教育，在新英格兰，很早就实行义务教育，1647年法律规定：拥有五十或五十个以上住户的城镇，都要指定城镇内的一个住户"教导所有那些求助于他的孩子们如何写字和读书"；拥有一百或一百个以上住户的城镇，都要开办学校，在那里孩子们可以为上学院做准备。[2]

清教主义对建立一个道德强健的社会起了不可估量的作用。如果说所有乌托邦性质的"新社会"总是以更高尚、更纯洁的"新道德"来要求自己的成员，不幸的是，事实证明正是因为这些道德要求既高得不合人情，又新得得不到文化支持，所以当一个理想社会受到外部冲击的同时，往往内部的道德由虚高到虚伪，最后反而以比以前更腐败、更堕落惨淡收场。新英格兰社会没有走上这条路完全是得益于其强大的清教主义影响。清教主义持性恶论，认为人生而堕落，所以清教徒是制定制度的专家，他们宁可用制度来约束人，而不是一厢情愿地寄希望于人的善意。《新英格兰初级读本》的第一句话就是："因为亚当的堕落，我们大家都有罪"。由于知道并且承认"恶"是人性中固有的，不可改变的事实，因而避免了两方面的危险：一是期望过高，二是自责过重。从某

---

[1] Samuel Eliot Morison, *The Founding of Harvard College* (Cambridge, Mass., Harvard University Press, 1935), P318.
[2] 〔美〕纳尔逊·曼弗雷德·布莱克著，许季鸿等译：《美国社会生活与思想史》，第122页。

种角度来讲，新英格兰只是一个乌托邦的模拟，而非严格意义上的乌托邦。因为在这个社会中的每一个人，他们都有一个更高的理想，他们心目中的乌托邦，是彼岸，是身后的世界，是天堂。正是因为有这样一个完美的虚拟的精神所在，才使得他们有勇气承认俗世的不完美性。新英格兰固然是"这个"世界最纯洁的所在，但是它毕竟不是天堂，所以就算它有种种不是之处，那也是情理之中的，由人性所限的，因此是可以接受的。毕竟，他们的梦想还可以在身后的世界，在天堂得到实现，所以就算在这次模拟中有所缺憾，也总有得到补偿的一天。他们的坚定和平衡感正是来自对未来的笃定：他们在天堂的位置是上帝许给他们的。正因为如此，一方面他们可以无比坚定地成为最严厉的法官；另一方面，在人力确难实现的任务面前，他们完全可以直面失败，而拒绝粉饰和扭曲。约翰·科顿说："在神圣的基督徒身上有一种奇特的结合：一方面他在尘世努力工作，另一方面他对尘世的一切心如死灰。"[1] 也正是从这个角度，米勒认为"清教主义的力量在于它的真实"。[2] 和其他乌托邦的臣民不一样，清教徒们始终和现实保持着距离，因此是清醒的、敢于直面现实的。在一般乌托邦社会中，由于道德要求过高，人们往往只能通过作假来迎合政治要求，而政治领袖由于处于众人瞩目的地位，则压力愈高，作伪愈盛，最后导致愚民、个人崇拜、腐败与伪善同时孳生。而清教主义的性恶论和预定论的结合最为有效地预防了这种乌托邦的精神陷阱。清教领袖们被称为"有形圣徒"，但是"有形圣徒"也不一定就是真正的圣徒，所以民众对领袖不必崇拜，可以保持观望态度。而作为一个"有形圣徒"，第一不敢自傲，因为任何骄傲的表现都可能是"无形的圣徒"的反证；第二也不敢傲人，因为究竟谁是真正的圣徒，只有上帝才知道。这对于遏制腐败和个人崇拜不能不说是一个绝好

---

[1] John Cotton, *Christ the Fountaine of Life* (London: Printed by Robert Ibbitson, 1651), P119.

[2] Perry Miller, *The American Puritans: Their Prose and Poetry* (Garden City, N.Y.: Doubleday, 1956), P59.

的机制。当宗教热情退潮，清教徒们发现他们很难再"对尘世的一切心如死灰"的时候，科顿·马瑟更是提倡一个全面道德化的社会来代替难以为继的宗教社会。马瑟在1710年发表的《善行》一书对"善行"的性质和意义进行了经典表述，"对主人与仆人、统治者与臣民、牧师与俗人、律师与客户、医生与病人等关系"进行了全面检查和定义，务使每一种关系都有明确的道德规范。"马瑟在论证过程中，将每一件善事都提到'最后审判'重大证明的高度"。[1] 不管人们是出于对天堂的向往，还是对地狱的恐惧，总之清教社会一直是道德水平较高的地区，现代社会学数据显示，有清教主义传统的国家仍然是贪污腐败之害最少的国家。

从文学上讲，清教主义为美国提供了一种独特的修辞方式，即预表法的美洲化。虽然预表法在欧洲也在僧侣中广为运用，但是他们仅仅用来解释《圣经》，而在美洲，预表法作为一种文学方式、话语方式和思维方式，在社会生活的方方面面起到了统一思想、凝聚情感的独特作用，它不仅促进了美利坚民族的产生，还为美国文学定下了基调。在早期移民的个人创作，包括日记、诗歌和历史记事中，已经开始广泛使用一种象征体系。这一体系是由清教神学家和政治领袖共同倡导的，其主要方式是一种类比，把预表法扩大，他们宣称《旧约》中的历史不仅预表了《新约》，还预表了将在美洲发生的一切。通过一系列的类比，温思罗普成为美洲的摩西，美洲成为"新迦南"，美利坚民族成为"新以色列"。这些类比日复一日地在殖民地的各个布道坛上宣讲，科顿·马瑟更是创作了三百多本著作来反复论证。象征的力量是巨大的，"一旦那些象征变成社群的表达形式———个群体或民族理解自身、界定自身本质和目的的想象框架——它们便将与历史进程密不可分。这就是美国历史的情况"。伯克维奇认为美国历史始于"新英格兰清教的一系列象征性的自我界定"，通过这些象征，"新英格兰清教徒们在为未来的民族

---

[1] 〔美〕萨克凡·伯克维奇著，钱满素等译编：《惯于赞同——美国象征建构的转化》，第112页。

提供一个世俗身份的同时，也提供了一个特殊的精神身份"。[1] 这在一定程度上解释了清教主义何以在美国如此纷繁复杂的各种意识形态中一直占主导地位，而新英格兰标准对确立"美国经典"何以起着难以估量的作用。艾莫利·艾里奥特 (Emory Elliott) 认为："清教主义包含了政治和社会理想的种子、思想和语言的结构以及文学的主题，所有这些激发了从1700直到现在大多数美国文学创作的内容和形式"。[2] 哪怕是一些看似和清教传统毫无关系的作品往往也能在清教修辞体系中找到自己的位置。以威廉·福克纳的《押沙龙！押沙龙！》为例，这部南方文学的经典由于作者独到的匠心，冠以一个来自圣经的题目，使一个南方穷白人想要创立自己的种植园的故事带上了浓厚的宗教宿命色彩，也因此融入了宏大的"美国梦"。有趣的是，现代美国的文论家正在重复着清教神学家们的工作，他们正在使用一种新的类似预表法的方式来解读清教作家和神学家的文本，以此证明美国文学的神圣路径。"对清教文本的仔细解读导致了对清教想象的精巧产生新的敬意，以及更充分地理解了清教象征论和文学象征主义的关联"。[3] 而另一些文论家却发现了另一种美国文学传统。安德鲁·德尔班克 (Andrew Delbanco) 认为在清教社会世俗化过程中，佩里·米勒称为"奥古斯丁式的虔诚"逐渐削弱和消失了，但这种精神却被保留在美国文学中，形成了美国文学的特殊意象和精神传统。他认为"这种爱默生式的、或是反律法主义的对理性化的清教主义的批评在我们的文学中随处可见"。[4] 由于清教主义在肃清反律法主义的影响之后走上了一条过于理性的道路，有悖于人们的宗教感情，于是每过一段时间，清教传统内部的情感积累到一定程度就会爆发一次"大觉醒"，而在日常的秩序中，这种情绪则被释放在文学中。"美国的经典

---

1 〔美〕萨克凡·伯克维奇著，钱满素等译编：《惯于赞同——美国象征建构的转化》，第1页。
2 Emory Elliott, ed. *Puritan Influences in American Literature* (Urbana: University of Illinois Press, 1979), P XII.
3 Emory Elliott, ed. *Puritan Influences in American Literature*, PXV.
4 Andrew Delbanco, *The Puritan Ordeal* (Cambridge, Mass.: Harvard University Press, 1991), P236.

文学呼吁回归真正的自我，是由上帝创造，而不是从猿猴进化而来的实体，他完全独立于历史而存在"。¹ 不论是从清教正宗还是从反律法主义方面来解释清教主义对美国文学的影响，有一点是确然无疑的，那就是清教主义对人类精神的持续关注是美国文学的源头。清教主义在美洲开始的梦想以及由此产生的压力决定了美洲独特的修辞方式，而这种方式将继续影响美国文学。

政教合一的清教神权有一点非常重要，可以解释为什么罗杰·威廉斯，乔纳森·爱德华兹和拉尔夫·华尔多·爱默生 (Ralph Waldo Emerson) 均出自于新英格兰而不是别的地方。正是清教神权的困境，正是因为清教神权非得要把世俗生活规范到神的权限之内的这一矛盾，以及人们为了支持或是反抗这一现实所作的种种努力维持了新英格兰神学和思想界的繁荣。如果不是温思罗普非得搞山巅之城，威廉斯也许就留在正统内部，作个平凡的牧师，在塞勒姆混混日子，种种地就过了一辈子。如果爱德华兹不是在清教正统受到理性主义挑战的时候被推到了战斗的一线，他也许成为一个诗情洋溢的思想家。而爱默生要不是出生于牧师世家，生活在唯一神教盛行的波士顿，如何能够终于从清教传统中升华出人文主义的宗教观——超验主义呢？追根溯源，这些精神的酵母必须要在一个相对封闭的环境，加上超出一般水平的宗教热情和持续存在的压力才能酿造出思想的美酒。清教神权的意义在于，它迫使人们思考。不论是反对还是为之辩护，它顽固地存在着，这就是压力。所以清教徒们最初的这一宗教梦想，没有停留在空想中，一定要找一种方式把它物质化、制度化，几代人的脑力、才智、心血全都灌注其中，也难怪新英格兰"始终是美国身份的源头"，² 超验主义产生于此实属必然，美国之声发端于此，实属必然。

1　Andrew Delbanco, *The Puritan Ordeal*, P239.
2　Emory Elliott, ed. *Columbia Literary History of the United States* (New York: Columbia University Press, 1988), P43.

结　语

"美国的发端是一种使人清醒的经验。各殖民地乃乌托邦破灭之地。"[1]

"所有的历史都是当代史",所谓历史的真相只是一种方便读者想象的说法。面对浩瀚的史料,学者主动选择的只能是触动他当代关怀的部分,而他对当下的焦虑也必然影响到他的整个研究。美国的清教研究一直处于记录和自我肯定的状态,如早期的清教神学家们自己书写的历史,尤以马瑟家族为甚,或是传统的历史学家,如乔治·班克罗夫特 (George Bancroft)。但真正的清教研究来自于美国现实的压力,对很多美国知识分子而言,20 世纪 20 年代是一个祛魅的时代,他们认为美国文化道德僵化、反智、为资本主义个人主义所主导。一些人离开了美国,到巴黎和伦敦等地去追寻他们在美国无法找到的自由,如马尔科姆·考利 (Malcolm Cowley) 在《流放者归来》中所讲述的故事。而当时的美国在辛克莱尔·刘易斯 (Sinclair Lewis) 的笔下是令人窒息的小镇《大街》(1920) 和沾沾自喜的中产阶级《巴比特》(1922)。尤其是 H.L. 门肯 (H. L. Mencken) 在他的文化批评中猛烈抨击美国现实,特别是他的文章"清教作为一种文学力量"更是使得普通读者对清教心生厌恶和偏见。简·道森 (Jan Dawson) 干脆写了一本书,名为《无用的过去:1830 到 1930 的美国清教传统》。但同时也有一批艺术家和知识分子希望

---

[1] 〔美〕丹尼尔·布尔斯廷著,汪绍麟等译:《美国人——殖民地历程》,上海译文出版社 1997 年版,第 3 页。

能发现一种不同的文学和文化传统，一种"有用的过去"，一种可以滋养现当代作家和艺术家的传统。到20世纪30年代初，这些期望已经产生了康斯坦斯·鲁尔克(Constance Rourke)的《美国性格》(1931)和刘易斯·芒福德(Lewis Mumford)的《金色年华》(1926)以及其他研究成果。而在清教研究方面，是佩里·米勒接受了发现一个"有用的过去"的挑战。"他决定要返回17世纪，追溯一个他的同时代人，尤其是门肯，认为应对美国文化糟糕状况负责的那个运动——清教运动。《新英格兰思想》以及此前一年与托马斯·H. 约翰森(Thomas H. Johnson)共同主编的文集《清教徒》力排众议，公然主张清教思想的丰富亦即美国文化传统的富饶"。现代意义的清教研究从此产生，可以说"仅凭一人之力，米勒重新把清教主义写入了美国文化历史"。[1]

美国的现实持续推动清教研究向更深、更广的方向发展，伯克维奇对清教文学与历史的文化史解读影响深远，而霍尔也差不多是在同一时期开始了他对"活的宗教"的社会文化史研究。2008年，因为美国两大次贷金融公司的破产而引发的全球性金融危机引起了美国智识界的普遍关注，反思美国价值和美国现实成为一股强劲的浪潮，其中不少人为美国现行制度辩护。霍尔不能置身事外，他在接受《纽约时报》采访时说："我们是否正确地理解了清教徒为什么如此重要？一个简单的答案是：它很重要，是因为我们的公民社会和他们的公共生活一样，有赖于把权力的使用和公益道德联系起来。在我们这个社会，自由已经出现了很大的问题：人们过于关注权利而忽视了对整个社会的义务和责任。权力被滥用、公益缺乏的现象随处可见。正确理解清教徒不会改变我们在感恩节吃什么，但是可能会改变我们感恩的对象和内容，可能改变我们期待更好的美国方式"。

清教的影响既然早已深植于美国文明的基因，那么在每一个社会危机的时刻，美国人总是会回溯到清教主义也就是不奇怪的了。在2008

---

[1] 引自戴维·霍尔教授为佩里·米勒的著作所写的序言，目前尚未公开发表。

年金融海啸之后,经济持续低迷,人们对华尔街的贪婪终于失去了耐心,美国社会强烈要求"改变",霍尔的新书《改革中的人民:新英格兰清教及公共生活转型》于2011年出版,第二年,伯克维奇的《美国哀诉》出了纪念版,清教研究再一次成为学界焦点。

在中国,为什么普通读者需要了解清教?我想,除了作为智能动物的人性中本身需要的思维的乐趣和对人类文明共同的兴趣之外,主要还是因为清教社会的独特性。它是一个过渡性的社会形态,其起源是一个宗教乌托邦,而当时的文化背景是中古的、专制的、前现代的;它是一个记录相对完备的社会发展过程,我们可以清楚地看到每一次影响社会发展的重大事件和重大决策的前因后果,而在这些大大小小的事件发展结束之后,呈现出来的历史后果是:这个团体的许多尝试演变为了现代社会的基本制度,许多他们首创的制度演变为人类文明的基本形态,正是这个社会定义了"现代"、"民主"、"个人主义"等等我们今天不可回避、必须探讨尝试的概念。

在人类历史上,富于激情的一代人投身于一个乌托邦的事情并不罕见,然而结果往往是以暴力革命开始,以社会动乱结束,对人类文明没有贡献,往往还造成很大的破坏。但是新英格兰社会却避免了这种命运,没有腐败,没有混乱,最终促成了共和国的诞生。另一方面,每一个乌托邦的故事都是对人性的考验,人们如何在一个具体的历史文化环境中充分地展示了人性的方方面面,在历史的关键时刻如何做出最后的选择,新英格兰清教社会是一个有趣的案例。

关于世俗化的问题,也许对于没有宗教传统的中国读者来说,是一个陌生的概念。所谓世俗化并不是说从那以后美国人就不再相信上帝,实际上,大部分的美国人直到如今仍然是虔诚或不那么虔诚的基督徒。起码,美国总统的就职演说仍然是以"上帝保佑美国"来作为结束语的。所谓世俗化,说白了,指的是权力的移交,是日常生活中权力组织方式的改变。在17世纪早期,清教徒们所尝试建立的理想社会之所以被叫做"清教神权",并不是因为它是完全政教合一的,实际上,清教社会从来都是教会与政府分开，有两套独立运转的系统。我们所说的"清教神权"指的是生活在清教社会中的人都认为教会不仅应该并且可以指导人们的思想，并且对于世俗事务也应该积极地干预；而世俗政府不仅应该并且可以规范公众的日常行为，并且也有权力干预公众的思想。所谓的"政教分离"并不光是指政府和教会在组织上的相互独立，而更重要的是其权力和职责范围相互明晰，互不干涉。所谓世俗化的过程，是一个由人人都认为政府应该指导和干涉公众的一切行为及思想，而政府的权力是由教会所认同，因此世俗权力也具有神圣性的社会转化为世俗社会的过程。而一个世俗化的社会，现代社会，首先承认公民的思想不受政府的控制，不以言论治罪，不以思想治罪，这是判断一个世俗、现代文明社会的基本标准。而其世俗化的过程则是一个权力转移的过程。清教社会的权力由可见圣徒把持，政府由可见圣徒组成，社会道德、行为规范，都由把持政治和宗教权力的一小部分人掌控。这种情形在新英格兰社会发展的过程中受到了多次和多方面的挑战，清教社会的世俗化并不是一个由清教徒们主动选择的过程，相反来说，其发生虽然是必然的，但是它所受到的抵制也许是乌托邦社会所共有的特性。其对纯粹原则和理想的坚持，本身是违背人性的。人性的复杂在于不能简单地由"善"、"恶"等抽象概念来加以描述，不论一个社会中的成员主要由什么样的道德理想所驱使，自利和生存的本能本身并不一定是与乌托邦的理想相违背的，但是他们却几乎总是导致各种乌托邦破产的基本原因。从新英格兰社会发展的情况来看，世俗化的过程与民主的过程是基本一致的。世俗化的成果只要对比一下世俗化前后的新英格兰社会，就可以一目了然。1630年，清教徒们在规划山巅之城的时候，它是一个等级分明、权力集中在可见圣徒手中、每个社会成员都各安其分、生活的目标是为了在此世为其他社会做表率，而终极的目标是为了荣耀上帝的同质性极高的社会。这个社会的权力相对集中在少数人的手里，而大部分的成员不应该对这些领袖的权力提出质疑，而且也并不指望他们参与到日常的，不论是世俗还是教会的决策过程中去，他们所被要求的是听话、守规矩、坚定地执行、易于管理。整齐划一是这个社会的特点。而150年后成为共和国一部分的新英格兰社会，其主要的特点也是其对美国文明和世界文明的主要贡献是在于公众参与管理公共事务，也就是我们所说的民主制度。公众以不同的方式来确保公民作为个人的权利受到成文法的保护，也就是说在遵守公共法律的前提下，公民的思想和言论都是自由的，而公民的这些基本自由受到法律的保护，公民的思想和私人行为与政府无关，政府没有权力干涉公民的个人行为和思想。而政府的组成，也就是公权力的获得和行使都必须得到被治者的授权及同意，而公权力的行使也应当受到公众持续的监督和限制。这一现代社会构成的基本原则是在新英格兰150年自治的历史，通过清教徒们自我的摸索，受治者与统治者相互的博弈，以及公众不懈寻找合适的参与公共事务管理的方式，通过多次的尝试，逐渐确立下来的。

新英格兰清教社会世俗化的意义在于它在事实上证明了一个哪怕是权力高度集中、大部分居民都笃信政府权力是神圣的、政府有权力甚至义务管理公众思想的团体、社会，只要得到充分的机会，社会的发展自然会导向民主的实现，而公众也完全有能力管理好自身事务。从行政权威被认为是神圣的，而其权限甚至涉及公众的私人生活和思想领域，世俗权力因为与宗教信仰缠夹不清而难以界定，到公众通过各种方式参与公共事务管理，民选官员，有限政府，其关键的一点是把世俗政府的行政权力祛魅，去其神圣化，将思想、信仰、道德规范归为学术、宗教和伦理范畴，而世俗权力，政府的权力归为公共事务，由公众参与、讨论决定，这是一个决定性的转变。"世俗"的反义词是"神圣"，"君权神授"是一个古老的谎言，但因为绝对的权力意味着绝对的恐怖，要挑战神圣的君权也好，教会的权力也罢，都是非常困难的。世俗意味着平凡、普通人，新英格兰社会的意义在于它的建立是依赖于普通人的日常实践，无论一个理论如何高妙，如果它不能付诸实践，不能经受日常生活的考验，那么其终究是难以成立的。相反来说，清教社会世俗化是一个渐进的过程，中间经历了一个半世纪的时间，它并不是一个有组织有目标的运动，务实的清教徒只是以他们日常的生活方式，企图更有效地管理公共事务的尝试，发明并通过实践建立了一些新的制度。这些制度的行之有效是他们可以在北美其他地区，甚至于世界的其他地区得以推广的主要原因。美国人总是回溯到清教时代的理由是因为他们相信清教徒们都是负责任的个人，他们认为清教徒们之所以能够建立一个新型社会是因为清教徒们珍视他们自身的权利，以及因此在公共生活转型中所起的关键作用。一个社会的改变，总是通过社会中人的改变来达成的。一个负责任的个人，在一个正在转型中的社会中可以起到什么样的作用，应该起到什么样的作用，这也许是当代中国读者阅读本书的一个理由。

参考书目

一 英文

1.Adams, Charles Francis. *Antinomianism in the Colony of Massachusetts Bay*, New York: B. Franklin, 1967.

2.Adams, Henry. *The Education of Henry Adams*, Boston : Houghton Mifflin, 1927.

3.Adams, James Truslow. *The Founding of New England,* Boston: Simon Publications, 1921.

4.Ashton, Robert, ed. *John Robinson's Works,* Boston : Doctrinal Tract and Book Society, 1851.

5.Bailyn, Bernard. *The Ideological Origins of the American Revolution*, Cambridge, Mass.: Belknap Press of Harvard University Press, 1992.

6.Barnes, Thomas G. ed. *Book of the General Lawes and Libertyes of Massachusetts*, San Marino, Cal., 1975.

7.Battis, Emery, *Saints and Sectaries,* Chapel Hill, N.C: The University of North Carolina Press, 1962.

8.Beder, Sharon. *Selling the Work ethic: from Puritan Pulpit to Corporate* PR London: Zed; Carlton North, Vic.: Scribe, 2000.

9.Bell, Charles H. *John Wheelwright, His Writings,* Freeport, N.Y.: Books for Libraries Press, 1970.

10.Bercovitch, Sacvan. *American Jeremiad,* Madison: University of Wisconsin Press, 1978.

11.Bercovitch, Sacvan. *The Rites of Assent: Transformations in the Symbolic Construction of America*, New York : Routledge, 1993.

12.Bercovitch, Sacvan. *The Puritan origins of the American self*, New Haven: Yale University Press, 1975.

13.Boorstin, Daniel J. *The Americans: The National Experience* New York: Vintage Books, 1965.

14.Boorstin, Daniel J. *The Americans: The Colonial Experience* New York: Random House, 1958.

15.Borgeaud, Charles, *The Rise of Modern Democracy in Old and New England*, London: S. Sonnenschein; New York, N.Y.: C. Scribner's Sons, 1894.

16.Bremer, Francis J. *The puritan Experiment: New England Society from Bradford to Edwards* Hanover: University Press of New England, 1995.

17.Bridenbaugh, Carl. *Vexed and Troubled Englishmen:* 1590-1642, New York: Oxford University Press, 1968.

18.Brown, John. *The Pilgrim Fathers of New England and Their Puritan Successors*, London: The Religious tract society, 1920.

19.Burr, George Lincoln. *Narratives of the Witchcraft Cases*, New York: C. Scribner's Sons, 1914.

20.Bushman, Richard L. *From Puritan to Yankee: Character and the Social Order in Connecticut*, 1690-1765, New York: Norton, 1970.

21.Calvin, J. *Institutes of the Christian Religion,* John T. McNeil ed. And Ford Lewis Battles tr. Philadelphia: Westminster, 1960.

22.Carroll, Peter N. *Puritanism and the Wilderness: the Intellectual Significance of the New England Frontier*, New York: Columbia University Press, 1969.

23.Cohen, Lester H. ed. *The History of the American Revolution* 1789, Indianapolis: Liberty Classics, 1990.

24.Conkin, Paul K. *Puritans and Pragmatists: Eight Eminent American*

Thinkers, Bloomington. London: Indiana University Press, 1968.

25.Coser, Lewis, *The Functions of Social Conflict*, Glencoe: The Free Press, 1956.

26.Cotton, John, *A Sermon Preached by the Reverend Mr. John Cotton Deliver'd at Salem*, 1636, Boston: Printed by B. Green, 1713.

27.Cotton, John, *Gods Promise to His Plantation*, London : Printed by William Iones, 1620.

28.Crane, Verner W. *Benjamin Franklin and a Rising People*, Boston: Little, Brown and Company, 1954.

29.Craven, Wesley Frank. *The Legend of the Founding Fathers*, New York: New York University Press, 1956.

30.Danforth, Samuel. *A Brief Recognition of New England's Errand into the Wilderness* (1670), in *The Wall and the Garden: Selected Massachusetts Election Sermons*, ed. A. William Plumstead, Minneapolis, 1968.

31.Davidson, Edward Hutchins. *Jonathan Edwards: the Narrative of a Puritan mind*, Boston: Houghton Mifflin, 1966.

32.Delbanco, Andrew. *The Real American Dream: A Meditation on Hope*, Cambridge, Massachusetts, London, England: Harvard University Press, 1999.

33.Delbanco, Andrew. *The Puritan Ordeal*, Cambridge, Mass.: Harvard University Press, 1991.

34.Dickstein, Morris. *Gates of Eden*, New York, N.Y., U.S.A.: Penguin Books, 1989.

35.Doyle, John Andrew. *English Colonies in America*, New York: Holt, 1889-1907.

36.Dunn, Richard S. *Puritans and Yankees the Winthrop Dynasty of New England*, 1630-1717 Princeton, N.J.: Princeton University Press, 1962.

37.Dunn, Richard S and Yeandle, Laetitia, ed. *the Journal of John Winthrop*, Cambridge, Massachusetts, and London, England: the Belknap Press of

Harvard University Press, 1996.

38.Elliott, Emory, ed. *Puritan Influences in American Literature*, Urbana: University of Illinois Press, 1979.

39.Elliott, Emory, ed. *Columbia Literary History of the United States*, New York: Columbia University Press, 1988.

40.Emerson, Everett. *Puritanism in America* 1620—1750, Boston: Twayne Publishers, 1977.

41.Farrand, Max, ed. *The Autobiography of Benjamin Franklin*, Berkeley: Univ. of Calif. Press, 1949.

42.Foner, Eric. Free Soil, Free Labor, Free Men: *The Ideology of the Republican Oxford;* New York: Oxford University Press, 1995.

43.French, Allen. *Charles I and the Puritan Upheaval: A Study of the Causes of the Great Migration*, Boston: Houghton Mifflin, 1955.

44.Garrett, John. Roger Williams, *Witness beyond Christendom*, New York: Macmillan, 1970.

45.Gaustad, Edwin S. *The Great Awakening in New England*, Indianapolis: Bobbs-Merrill, 1954.

46.Gould, Philip. *Covenant and Republic Historical Romance and the Politics of Puritanism*, Cambridge [England]; New York: Cambridge University Press, 1996.

47.Hall, David D. *Witch-hunting in Seventeenth-century New England*, Boston: Northeastern University Press, 1991.

48.Hall, David D. *Puritanism and the Reforming People: Transformation of Public Life in New England,* Alfred A. Knopf, New York, 2011.

49.Hall, Thomas. *Vindiciae Literarum*, London: Printed by W.H. for N. Webb, & W. Crantham, 1655.

50.Hall, Timothy L. *Separating Church and State: Roger Williams and Religious Liberty*, Urbana: University of Illinois Press, 1998.

51.Hammer, Dean. *The Puritan Tradition in Revolutionary, Federalist, and Whig Political Theory*, NewYork : P. Lang, 1998.

52.Hartz, Louis. *The Liberal Tradition in America*, NewYork: Harcourt, Brace, 1955.

53.Haven, Samuel. *Joy and Salvation*, Portsmouth, in New-Hampshire: Printed and Sold by Daniel Fowle, 1763.

54.Hoffer, Peter Charles, ed. *Puritans and Yankees: Selected Articles on New England Colonial History, 1974 to 1984*, New York and London: Garland Publishing, Inc. 1988.

55.Hofstadter, Richard. *American Political Tradition and the Men Who Made It* NewYork : Vintage Books, 1974.

56.Holmes, Thomas J. *Cotton Mather: A Bibliography of His Works*, 3 Vols. Cambridge, Mass. Harvard University Press, 1940.

57.Hooker, Thomas. *The Soules Vocation*, London : Printed by I. Haviland for A. Crooke, 1638.

58.Hooker, Thomas. *A Survey of the Summe of Church Discipline,* London : Printed by A.M. for John Bellamy, 1648.

59.Hooker, Thomas. *The Application of Redemption,* London : Printed by Peter Cole, 1657.

60.Jacobs, Wilbur R. ed. *Benjamin Franklin: Statesman-Philosopher or Materialist?* New York. Chicago. San Francisco. Atlanta: Holt, Rinehart and Winston, 1972.

61.James, Sydney V. *The New England Puritans,* New York : Harper & Row, 1968.

62.James, Sydney V. *Colonial Rhode Island*, New York : Scribner, 1975.

63.Jefferson, Thomas. *Autobiography,* in *Writings,* ed. Merrill Peterson, Library of America, New York, 1984.

64.Kittredge, George L. "Cotton Mather's Election into the Royal

Society," *Publications of the Colonial Society of Massachusetts*, XIV, Boston, Mass. : The Society, 1915.

65.Labaree, Leonard W. and Bell, Whitfield J. ed. *Poor Richard's Almanac*, 1743, Benjamin Franklin, Papers, New York, 1959.

66.Lawrence, D.H. *Studies in Classic American Literature by D.H.Lawrence,.* the Viking Press New York: 1923.

67.Levin, David. *The Puritan in the Enlightenment: Franklin and Edwards*, Chicago : Rand McNally, 1963.

68.Lowance, Mason I. Jr. *Increase Mather*, New York: Twayne Publishers, 1974.

69.Madsen, Deborah L. *Allegory in America: from Puritanism to Postmodernism*, Macmillan Press ; New York : St. Martin's Press, 1996.

70.Manchester, William Raymond. *The Glory and the Dream*, Boston: Little, Brown, 1974.

71.Mather, Cotton. *The Christian Philosopher*, Urbana: University of Illinois Press, 1994.

72.Mather, Cotton. *A Pillar of Gratitude*, Boston : Printed by B. Green & J. Allen, 1700.

73.Mather, Cotton. Diary, I; *The Marrow of the Gospel,* Boston, : Printed for N. Belknap, at the corner of Scarlet's Wharf, at the north end., 1727.

74.Mather, Cotton. *Magnalia Christi Americana*, 2Vols. New York: Russell and Russell, 1967.

75.Mather, Cotton. *The Wonders of the Invisible World. Being an Account of the Tryals of Several Witches Lately Executed in New England*, London, J.R. Smith, 1862.

76.Mather, Cotton. Bonifacius: *An Essay upon the Good*, ed. David Levin, Cambridge, MA : Belknap Press of Harvard University Press, 1966.

77.Mather, Eleazar. *A Sermon Exhortation to the Present and Succeeding*

Generation in New England, Cambridge : Printed by S.G. and M.J., 1671.

78.Mather, Increase. *A Discourse Concerning the Danger of Apostasy*, Boston : [s.n.], 1679.

79.Mather, Increase. *The Mystery of Israel's Salvation*, London, Printed for John Allen in Wentworth-Street, near Bell-Lane, 1669.

80.Matthiessen, F. O. *American Renaissance: Art and Expression in the Age of Emerson and Whitman*, London; New York [etc.] : Oxford university press, 1941.

81.McLaren, John and Coward, Harold, ed. *Religious Conscience, the State, and the Law*, New York, State University of New York Press, 1999.

82.Meserole, Harrison T. ed. *Seventeenth-Century American Poetry*, Garden City, N. Y., 1968.

83.Miller, Perry. *Errand into the Wilderness, Cambridge*, Mass.: Belknap Press of Harvard University Press, 1956.

84.Miller, Perry. *The New England Mind: from Colony to Province* Cambridge, Mass.: Belknap Press of Harvard University Press, 1983.

85.Miller, Perry. *The New England Mind: the Seventeenth Century* New York: Macmillan Company, 1939.

86.Miller, Perry, ed. *The American Puritans: Their Prose and Poetry*, Garden City, N.Y.: Doubleday, 1956.

87.Morgan, Edmund Sears. *The Puritan Dilemma: the Story of John Winthrop*, Boston: Little, Brown, 1958.

88.Morgan, Edmund Sears. *The Puritan Family: Religion & Domestic Relations in Seventeenth-century New England*, New York : Harper & Row, 1966.

89.Morison, Samuel Eliot. *The Intellectual Life of Colonial New England.* New York: University Press, 1956.

90.Morison, Samuel Eliot. *The Founding of Harvard College*, Cambridge, Mass., Harvard University Press, 1935.

91.Moseley, James G. *John Winthrop's World: History as a Story; the Story* as History the University of Wisconsin Press, 1992.

92.Norton, John. *The Heart of N-England Rent at the Blasphemies of the Present Generation*, Cambridg[e], Mass. : [Drucker:] Green, 1659.

93.Noyes, Nicholas. *New-Englands Duty*, Boston, Printed by Bartholomew Green, and John Allen, 1698.

94.Oakes, Urian. *New England Pleaded With*, Cambridge : Printed by Samuel Green, 1673.

95.Packard, Francis R. *History of Medicine in the United States*, New York: Hafner Pub. Co., 1963.

96.Parrington, Vernon Louis. *Main Currents in American Thought*, New York: Harcourt, Brace and Company, 1927.

97.Perry, Ralph Barton. *Puritanism and Democracy*, New York, The Vanguard Press, 1944.

98.Pettit, Philip. *Republicanism: a Theory of Freedom and Government*, Oxford: Clarendon Press, 1997.

99.Plumstead, A.W. ed. *The Wall and the Garden: Selected Massachusetts Election Sermons*, 1670-1775, Minneapolis: University of Minnesota Press, 1968.

100.Pope, Charles, ed. *Records of the First Church at Dorchester*, 1636-1734, Boston, Mass.: G.H. Ellis, 1891.

101.Pope, Robert. *The Half-Way Covenant: Church Membership in Puritan New England*, Princeton, N.J., Princeton University Press, 1969.

102.Rutman, Darrett Bruce. *American Puritanism*, New York: Norton, 1977.

103.Rutman, Darrett Bruce. *Winthrop's Boston: Portrait of a Puritan Town*, 1630-1649, New York: Norton, 1972.

104.Savelle, Max. *The Colonial Origins of American Thought*, Princeton, N.J.: Van Nostrand, 1964.

105.Shipton, Clifford K. "The Locus of Authority in Colonial

Massachusetts" in George Athan Billias, ed. *Law and Authority in Colonial America*, Barre, Mass.: Barre Publishers, 1965.

106.Shuffelton, Frank Charles, *Thomas Hooker 1580-1647*, Princeton, N.J. : Princeton University Press, 1977.

107.Stannard, David E. *The Puritan Way of Death: a Study in Religion, Culture, and Social Change*, Oxford; New York : Oxford University Press, 1979.

108.Stavely, Keith W. F. *Puritan Legacies: Paradise Lost and the New England Tradition,1630—1890*, Ithaca and London: Cornell University Press, 1987.

109.Todd, Margo. *Christian Humanism and the Puritan Social Order* Cambridge; New York: Cambridge University Press, 2002, 1987.

110.Toulouse, Teresa. *The Art of Prophesying: New England Sermons and the Shaping of Belief*, Athens and London: The University of Georgia Press, 1987.

111.Upham, Charles W. *Salem Witchcraft: With an Account of Salem Village*, Williamstown, Mass., Corner House, 1971.

112.Vane, Henry. *A Brief Answer to a Certain Declaration, Made to the Intent and Equitye of the Order of Court*, William H. Whitmore, ed. *The Thomas Hutchinson Papers*, 2 vols, Albany: the Prince Society, 1865.

113.Vaughan, Alden T. *Puritan New England: Essays on Religion, Society, and Culture*, New York: St. Martin's Press, 1977.

114.Walker, Williston, The *Creeds and Platforms of Congregationalism*, New York, N.Y. : C. Scribner's, 1893.

115.Walker, Williston, *A History of the Congregational Churches in the United States*, New York, The Christian literature co., 1894.

116.Waller, George M. *Puritanism in early America*, Lexington, Massachusetts, Toronto: D.C.Heath and Company, 1973.

117.Ward, Nathaniel. *The Simple Cobler of Aggawam in America*, (1647), ed. R. M. Zall, Lincoln, Neb., 1969.

118.Waterhouse, Edward. *Apology for Learning*, London: printed by A.M.

for Simon Miller, 1655.

119. Wertenbaker, Thomas Jefferson, *The Puritan Oligarchy: the Founding of American Civilization*, New York, Scribner, 1970.

120. Whitmore, William H. ed. *The Colonial Laws of Massachusetts*. Reprinted from the Edition of 1660, Boston, 1889.

121. Williams, Roger. *Complete Writings*, ed. Perry Miller, New York : Russell & Russell, 1963.

122. Wilson, Edmund. *Patriotic Gore: Studies in the Literature of the American Civil War*, New York, Oxford University Press, 1962.

123. Winthrop, John. *A Defence of an Order of Court*, from The *American Puritans: Their Prose and Poetry*, ed. by Miller Perry, Garden City, N.Y.: Doubleday, 1956.

124. Winthrop, Robert C. *Life and Letters of John Winthrop*, New York, Da Capo Press, 1971.

125. Woodward, William E. *Records of Salem Witchcraft*, 2 volumes; New York, Da Capo Press, 1969.

126. Ziff, Larzer. *Puritanism in America: New Culture in a New World*, New York: the Viking Press, 1973.

二 中文

1. 〔德〕保罗·阿尔托依兹：《马丁·路德的神学》，段琦 孙善玲译，南京，译林出版社，1998年。

2. 〔美〕伯纳德·贝林著，涂永前译：《美国革命的思想意识渊源》，中国政法大学出版社，2007年。

3. 〔美〕丹尼尔·J. 布尔斯廷：《美国人：建国的历程》，谢延光等译，上海，上海译文出版社，1997年。

4. 〔美〕丹尼尔·J. 布尔斯廷：《美国人：殖民地历程》，时殷弘等译，上海，上海译文出版社，1997年。

5. 〔美〕丹尼尔·J.伊拉扎：《联邦主义探索》，彭利平译，上海，上海三联书店，2004年。

6. 邓蜀生：《世代悲欢"美国梦"——美国的移民历程及种族矛盾》，北京，中国社会科学出版社，2001年。

7. 林鸿信：《加尔文神学》，台北，1994年。

8. 刘绪贻 李世洞主编：《美国研究词典》，北京，中国社会科学出版社，2002年。

9. 〔美〕路易斯·哈茨：《美国的自由主义传统》，张敏谦译，北京，中国社会科学出版社，2003年。

10. 〔美〕纳尔逊·曼弗雷德·布莱克：《美国社会生活与思想史》，许季鸿等译，北京，商务印书馆，1994年。

11. 钱满素：《美国文明》，北京，中国社会科学出版社，2001年。

12. 钱满素：《美国自由主义的历史变迁》，北京，三联书店，2006年。

13. 钱满素主编：《美国文明读本：缔造美利坚的40篇经典文献》，北京，中央编译出版社，2014年。

14. 任继愈主编，《宗教大辞典》，上海，上海辞书出版社，1998年。

15. 〔美〕萨克凡·伯克维奇：《惯于赞同：美国象征建构的转化》，钱满素等译编，上海，上海译文出版社，2005年。

16. 〔法〕托克维尔：《论美国的民主》，北京，商务印书馆，1997年。

17. 〔美〕威利斯顿·沃尔克：《基督教会史》，孙善玲等译，北京，中国社会科学出版社，1991年。

18. 〔美〕沃浓·路易·帕林顿：《美国思想史》，陈永国等译，长春，吉林人民出版社，2002年。

19. 赵晓兰：《美国的诞生》，上海，复旦大学出版社，2001年。

20. 周伟驰：《奥古斯丁的基督教思想》，北京，中国社会科学出版社，2005年。

21. 〔美〕迈克尔·舒德森著，郑一卉译：《好公民：美国公共生活史》，北京大学出版社，2014年。

22.〔美〕利兰·赖肯著,杨征宇译:《入世的清教徒》,群言出版社,2011年。

23.〔德〕汉斯·昆著,包利民译:《基督教大思想家》,社会科学文献出版社,2001年。

24.〔英〕汉弗雷·卡本特著,张晓明译:《耶稣》,工人出版社,1985年。

25.〔美〕布鲁斯·雪莱著,刘平译:《基督教会史》,北京大学出版社,2004年。

后 记

2000年对我来说是非常幸运的一年，在工作4年之后，我又回到了校园，开始硕士阶段的学习。2000年的南京师范大学外国语学院正是意气风发、迅速发展的时候，美丽的随园学术风气正浓，我在西山的图书馆度过了许多愉快的时光。这一年外国语学院最重大的事件是社科院的钱满素教授成为我们的特聘教授。这个消息当初和我没有多少关系，因为钱老师的学生都是由院长直接指派的，我只是在图书馆里查找了钱老师的文章来读。回想起来，当时真是很无知又自大的年纪啊，我翻看着钱老师的论文，心想："这也没什么了不起嘛。"每次想起这件事，都会汗颜无地。无知能导致怎样的判断错误，我学习得越多，就越能痛切地体会。因缘际会，没想到，最后我居然成为跟随钱老师学习最久的学生，15年的学习心得，颜渊的话说得最贴切："仰之弥高，钻之弥坚，瞻之在前，忽焉在后。夫子循循然善诱人，博我以文，约我以礼，欲罢不能，既竭吾才，如有所立卓尔。虽欲从之，末由也已。""约我以礼"的话特别适合我的情况，因为我个性中的"好奇"而不够端方，钱老师恐怕是颇伤脑筋的，而我却是意外的幸运能得到这么好的导师指导，为人、为文、为学，她给我的指导和帮助是我终身铭感的。

本书的初稿是我的博士论文，其主体部分是2007年我在中国社会科学院学习期间完成的。在社科院学习期间，宗教研究所的基督教研究专家段琦老师给了我很多帮助，她不仅给我介绍了神学的相关书籍，还把自己的私人藏书惠借予我，帮我斟酌相关术语的译法，她严谨的治学态度也使我感动。在北京学习期间，秦文华和我共处一室，常常帮我斟酌字句，她为人温煦活泼，使我们的求学生活苦中有乐，在此一并致谢。我还要感谢其他的同事和同学，他们的帮助和鼓励总是令人温暖，尤其是我的同行张瑞华，我们的研究方向相近，在学习中能有一个相互理解的伙伴，是不可强求的好运气。我为此珍惜和感恩。2011年，我有机会赴哈佛大学美国文明研究所访学，Werner Sollers 教授慷慨地提供了帮助，做我在哈佛的担保人和指导教授。在哈佛学习期间，我的博士后研究项目有幸得到 David D. Hall 教授的指导，尤其是书中关于清教徒请愿传统的研究完全得益于霍尔教授的启发。霍尔教授阅读了本书的英文目录，并提出了宝贵意见，特此致谢。

书中的驱巫案和天花事件部分 2007 年发表在《万象》；契约神学部分发表于《社会科学论坛》；半途契约部分 2010 年发表于《社会科学论坛》；请愿部分 2011 年发表于《上海书评》；其他部分也可能出现在我的其他论文中。

本书得到江苏省社会科学基金一般项目"清教对美国建构的影响"（项目编号 14LSB004）、"江苏高校优势学科建设工程资助项目"（项目编号 20110101）的资助。特别感谢南京师范大学外国语学院的资助。

主要人名译名对照表

Abbot, Abiel　　阿比尔·艾伯特
Adams, John　　约翰·亚当斯
Ainsworth, Henry　　亨利·爱恩斯沃斯
Alice, Thomas　　爱丽思·托马斯
Allin, John　　约翰·艾林
Ames, William　　威廉·埃姆斯
Andros, Sir Edmund　　埃蒙德·安德罗斯
Aquinas, Thomas　　托马斯·阿奎纳
Arminius, Jacobus　　雅各布斯·阿明尼乌
Augustine　　奥古斯丁
Battis, Emery　　艾莫瑞·巴迪斯
Bercovitch, Sacvan　　萨克凡·伯克维奇
Berry, Robert　　罗伯特·贝里
Bishop, Bridget　　布莱吉特·毕夏普
Blake, Nelson Manfred　　纳尔逊·曼弗雷德·布莱克
Boorstin, Daniel J.　　丹尼尔·布尔斯廷
Boylston, Dr. Zabdiel　　哲伯戴尔·勃利斯顿
Bradfod, William　　威廉·布拉德福德
Bremer, Francis J　　弗朗西丝·布雷莫
Brewster, William　　威廉·布鲁斯特
Burd, William　　威廉·伯德

Burroughs, George 乔治·布罗斯

Calef, Robert 罗伯特·卡立夫

Calvin, John 约翰·加尔文

Carnegie, Andrew 安德鲁·卡内基

Carver, John 约翰·卡弗

Chauncy, Charles 查尔斯·昌西

Child, Robert 罗伯特·蔡尔德

Clap, Rev. Thomas 托马斯·克莱普

Cohen, Ronald D. 荣纳德·科亨

Collins, Samuel 塞缪尔·柯林斯

Coser, Lewis 刘易斯·科塞尔

Cotton, John 约翰·科顿

Cowley, Giles 吉尔斯·考雷

Crevecoeur, J. Hector St. John J.赫克特·圣·约翰·德·克莱弗克尔

Danforth, Samuel 塞缪尔·丹弗斯

Davenport, James 詹姆斯·达文波特

Davenport, John 约翰·达温波特

Delbanco, Andrew 安德鲁·德尔班克

Derham, Thomas 托马斯·德勒姆

Dibble, Sarah 莎拉·迪伯

Dickinson, Emily 艾米丽·迪金森

Dickinson, John 约翰·迪金森

Douglass, Dr. William 威廉·道格拉斯

Dudley, Thomas 托马斯·达德利

Dwight, Timothy 提摩西·德怀特

Edwards, Jonathan 乔纳森·爱德华兹

Edwards, Timothy 迪莫塞·爱德华兹

Elliott, Emory 艾莫利·艾里奥特

Emerson, Everett　埃弗雷特·爱默生

Emerson, Ralph Waldo　拉尔夫·华尔多·爱默生

Endecott, John　约翰·恩德科特

Faulkner, William　威廉·福克纳

Foucault, Michel　米歇尔·福柯

Foxe, John　约翰·福克斯

Franklin, Benjamin　本杰明·富兰克林

Franklin, James　詹姆斯·富兰克林

Frelinghuysen, Theodore J.　西奥多·J·弗里林海森

Gates, Bill　比尔·盖茨

Gaustad, Edwin S　艾德文·高斯达德

Gene, Robert　罗伯特·基恩

Goodwin, Thomas　托马斯·古德文

Hall, David D.　戴维·D.霍尔

Hamilton, Alexander　亚历山大·汉密尔顿

Handfield, Samuel　塞缪尔·汉菲尔

Handlin, Oscar　奥斯卡·汉德林

Hartz, Louis　路易斯·哈茨

Hathorne, John　约翰·霍桑

Hawthorne, Nathaniel　拉撒尼尔·霍桑

Higginson, Francis　弗朗西斯·希金森

Higginson, John　约翰·希金斯

Hildebrand, Gregory, Pope　格列高利·希尔德布兰教皇

Hooker, Thomas　托马斯·胡克

Hutchinson, Anne　安·哈钦森

Hutchinson, Thomas　托马斯·哈钦森

Hutchinson, William　威廉·哈钦森

Jacob, Margaret　玛格丽特·雅格布

James, Henry 亨利·詹姆斯

Jefferson, Thomas 托马斯·杰斐逊

Johnson, Edward 爱德华·约翰逊

Keane, Robert 罗伯特·基恩

Knapp, Elizabeth 伊丽莎白·纳普

Langdon, Samuel 塞缪尔·朗顿

Laud, William 威廉·劳德

Lawrence, D. H. D.H. 劳伦斯

Lawson, Deodat 德欧达特·罗森

Livingstone, William 威廉·利文斯通

Locke, John 约翰·洛克

Louis, Hartz 路易斯·哈茨

Luther, Martin 马丁·路德

Madison, James 詹姆斯·麦迪逊

Mather, Eleazar 以利瑟·马瑟

Mather, Cotton 科顿·马瑟

Mather, Increase 英格里斯·马瑟

Mather, Richard 理查德·马瑟

Miller, Perry 佩里·米勒

Morgan, S. Edmund 埃德蒙德·S. 摩根

Newton, Sir Isaac 伊萨克·牛顿

Norton, John 约翰·诺顿

Oakes, Urian 尤利安·奥克斯

Paine, Thomas 托马斯·潘恩

Parrington, Vernon L. 沃浓·路易·帕林顿

Parris, Rev. Samuel 塞缪尔·帕里斯

Pemble, William 威廉·彭勃

Perkins, William 威廉·珀金斯

Phips, William 威廉·菲普斯

Preston, John 约翰·普莱斯顿

Priestley, Joseph 约瑟夫·普里斯特利

Prince, Thomas 托马斯·普林斯

Ramsay, David 大卫·雷姆塞

Rutman, Darrett Bruce 达瑞特·洛特曼

Saltonstall, Sir Richard 理查德·萨尔顿斯多

Shepard, Thomas 托马斯·谢帕尔德

Shipton, Clifford K 克力弗德·西普顿

Shute, Samuel 塞缪尔·苏特

Sibbes, Richard 理查德·塞博斯

Skelton, Rev. Samuel 塞缪尔·斯戈尔顿

Stoddard, John 约翰·斯托达德

Stoddard, Solomon 所罗门·斯托达德

Stone, Samuel 塞缪尔·斯通

Stoughton, William 威廉·斯坦顿

Stowe, Harriet Beecher 哈莉特·比彻·斯托

Street, Nicholas 尼古拉斯·史特里特

Tennent, William, Sr. 威廉·坦南特

Tillam, Thomas 托马斯·迪莱姆

Tocqueville, Alexis de 阿列克西·德·托克维尔

Tylor, Edward 爱德华·泰勒

Upham, Charles W. 查尔斯·阿普汉

Vane, Henry 亨利·维恩

Wagham, Benjamin 本杰明·华格汉

Ward, Nathaniel 纳撒尼尔·沃德

Wesley, John 约翰·卫斯理

Wheelright, John 约翰·维尔赖特

Whitefield, George　乔治·怀特菲尔德

Wigglesworth, Michael　麦克尔·威格尔斯沃斯

Willard, Samuel　塞缪尔·维拉德

Williams, Roger　罗杰·威廉斯

Wilson, John　约翰·威尔逊

Winthrop, John　约翰·温思罗普

Winthrop, Margare　玛格丽特·温思罗普

Wright, Esmond　埃斯蒙德·怀特

Ziff, Larzer　拉兹尔·泽夫

索 引

A

"阿贝拉"号 018，020-022，038，196

阿奎纳（Aquinas） 023，230

阿明尼乌主义（Arminianism） 062，119

阿普汉，查尔斯（Upham, Charles W.） 160，234

"哀诉"布道 007-008，139

埃姆斯，威廉（Ames, William） 024，098，134，230

艾伯特，阿比尔（Abbot, Abiel） 197，230

艾里奥特，艾莫利（Elliott, Emory） 208，231

艾林，约翰（Allin, John） 131，230

爱德华兹，迪莫塞（Edwards, Timothy） 009，173-174，177-178，180-182，188，190，197，231

爱德华兹，乔纳森（Edwards, Jonathan） 008-009，057，097，173-178，180-182，188，190，197，209，231

爱恩斯沃斯，亨利（Ainsworth, Henry） 096，230

爱默生，埃弗雷特（Emerson, Everett） 013，077-078，232

爱默生，拉尔夫·华尔多（Emerson, Ralph Waldo） 209，232

安德罗斯，埃蒙德（Andros, Edmund） 005，230

安息日 046，059-060，078，108，142，156，188

奥古斯丁（Augustine） 014，022-023，060-062，208，226，230

奥克斯，尤利安（Oakes, Urian） 140，143，233

B

《巴比特》 210

巴迪斯，艾莫瑞（Battis, Emery） 071，230

巴纳德，约翰（Barnard, John） 099

班克罗夫特，乔治（Bancroft, George） 210

半约（Half-Way Covenant） 113，123-124，129，145，157，181

磅税（poundage） 088

贝里，罗伯特（Berry, Robert） 121，230

本堂牧师（pastor） 049，073，088

毕夏普，布莱吉特（Bishop, Bridget） 160，230

波士顿（Boston） 004-005，008，031，036-037，044，046，049，059-060，064-065，067，071，074，076，078，086，089，097，108，110-111，120，124-125，128，143，153，167-169，171，173，175，182

《波士顿新闻报》（Boston News-Letter） 108

伯德，威廉（Burd, William） 193，230

伯克利，彼得（Bulkeley, Peter） 102

伯克维奇，萨克凡（Bercovitch, Sacvan） 007，113，146，152，155，157-158，180，195，197，207-208，211-212，226，230

勃利斯顿，哲伯戴尔（Boylston, Zabdiel） 168-171，230

布尔斯廷，丹尼尔（Boorstin, Daniel J.） 039，080，184-185，193，198-200，210，225，230

布拉德福德，威廉（Bradfod, William） 016，018-019，230

布莱克，纳尔逊·曼弗雷德（Blake, Nelson Manfred） 040，046，058，176，178，189，205，226，230

布雷莫，弗朗西丝（Bremer, Francis J.） 077，230

布鲁斯特，威廉（Brewster, William） 016，230

布罗斯，乔治（Burroughs, George） 160，231

C

蔡尔德，罗伯特（Child, Robert） 078-079，231

查理一世（Charles I） 012，032，088

昌西，查尔斯（Chauncy, Charles） 125，175，177，231

长老（elder） 030，044，074-075，079-080，088，091，094，096，110，120-121，186

《常识》 198

超验主义 189，209

朝圣者（pilgrim） 3，005，015-016，018-019，022，048-049，054，151

称义（justification） 024，060-061，063，068，096，115，129，205

成圣（sanctification） 021，063，068，075，116

处女地 013，133

D

达德利，托马斯（Dudley, Thomas） 043，049-050，065，089，110，136，231

达文波特，约翰（Davenport, John） 091，099，125，175，231

达文波特，詹姆斯（Davenport, James） 091，125，175，231

达文波特，约翰（Davenport, John） 091，099，125，175，231

《大街》 210

"大觉醒" 009，173-182，186，208

大普通法庭（Great and General Court） 035

"大萧条" 4，010

代表（deputies） 4，008，010，029，037，039-041，044，056，060，073，077，083，086，090，093，095-096，100-101，104，107，114，125，130，133，143，166-167，169，176-177，181，185，190，192，194，198-199

丹弗斯，塞缪尔（Danforth, Samuel） 013，151-152，231

但以理（Daniel） 066

道成肉身（Incarnation） 152

道格拉斯，威廉（Douglass, William） 167-171，231

道森，简（Dawson, Jan） 210

德尔班克，安德鲁（Delbanco, Andrew） 208

德怀特，提摩西（Dwight, Timothy） 197，231

德勒姆，托马斯（Derham, Thomas） 148，231

迪伯，莎拉（Dibble, Sarah） 162，231

迪金森，约翰（Dickinson, John） 195，231

迪金森，艾米丽（Dickinson, Emily） 097，231

"地上之城" 022

《独立宣言》 4，028

吨税（tonnage） 088

多切斯特（Dorchester） 075，089，127，143

E

俄摩拉 012

恩德科特，约翰（Endecott, John） 031-032，232

恩典（grace） 021，023-024，041，060-063，068，075，096，115-123，137-138，174，176，199，203

F

法国大革命 017

反律法主义 037，059，062-063，065，069-070，208-209

反智 069，204，210

菲普斯，威廉（Phips, William） 160-161，163，233

《愤怒的上帝手中的罪人》 176

佛蒙特（Vermont） 004

弗里林海森，西奥多·J.（Frelinghuysen, Theodore J.） 174，232

伏尔泰（Voltaire） 033，183

福柯，米歇尔（Foucault, Michel） 189，232

福克斯，约翰（Foxe, John） 011，232

副总督（deputy governor） 035-037，043，052，065，110

富兰克林，本杰明（Franklin, Benjamin） 008-009，136，168-169，171，182-192，232

G

盖茨，比尔（Gates, Bill） 136，232

高斯达德，艾德文（Gaustad, Edwin） 175，232

戈顿，塞缪尔（Gorton, Samuel） 110

戈斯，莎拉（Gosse, Sarah） 102

割礼 018

革除教籍 072，076

个人主义 007，203，210，212

《公报》（Gazette） 168，171，

公理会（Congregational church） 007，030，031，076，079-080，096，108，129，176，201

公理宗 005，021，031，050-052，088，091-092，095

公民自由（civil liberty） 009，041，079

"公益"（publique good） 016，098，134，136，211

古德温，托马斯（Goodwin, Thomas） 115

"寡头政治" 035，041，107，194

光荣革命 003-005，017，195

皈依过程 075，113，115-116，118

《国内外公共事件报》（Publick Occurences Both Foreign and Domestick） 108

H

哈茨，路易斯（Hartz, Louis） 193，226，232-233

哈钦森，安（Hutchinson, Anne） 008，044，048，052，059-060，062-068，070-072，076，090-091，119-122，141，201，232

哈钦森，托马斯（Hutchinson, Thomas） 044，052，059-060，062-068，070-072，090-091，119-122，141，201，232

哈钦森，威廉（Hutchinson, William） 052，059-060，062-068，070-072，090-091，119-122，141，232

哈特福德（Hartford） 089，091

汉德林，奥斯卡（Handlin, Oscar） 009，232

汉菲尔，塞缪尔（Handfield, Samuel） 186，232

汉密尔顿，亚历山大（Hamilton, Alexander） 195，232

亨利八世（Henry VIII） 003

《红字》（The Scarlet Letter） 008，111，159

胡尔，约翰（Hoole, John） 099

胡克，托马斯（Hooker, Thomas） 024，042，052，054，074，087，088-093，095-097，118-119

华格汉，本杰明（Wagham, Benjamin） 191，234

怀特，埃斯蒙德（Wright, Esmond） 191，235

怀特菲尔德，乔治（Whitefield, George） 175，186，234

"幻觉证据" 158-159，161，166，169

"荒野使命" 009，152

惠特曼，沃尔特（Whitman, Walt） 106

霍尔，戴维（Hall, David） 211-212，229

霍桑，约翰（Hathorne, John） 159，232

霍桑，拉撒尼尔（Hawthorne, Nathaniel） 008，111，159，232

J

《基本法令》(Fundamental Orders) 090

《基督在北美的辉煌》 153, 155-156

基督重临 the Second Coming 013, 146, 148, 150, 152, 179

基恩,罗伯特(Kean, Robert) 076, 232, 233

加尔文,约翰(Calvin, John) 116-118, 120, 122-123, 137, 155, 186, 202-203, 226, 231

加尔文宗 003, 014, 113

"监护权法庭" 038, 086

拣选(election) 021, 115, 117, 137

教会成员 019, 021, 029-030, 037, 043, 045, 059, 074-075, 077, 079, 082, 084-085, 090-092, 094, 107-109, 111, 114, 123-124, 127, 129-130, 145, 180-181, 194, 203

"教会骨干"(pillars of the church) 073

《教会戒律大全》(A Survey of the Summe of Church Discipline) 091-092

教会契约(church covenant) 029-030, 040, 073, 077, 079-080, 124, 155

教会之约 018, 043, 093, 129

教义(doctrine) 003, 007, 012, 021, 023, 025, 041, 044-046, 056, 060, 063, 067, 074, 086, 091, 094-095, 113, 115-116, 119, 121-122, 125-126, 133, 137-138, 141, 145, 148, 150-151, 166, 173, 178, 185-188, 203

接种 168-172

《金色年华》 211

"进军华盛顿" 104

旧光派(Old Lights) 175-176

救恩之约(Covenant of Grace) 024, 026, 040-041, 062, 064-065, 120, 129

居民（inhabitants） 012，030，034，036-037，042，046，083，085，090，101-102，104，109，111，139，201，214

君权神授 003，214

K

卡弗，约翰（Carver, John） 018，231

卡立夫，罗伯特（Calef, Robert） 167，231

卡内基，安德鲁（Carnegie, Andrew） 136，231

凯恩，罗伯特（Keayne, Robert） 102，110，111

"坎布里奇信纲"（Cambridge Platform） 073，078

康涅狄格（Connecticut） 004-006，042，054，056，071，074-075，077，086-098，102，107-108，119，125，162，173，175，205

考雷，吉尔斯（Cowley, Giles） 163-164，231

考利，马尔科姆（Malcolm Cowley） 210

柯林斯，塞缪尔（Collins, Samuel） 087-088，231

科顿，约翰（Cotton, John） 024，046，053-054，057，059-060，062，064，067，069，074，082，088-091，118，120-121，139，143，146-148，150，153-154，156，206，231

科亨，荣纳德（Cohen, Ronald D.） 071，231

科塞尔，刘易斯（Coser, Lewis） 071，231

克莱弗克尔，德（Crevecoeur, John） 194，231

克莱普，托马斯（Clap, Thomas） 175，231

宽容 004，044-046，0478，052-053，058，068，071，091，097，143-146，152，186，202

《宽容法》 004

L

朗顿，塞缪尔（Langdon, Samuel） 197，233

劳德，威廉（Laud, William） 012，076，087，233

劳伦斯，D.H.（Lawrence, D. H.） 188-189，233

利文斯通，威廉（Livingstone, William） 204，233

联盟契约（federal covenant） 113

良知 5，052-056，058-059，130，161，164-165，203-204

良知自由 059

罗森，德欧达特（Lawson, Deodat） 159-160，233

刘易斯，辛克莱尔（Lewis, Sinclair） 210

洛克，约翰（Locke, John） 017，176，178，195，211，233

《流放者归来》 210

路德，马丁（Luther, Martin） 011，013，023-024，061，129，155，202，225，233

雷姆塞，大卫（Ramsay, David） 196，234

卢梭（Rousseau） 003，017

鲁尔克，康斯坦斯（Rourke, Constance） 211

伦道夫，爱德蒙（Randolph, Edmund） 198

罗得岛（Rhode Island） 004-006，052，054-057，067-068，098，107，162，189，203

洛特曼，达瑞特（Rutman, Darrett Bruce） 069，234

M

马萨诸塞（Massachusetts） 004-006，015-016，019，022，031-032，034-037，039-042，044，049-050，052-058，061-062，065，070-071，074-079，082-084，086-096，098，102，106-107，109-114，119，121，121-125，128，140，142，159-161，175，178，182，194，196，198-201，203-205

马萨诸塞海湾公司 003，013，032，034-035，084

马瑟，科顿（Mather, Cotton） 065，087，092，122，131，152-153，155-

156，164-165，167-168，170-171，177，189，207，233

马瑟，理查德（Mather, Richard） 122，125，127，133，140，143，233

马瑟，英格里斯（Mather, Increase） 046，125，140，142，153，161，164，166，168，171，233

芒福德，刘易斯（Mumford, Lewis） 211

美国方式 007，084，086，211

"美国精神" 086

"美国梦" 192，208，226

《美国农民书札》 194

"美国神话" 196

《美国性格》 211

美利坚民族 007，179-180，207

美洲荒野 003，011，013，015-016，020-022，030，036，093，123，133，135，147，150，152，182，200

美洲实验 014，032，039，048，098，120，129，156

门肯，H·L.（Mencken, H. L.） 210-211

米勒，佩里（Miller, Perry） 006，025-026，028，042，069，087，091，097，106，117，123，129，130，132，137，145，172，182，206，208，211，233

缅因（Maine） 004，111，160，198

民主 002，006-007，009，017，019，026-029，032，042-043，047，055-056，082，086，089，090，092，095-099，103-104，106，129-130，176，192-193，198，200-201，212-214，226

民族契约（national covenant） 026-027，040，052，114-115，119，141，172

摩根，埃德蒙德·S（Morgan, Edmund·S.） 009，062-063，084，233

N

纳普，伊丽莎白（Knapp, Elizabeth） 163，233

牛顿，伊萨克（Newton, Isaac） 172，174，176，178，183，195，233

纽顿（Newtown） 065-066，074，088-089

纽黑文（New Haven） 005，075，107，125，162

诺顿，约翰（Norton, John） 012，031，122，125，204，233

诺克斯，约翰（Knox, John） 149

诺亚（Noah） 018，024

P

帕里斯，塞缪尔（Parris, Samuel） 159，233

帕林顿，沃浓·路易（Parrington, Vernon L.） 041，153，202，226，233

潘恩，托马斯（Paine, Thomas） 197-198，233

佩科特人（Pequot） 071，089

彭勃，威廉（Pemble, William） 119，233

平等 4-5，002，016，025，027，029，032，042，044，054-056，070，097，114，123，126，128，134，176，193，201，203

平琼，威廉（Pynchon, William） 110

《迫害良知的血腥信条》 053

珀金斯，威廉（Perkins, William） 024，095，233

普莱斯顿，约翰（Preston, John） 024，234

普里斯特利，约瑟夫（Priestley, Joseph） 183，234

普利茅斯（Plymouth） 3，005，015-016，018-019，022，036-037，048-049，054，077，107，109，128，162

普林斯，托马斯（Prince, Thomas） 185，234

普罗维登斯（Providence） 052，057

Q

启示录 the Book of Revelation　011，146，153

契约神学　007，020，022-029，031，040，088，093，113，115-116，122-123，127-128，131，140-141，144，147，157，163，165-166，172，189，199，201，229，

"千禧年" Millennialism　010-011，013

千禧年后论（Post-Millenarianism）　176，179，180

千禧年前论（Pre-Millenarianism）　178，179

切萨皮克（Chesapeake）　034

"清教"（Puritanism）　003

清教伦理　006，132-133，135-136

清教神权　008，022，028，030-031，044，057，068，070，078，086，114，119，127-128，166-167，194，199-200，209，212-213

清教徒（Puritan）　001，003-025，027-029，031-033，035，037-038，043-044，046，048，051-054，059，060-061，076-077，080-082，085-086，091-092，097-103，108，111，113，120，122-123，129-130，132-133，135-136，138-140，142-147，150-153，155-156，158，161，167，173-174，176，178，184，186，191，194-197，200-207，209，211-215，226，229

《清教徒》　211

清教修辞　196-197，208

"清教主义遗产"　200

请愿　041，065-066，079，098，100-106，112，160，229

《穷查理的年历》　183，185，187

《权利法案》　201

S

萨尔顿斯多，理查德（Saltonstall, Sir Richard）　036，234

塞博斯，理查德（Sibbes, Richard） 024，234

塞勒姆驱巫案 008，159，161

山巅之城 007，009，015，020，037-038，044，047，050，054，056，063，068，070，077，079，082，086，098，112-114，117，119，124，126-129，131，133，138，140-146，165，181，190，198，209，213

《善行》 154-155，207

"上帝之城" 022，031，079，165，194

上帝之国 a Kingdom of God on Earth 011，151

社会契约（social compact） 025

社会契约（social covenant） 027

《社会契约论》 017

神权政体 005

圣餐 021，073，075，109，124，127，131，188

圣事（Great Affair） 026，035，061，078

"圣徒共同体" 015

"圣徒之治" 020，045，050，054-057，167

"圣约"（covenant） 018，021，043

圣召（vocation） 115

"圣召"（calling） 133

施洗者约翰（John the Baptist） 151

实用主义 5，007，062，130，186

史密斯，亨利（Smith, Henry） 108

史特里特，尼古拉斯（Street, Nicholas） 197，234

世俗化 6，004，008，029，054，061，114，123，132，143，154-158，174，177，179，182，191，194，196-197，199-201，208，212-214

"事工得救" 024，119

斯代尔斯，伊兹拉（Stiles, Ezra） 187

斯戈尔顿，塞缪尔（Skelton, Samuel） 049-050，234

斯坡林菲尔德（Springfield） 089

斯坦顿，威廉（Stoughton, William） 160-161，234

斯通，塞缪尔（Stone, Samuel） 129，234

斯托，哈莉特·伊丽莎白·比彻（Stowe, Harriet Beecher） 156，234

斯托达德，所罗门（Stoddard, Solomon） 131，173，234

斯托顿，托马斯（Stoughton, Thomas） 108

死刑 047，161-162，164，166

苏特，塞缪尔（Shute, Samuel） 168，234

所多玛 012

T

泰勒，爱德华（Tylor, Edward） 097，127，234

坦南特，威廉（Tennent, William） 174，234

特许状 003，005，013，022，032，034-036，039，043，049-050，079-080，088-089，093，102，127-128，160，165，194，199

天恩之约 018

天赋人权 003，029，195

天花事件 008，158，161，167-172，229

"同意政治"（politics of assent） 107

投票权 030，036，107，199

托克维尔，阿列克西·德（Tocqueville, Alexis de） 006，007，047，193，226，234

托马斯，爱丽思（Thomas, Alice） 143，230

脱离派公理宗主义 005

W

威尔逊，约翰（Wilson, John） 032，049，060，064，071，092，125，235

威格尔斯沃斯，麦克尔（Wigglesworth, Michael） 131，146，235

威拉德，塞缪尔（Willard, Samuel） 135

威廉斯，罗杰（Williams, Roger） 008，044，048-058，068，090，097，103，110，141，150，181，203，209，235

威斯特敏斯特信纲（Puritan Westminster Confession） 023

韦伯，马克斯（Weber, Max） 133，202

维恩，亨利（Vane, Henry） 060，065-066，070，234

维尔赖特，约翰（Wheelright, John） 060，062，064，066，072，234

维拉德，塞缪尔（Willard, Samuel） 026，069，122，235

维特斯菲尔德（Wethersfield） 089

"伪善论"（hypocrisy） 137，138

卫斯理，约翰（Wesley, John） 174-175，234

温塞（Windsor） 089

温思罗普，玛格丽特（Winthrop, Margaret） 020，022，027-029，031-032，037-045，049，052，057，060，064-065，068-071，074，078，080，089，093，095，113，139，143，147，150，152，155，166，173，179，181，196，207，209，235

温斯罗普，约翰（Winthrop, John） 009，033-036，038-039，043，049，067，081-083，086，089，095，097，132，146

文艺复兴 002，024，027，203

沃德，纳撒尼尔（Ward, Nathaniel） 045，083，234

沃特顿（Watertown） 089

巫术 111，112，142，153，159-162，164-167

"无形的教会" 021

"无形的圣徒"（invisible saints） 021，206

五月花 3，005，015-019，054，194

X

西普顿，克力弗德（Shipton, Clifford K.） 204，234

希金森，弗朗西斯（Higginson, Francis） 044，232

希金斯，约翰（Higginson, John） 072，232

洗礼 018，021，045，073，079，109，124-125，127，130-131，142，200

夏娃（Eve） 018

先知耶利米书（prophet Jeremiah） 139

宪法 4-5，019，055，096，195，198-201

谢尔曼，理查德（Sherman, Richard） 110

谢帕尔德，托马斯（Shepard, Thomas） 024，121，143，147，234

欣厄姆镇（Hingham） 041

新光派（New Lights） 175-176，186

新罕布什尔（New Hampshire） 004-006，077，162

新英格兰方式 3，007-008，073，077-080，083-084，086-087，091，097，098，125，129，141，144-145，165，198

新英格兰联合殖民地（United Colonies of New England） 004，077

新英格兰联盟（New England Confederation） 004

新英格兰领地（Dominion of New England） 005

新英格兰乡镇自治 007，201

新泽西（New Jersey） 005，174

《信使》（Courant） 168，170，171

行为之约（Covenant of Works） 024，062，064，120

Y

《押沙龙！押沙龙！》 208

雅格布，玛格丽特（Jacob, Margaret） 163，232

亚伯拉罕（Abraham） 018，024，067

亚当（Adam） 018，023-024，205

亚当斯，约翰（Adams, John） 183，199-200，230

亚当斯，托马斯（Adams, Thomas） 099

亚当斯，詹姆斯·特拉斯洛（Adams, James Truslow）　106

扬基　009，144，153，180，188，191-192

耶稣（Jesus）　011，014，015，018，021，053，067，109，121，148-150，153-154，187，227

《一般法律和自由权》　040，078，080，204

伊甸园　018，024，067，157

"因信称义"　024，061，068，096，129，205

《隐形世界上的奇迹》　164，165

"应用"（applications）　141

英国国教会（the Church of England）　025，091

英国教会　002，049

"有形圣徒"（visible saints）　021，030，045，054，055，060，075，206

"有用的过去"　211

"预表法"（typology）　010，014

预定论（predestination）　023，060，062，113，115-117，120-123，138，205-206

原罪论（original sin）　023，060

"圆木学院"　174

约翰森，托马斯·H.（Johnson, Thomas H.）　211

约翰逊，爱德华（Johnson, Edward）　148，233

约拿（Jonah）　014

Z

斋戒日　066，140，196

詹姆斯，亨利（James, Henry）　191

"占领华尔街"　105

镇民大会　109，112

《政府论》　017，195

政府之约　018

政教分离　005，058，059，097，181，200，213

政教合一　022，028，031，068，200，209，212

执事（deacon）　074

重生经验　021，030，113，129，180，181

助理（assistants）　035-037，052，065，103，107，110，173

助理董事会（Board of Assistants）　036

准备论（preparation）　090，113，115-123，126，131，173

《自传》　188-190，192

自然状态的自由（natural liberty）　041

"自由民"（freemen）　035，036，043，107

自由民资格　003

《自由权典章》（Body of Liberties）　083

自治　3，4，6，003-005，007，016-019，030，032，043，056，076，080-081，084，098，106，125-126，128，191，194，198，201，203，214

宗教改革　002-004，007，010-012，014，020，022-024，030，058，060-061，076，096，144，147-148，156，202

宗教会议（Synod）　004，124，130，142-143，145，163

宗教迫害　053，072，113

宗教乌托邦　004，212

总督（governor）　005，018，022，032，035-037，039-044，049-052，054-055，060，065，083，090，095，101，107，110，160，163，168，194，201，239